DIE WAHRHAFTIGE
»ABCONTRAFACTUR«
DER SEE- UND
HANSESTADT ROSTOCK
DES KRÄMERS
VICKE SCHORLER

DIE WAHRHAFTIGE »ABCONTRAFACTUR« DER SEE- UND HANSESTADT ROSTOCK DES KRÄMERS VICKE SCHORLER

Herausgegeben von Horst Witt

Verlegt bei Hinstorff Rostock

Beschrieben und erläutert von Ingrid Ehlers und Horst Witt

ISBN 3-356-00175-2
© VEB Hinstorff Verlag Rostock 1989
Lizenz-Nr. 391/240/95/89
Printed in the German Democratic Republic
Ausstattung: Wolfgang Heincke/Heinz Holzgräbe
Satz, Reproduktion und Druck: Ostsee-Druck Rostock
Einband: Kunst- und Verlagsbuchbinderei Leipzig
Bestell-Nr. 522 904 4
09800

Inhalt

Rostock – »Hauptstadt« im Lande Mecklenburg 7

Vicke Schorler – ein Bürger Rostocks 13
    Vicke Schorler und seine Familie 13
    Krämer und Mitglied des Hundertmännerkollegiums 16
    Ältermann in der Landfahrer-Krämerkompanie 17

Die Chronik des Vicke Schorler 20

Vicke Schorlers »Wahrhaftige Abcontrafactur« der Stadt Rostock
und ihrer Umgebung 25
    Anregung und Absicht 25
    Bildkonzeption 29
    Technik und Darstellungsweise 32
    Zur Geschichte der Bildrolle 35
    Bedeutung und Quellenwert 39

Kulturgeschichtliches aus Bildrolle und Chronik 43
    Rostocker Schifflager Warnemünde 43
    Marienehe 46
    Mühlen vor dem Kröpeliner Tor 49
    Wasserburg, Ziegelhöfe und Hopfengärten 49
    Zingel, Gertrudenfriedhof, Kröpeliner Tor 51
    St. Jacobi 54
    Das Weiße Kolleg 56
    Jungfrauenkloster Zum Heiligen Kreuz 59
    Die Regentien am Hopfenmarkt 62
    Das Lektorium auf dem Hopfenmarkt 64
    Fraterkloster 66
    Doberaner Hof 68
    Giebelhäuser am Hopfenmarkt 70
    Hospital zum Heiligen Geist 72
    Giebelhäuser am Neuen Markt 74
    St. Johannis 77
    Das Steintor 79

Auf dem Neuen Markt	82
Das Rathaus	85
St. Marien	89
Die Waage	91
St. Katharinen	93
St. Petri, Alter Markt	95
St. Nikolai	99
Hafen, Strandtore und Türme an der Wasserseite	101
Das Petritor	106
Der Gerberbruch	108
Vor dem Mühlentor	110
An der Mühlendammzingel	112
Schwaan	115
Güstrow	115
Bützow	119
Schorlers In- und Beischriften in textlicher Originalfassung	120
Quellen- und Literaturverzeichnis	123

Rostock - »Hauptstadt« im Lande Mecklenburg

Unter diesem Titel zeichnete ein junger Rostocker namens Vicke Schorler in den Jahren 1578 bis 1586, also vor über 400 Jahren, seine Heimatstadt auf eine besondere, ja erstaunliche Art und Weise. Das monumentale Bildwerk von 18,68 Meter Länge und 60 Zentimeter Höhe gehört heute zu den wertvollsten kulturhistorischen Dokumenten, die das Stadtarchiv Rostock bewahrt. Außerdem hinterließ Schorler eine bemerkenswerte Chronik aus dem Leben seiner Geburtsstadt, die die Jahre 1583 bis 1625 umfaßt. Beide Dokumente, die gezeichnete und die geschriebene Chronik des spätmittelalterlichen Rostock sollen dem Leser und Betrachter erneut zugänglich gemacht werden. Bei diesem Vorhaben konnten sich die Autoren dieses Buches auf wissenschaftliche Arbeiten stützen. Es sind dies die Aufsätze des Rostocker Stadtarchivars Ernst Dragendorff: »Vicke Schorlers Darstellung der Stadt Rostock« und »Zwei Rostocker Chronisten«, veröffentlicht in den »Beiträgen zur Geschichte der Stadt Rostock« 1904 bzw. 1915, und die umfassende Monographie des Rostocker Kunsthistorikers Oscar Gehrig: »Vicke Schorlers wahrhaftige ›Abcontrafactur‹ der See- und Hafenstadt Rostock«, die 1939 im Carl Hinstorff Verlag Rostock (Peter E. Erichson) erschien und eine ausgezeichnete Reproduktion (farbiger Kupfertiefdruck) der Bildrolle als Leporello enthielt.

Wenden wir uns zunächst den Zeitumständen zu, in denen Vicke Schorler in Rostock lebte und wirkte. Für ihn war Rostock damals die größte, volkreichste und in jeder Hinsicht bedeutendste Stadt des mecklenburgischen Landes. Und das entsprach vollkommen den Tatsachen. Als eine gewichtige, etwa 12 000 bis 14 000 Bürger und Einwohner zählende Stadt des Seehandels im hansischen Raum und als Universitätsstadt hatte Rostock über die Grenzen des Herzogtums hinaus weitreichende wirtschaftliche und wissenschaftliche Verbindungen. In diesem Sinne war das trotz einsetzender wirtschaftlicher Probleme immer noch glanzvolle und wohlhabende Rostock für Schorler die Hauptstadt, deren Bedeutung er mit seiner »Abcontrafactur« würdigen wollte. Es gab in Mecklenburg zwar auch noch die herzoglichen Residenzstädte Schwerin und Güstrow, aber was zählten diese Gemeinwesen schon gegenüber Rostock – so jedenfalls mag die Sicht Schorlers gewesen sein.

Zu dieser Zeit wurde Mecklenburg im Rahmen einer Nutzungsteilung zwischen zwei herzoglichen Linien von diesen beiden Residenzen aus regiert. In Schwerin residierten, ausgenommen die Jahre der Vormundschaftsregierungen, die Herzöge Johann Albrecht I. (1547–1576), Johann VII. (1585–1592) und Adolf Friedrich I. (1592–1658), in Güstrow die Herzöge Ulrich (1555–1603) und Johann Albrecht II. (1611–1636). Schorler erlebte es noch, wie im Jahre 1621 nach vielen Querelen im Herrscherhaus und mit den Landständen die zweite Erbteilung des Landes in die Herzogtümer Mecklenburg-Schwerin und Mecklenburg-Güstrow (seit 1701 Mecklenburg-Strelitz) erfolgte. Rostock war als Universitätsstadt davon jedoch ausgenommen und blieb im Gemeinbesitz der Herzöge. Schorlers hohe Meinung von seiner Heimatstadt entsprach also durchaus den historischen Gegebenheiten: Rostock war viel zu bedeutend, um nur einem Herzog gehören zu können.

Die herausragende Stellung Rostocks in Mecklenburg darf jedoch nicht darüber hinwegtäuschen, daß auch diese Stadt im 16. Jahrhundert vom allmählichen, aber endgültigen Auflösungsprozeß des hansischen Handelssystems betroffen wurde. Das um so mehr, da in den dreißiger Jahren ein letzter Versuch Lübecks unter Jürgen Wullenwever (1492/93-1537), der Hanse alte Handelsprivilegien und politische Positionen im nordeuropäischen Gebiet zu retten, scheiterte. Der neuen Kräftekonstellation, die sich im Ost- und Nordseeraum entwickelte, zeigte sich das veraltete Handelssystem der Hanse auf Dauer nicht mehr gewachsen. Die skandinavischen Mächte, voran Dänemark, gewannen politisch an Bedeutung, Kaufleute des wirtschaftlich erstarkenden Holland setzten sich allmählich und beharrlich auf den Handelswegen der Ostsee durch. Die Hanse verlor ihre führende Position im Nord- und Ostseehandel. Versuche, die Städtegemeinschaft zu reorganisieren, blieben erfolglos, weil die immer wieder über eine Reihe von Jahren aufflackernden militärischen Auseinandersetzungen zwischen Dänemark, Schweden und Rußland um das »dominium maris Baltici« – die Vorherrschaft im Ostseeraum – die Wirtschaftskraft der Hansestädte aufzehren. Immer mehr Städte verließen die Gemeinschaft. Im Verlauf des 16. Jahrhunderts wurde sie dann nur noch von Lübeck und den Städten des wendischen Quartiers, zu dem auch Rostock gehörte, repräsentiert. Diese einschneidenden Vorgänge hatten ihre Ursache vor allem in der Niederlage der frühbürgerlichen Revolution in Deutschland und der damit verbundenen Schwächung der Zentralgewalt. Während sich in Westeuropa Nationalstaaten herausbildeten, die den Weg der kapitalistischen Entwicklung beschritten, festigten sich in Deutschland die Territorialstaaten, in denen jede fortschrittliche Entwicklung behindert wurde.

Für Rostocks Handel und Schiffahrt war zunächst eine fallende Tendenz noch nicht direkt spürbar. Im Gegenteil: die Rostocker Kaufmannschaft verstand es sogar, sich in verstärktem Maße den Handel mit Skandinavien zu sichern. 1586 betrug die Gesamtausfuhr der Stadt 2 900 Last (1 Last = 2 Tonnen). Bis 1636 stieg sie auf 5 186 Last an. Von steigenden Preisen, Geldentwertung und wachsender Verarmung aber blieb die Stadt dennoch nicht verschont.

Im 16. Jahrhundert setzte ein permanenter, tief wirkender sozialer Differenzierungsprozeß ein, der durch die skrupellose Finanzpolitik der Ratsfamilien besonders verstärkt wurde. Die Zahl der vermögenden Kaufleute nahm nur unwesentlich zu, sie machten etwa 16 Prozent der Gesamteinwohnerschaft Rostocks aus. Mittlere und kleinere Vermögen wurden ruiniert. Angehörige der breiten Mittelschichten sanken in die plebejischen Schichten hinab, zu denen man in der ersten Hälfte des 16. Jahrhunderts ungefähr 65 bis 75 Prozent der Stadtbevölkerung rechnen kann. Die Folge waren politische und soziale Spannungen, die das Jahrhundert begleiteten und wiederholt zu erbitterten innerstädtischen Auseinandersetzungen führten, schließlich in den sechziger Jahren des 16. Jahrhunderts in der letzten revolutionär-demokratischen Bewegung des Mittelalters in Rostock gipfelten. Anlaß dazu gaben seit 1555 die Forderungen der mecklenburgischen Herzöge an die Landstände, die landesherrlichen Schulden zu übernehmen. Die Berechtigung dazu ergab sich aus lehnsrechtlichen Verhältnissen, denen sich auch Rostock beugen mußte, da es keine freie Reichs-, sondern eine Territorialstadt war. Im Ergebnis der von Kontroversen begleiteten Verhandlungen mußten Rat und Bürgerschaft Rostocks 1561 den Herzögen eine Zahlung von 80 000 Gulden versprechen. Der Rat wollte zur Aufbringung des Geldes »up alle dink zisen setten«, also eine Verbrauchssteuer einführen. Die Gemeinde sah darin eine Benachteiligung der wenig Vermögenden und Armen und verlangte »den hundertsten Pennik«, eine gerechtere Besitzsteuer. Nach dem Vorbild früherer innerstädtischer Auseinandersetzungen wählte sie ihre Interessenvertretung, die »Sechziger«, ein Gremium von je dreißig Kaufleuten und Handwerkern, dem es um die Mitbestimmung in städtischen Angelegenheiten ging. Der Konflikt zwischen Rat und Sechzigern, die sich noch um weitere 50 Bürger vorwiegend aus den unteren Schichten erweitert hatten, spitzte sich 1565 so zu, daß die Herzöge größerer Unruhen unter den Volksmassen befürchteten. Im Oktober besetzte Herzog Johann Albrecht I. – sein Bruder Herzog Ulrich hielt sich zunächst zurück –, nachdem der Rat kapituliert hatte, mit eigenen und braunschweigischen Truppen die Stadt. Sein Strafgericht blieb nicht aus. Er löste die Gemeindevertretung auf, ließ zwei ihrer führenden Mitglieder hinrichten und den von den Sechzigern neu besiegelten Bürgerbrief von 1428 auf dem Markt verbrennen. Der Rat erhielt seine vollen Rechte wieder. Zum Zeichen landesherrlicher Macht ließen die Herzöge 1566 das Steintor einschließlich der Stadtmauer bis zum Kuhtor abreißen und begannen den Bau einer Festung im Rosengarten. Rostocks Widerstand war jedoch noch nicht erloschen. Insgeheim bereitete die Stadt sich auf eine militärische Aktion vor. 1573 erklärten die Herzöge ihr die Fehde. Mit Hilfe des

Ansicht der Stadt Rostock von Norden, Kupferstich von Franz Hogenberg, koloriert, aus: Braun und Hogenberg, Civitates orbis terrarum, Bd. V 1597

dänischen Königs, der Rostocker Schiffen die Sundpassage versagte und seinen Untertanen den Handel mit der Stadt verbot, gelang es, den Willen der Stadt zu brechen. Damit war Rostocks endgültige Kapitulation erreicht. Am 21. September 1573 mußte der Rat einen Erbvertrag unterzeichnen, in dem Rostock die Herzöge von Mecklenburg als Landesfürsten, Erbherren und Obrigkeit anerkannte und sich unter ihre Gerichtshoheit begab. Am 8. Februar 1574 sah sich die Stadt gezwungen, die Fürsten mit großem Zeremoniell zu empfangen, durch den Mund des Ratssyndikus Abbitte leisten zu lassen und 10 000 Gulden für den Verzicht der Herzöge auf den Bau der Festung zu zahlen. Der Erbvertrag bedeutete letztlich jedoch nicht Rostocks totale Niederlage. Noch war es eine ansehnliche Handelsstadt, der die Möglichkeiten einer eigenen Wirtschaftspolitik blieben. Wozu wäre die Stadt ohne diese Potenz sonst wohl den Fürsten, die sich in ständiger Geldverlegenheit befanden, wert und nützlich gewesen? Beide Herzöge forderten allein je 60 000 Gulden Kriegsentschädigung – und Rostock zahlte. Es war so finanzkräftig, daß es sich nicht nur das Recht zum Abriß der im Bau befindlichen herzoglichen Festung erkaufen, sondern in den Jahren 1574 bis 1577 das Steintor, den Lagebuschturm und die Stadtmauer wieder aufbauen konnte.

Strittige Punkte des Erbvertrages machten nach einigen Jahren erneute Verhandlungen zwischen Herzögen und Stadt notwendig. Sie führten 1583 zur Wahl des Hundertmännerkollegiums, einer legalen Vertretungskörperschaft der Gemeinde, die aus 30 Kaufleuten, 30 Brauern und 40 Handwerkern bestand. Den Abschluß

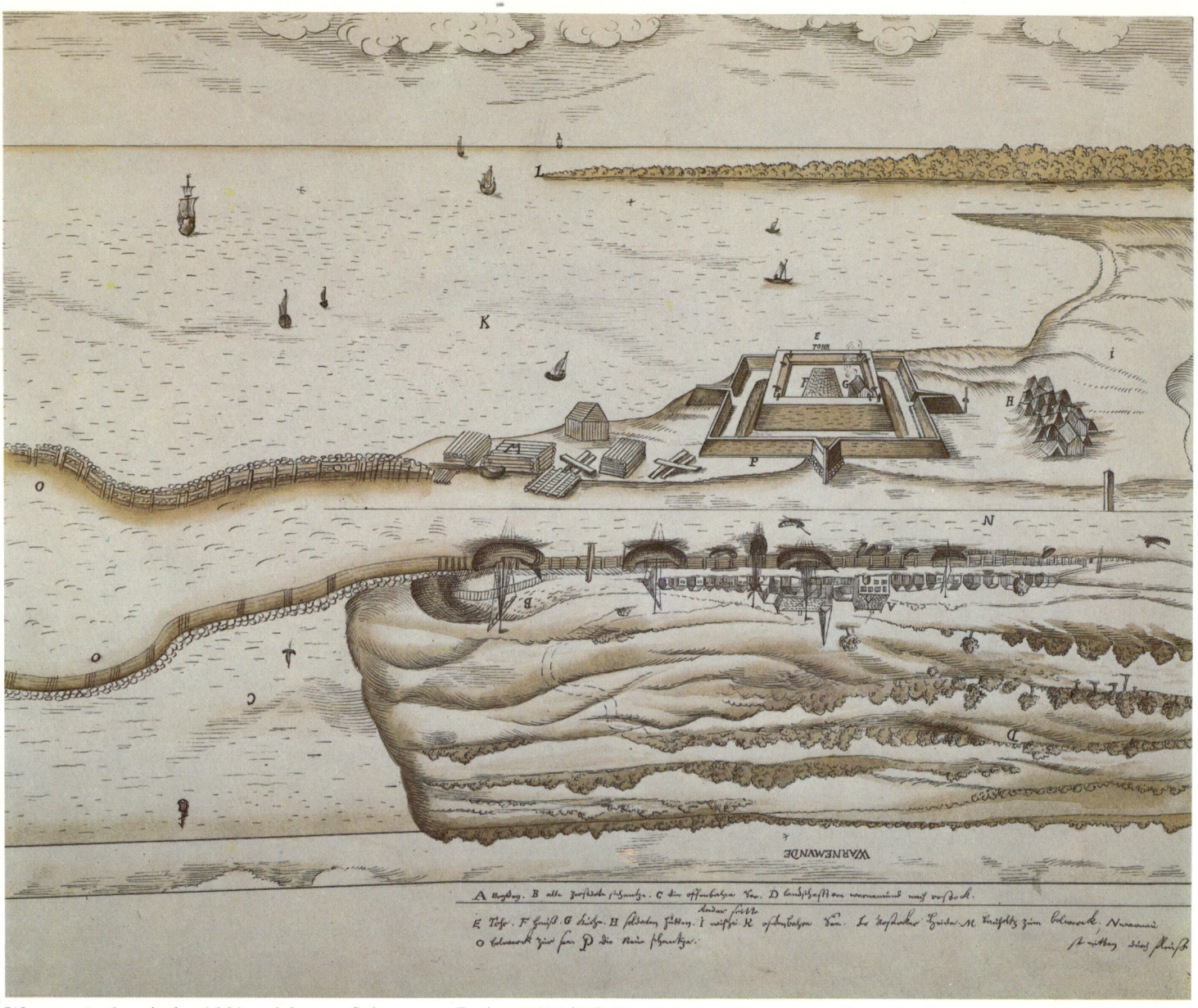

Warnemünde mit der 1661 errichteten Schanze, o. D. (um 1670/80), Kopie in der Kartensammlung des Stadtarchivs Rostock, Original im Staatsarchiv Schwerin

dieser komplizierten und politisch brisanten Phase in der Geschichte der Stadt bildete ein am 28. Februar 1584 erneut geschlossener Erbvertrag. Fortan prägten diese Verträge Rostocks Verhältnis zu den Landesherren. Die Stadt mußte ihnen die Erbhuldigung leisten, denn sie war »erbuntertänig«, regelmäßig an den Landtagen teilnehmen und einen Teil der Landessteuern aufbringen. Auf Verlangen der Herzöge hatte sie 400 Landsknechte zu unterhalten. Sein langes und zähes Ringen, wie Lübeck eine freie Reichsstadt zu werden, mußte Rostock allerdings endgültig aufgeben.

Die Ereignisse fielen in die Kinder- und Jugendjahre Vicke Schorlers. Sie mögen ihm bewußt geworden sein, als er sich später mit der Chronik des Dietrich vam Lohe befaßte und mit eigenen dokumentarischen Aufzeichnungen begann. 1605 erlebte er die Erbhuldigung für den vormundschaftlichen Regenten, Herzog Karl, und notierte in seiner Chronik:

»Anno 1605 den 26 Augustii ist hertzogk Carol von Meckelnburg zu einnehmung der erbhuldigung in die stadt Rostock eingezogen und ist die gantze burgerschaft in voller rüstung gewesen und seint etliche grobe stuck geschutze abgelassen worden. Dem folgenden 27. tag Augustii, auf einen Dingstag, ist seine furstliche gnade nach angehörter predigt zu Sanct Marien nach dem rahthause gefahren, daselbsten die erbhuldigung von Einem Erbaren Raht und burgerschaft ihrer furstlichen gnaden geleistet

Ansicht der Stadt Rostock von Süden, kolorierte Federzeichnung von Zacharias Voigt, 1737, aus der Bildsammlung des Stadtarchivs Rostock

worden, darauf die groben geschutz abgefeuert, darnach ist der furst und Ein Erbar Raht zusammen kommen in hern Stephan Gerdes haus und tafel gehalten und sich frolich gemachet. Es haben auch die studiosi sich auf den abendt mit einer herlichen music vor seiner furstlichen gnaden losier vernehmen lassen, welches dem fursten sehr wol gefallen, den 28. Augustii nach mittag wieder abgezogen nach Doberan.«

Aufmerksam verfolgte er die politischen Bemühungen seiner Stadt. In einem Bündnis Lübecks mit den erfolgreichen Niederländern im Jahre 1613, dem sich 1616 Rostock, Stralsund und weitere Hansestädte anschlossen, versuchten die Städte nochmals sich anzupassen und zu behaupten. Auch dieses Bemühen registrierte Schorler in seiner Chronik, indem er berichtet:

»Anno 1616 haben sich etliche hansche städte als Bremen, Hamburg, Luneburg, Braunschweig, Magdeburg, Wismar, Stralsundt, Gripeswaldt und andere mehr, darunter den auch Rostock gewesen, mit den hochmügenden hern stadten general der voreinigten sieben provincien der Niederlande in einer union oder vorbundtniß begeben und eingelassen und sonderlich Rostock auf zwölf jahre, welche conforderation den 13. Junii itz gemelten jahres nach dem neuen calender in dem Gravenhagen vollenzogen, bestetiget und vorsiegelt worden. Die stadt Lübeck aber hat fast zwey jahr zuvor sich in die union der hern stadten geben«

Doch konnten diese Bemühungen, so auch ein Versuch, sich im skandinavischen Raum erneut Privilegien zu sichern, den weiteren Niedergang der Hanse nicht aufhalten, obwohl Schorler 1620 schreibt:

»Den 27. Julii seint etliche städte derer von Lubeck, Rostock und Stralsund gesandt mit wol armirten schiffen in Schweden geschicket, ihre privilegia [. . .] zu confirmiren, zu welcher legation von Rostock seint verordnet gewesen herr Johannes Luttermann, ein rathsherr, und doctor Johannes Möring, protonotarius, und haben mitgehabet köche, büchsenschützen [. . .], sie haben aber ins erste über acht tage zu Warnemünde gelegen, weil der windt nicht gut war, hernach aber haben sie guten windt bekommen hin und hehr, also das sie die reise in vier wochen vorichtet und nach wol ausgerichteter ihrer geschefte den 31. Augustii glücklich wieder zu haus kommen.«

Wenige Jahre später starb Vicke Schorler. Er lebte in einer Übergangszeit der Geschichte Rostocks: weit zurück lag schon die erregende Zeit der reformatorischen Ereignisse zu Beginn des 16. Jahrhunderts, zu Ende ging die Zeit der großen mittelalterlichen Klassenkämpfe, als er ein junger Mensch war. Er lebte in einer zwar ruhigen, doch von im 17. Jahrhundert zunehmender ökonomischer Schwäche begleiteten Daseinsphase der Stadt, der auch der Verfall der geistig-kulturellen Kräfte folgen sollte.

Die Besetzung der Stadt 1627 mit kaiserlichen, später schwedischen Truppen erlebte Vicke Schorler nicht mehr. Der Dreißigjährige Krieg hatte auch Rostock erreicht. Die anhaltende, in jeder Hinsicht schwere Belastung der Stadt zehrte so stark an ihrer Substanz, daß es ihr in der Folgezeit nicht gelang, sich von den erlittenen Schlägen zu erholen. Nach dem verheerenden Krieg waren Vertreter der Hanse auf den Osnabrücker Friedensverhandlungen zwar anwesend, doch konnte für die alte Städtegemeinschaft nichts Wesentliches erreicht werden. 1669 trafen sich sechs Städte zu ihrem letzten Hansetag. Drei weitere, darunter Rostock, hatten nur noch eine Vollmacht geschickt. Ein gewaltiger Stadtbrand legte große Teile der Stadt im Jahre 1677 in Schutt und Asche. Die Bevölkerung Rostocks ging auf 5 000 Bewohner zurück. Noch nach Jahrzehnten gab es unbebaute, wüste Stellen in der Stadt. Dieser Brand zerstörte vieles von dem großartigen Stadtbild, das uns Schorler in seiner kolorierten Zeichnung von Rostock erhalten hat: ein architektonisches Bild Rostocks, wie es in der Blütezeit der Hanse emporgewachsen war, einer Stadt, deren Abglanz früherer Größe noch zur Realität seines Lebens gehörte.

Vicke Schorler - ein Bürger Rostocks

Vicke Schorler und seine Familie

Es ist nicht möglich, die Persönlichkeit des Mannes, dem Rostock die »Wahrhaftige Abcontrafactur« und außerdem eine handschriftliche Chronik verdankt, in einer lebensnahen Biographie vorzustellen. Dieser Versuch muß scheitern, zu sehr und in unzulässiger Weise würden spekulative Näherungsversuche und phantasiegebundene Vorstellungen in den Vordergrund treten. Vier Jahrhunderte trennen uns von Schorler, der als Schöpfer der Bildrolle voller Selbstbewußtsein seinen Namen nannte, als Chronist aber die Anonymität vorzog.

In den Quellen des städtischen Archivs sind seine Spuren zu finden. Selten und sparsam sind sie, doch ermöglichen sie es, ein Grundmuster seines Lebensweges zu skizzieren. Selbstzeugnisse, Briefe, ganz persönliche Aufzeichnungen, Urteile von Freunden oder Zeitgenossen über ihn, ein Testament oder Geschäftsunterlagen stehen nicht zur Verfügung. So sind dem Wunsch nach Authentizität in der Beschreibung dieses Lebens Grenzen gesetzt. Die völlige Enthaltsamkeit in der Mitteilung seines persönlichen Lebens oder gar Erlebens läßt es dennoch als legitim erscheinen, wenn in das Bild von der Persönlichkeit Vicke Schorlers Assoziationen einfließen, die sich beim Betrachten seiner Bildrolle und beim Lesen seines Schriftwerks einstellen. Sie stehen für seine über Berufs- und Familienleben hinausreichenden Interessen, in ihnen tritt uns seine Vorstellungs- und Gedankenwelt entgegen. Er zeigt sich als der aufs Objektive gerichtete Zeichner und Erzähler und versteht sich selbstverständlich in erster Linie als Bürger seiner Stadt. Unser Verlangen, ihn auch in seiner Individualität erlebbar zu machen, könnte ihm womöglich unverständlich gewesen sein. Sich über seine eigene Person zu äußern, das hat ihm wohl noch fern gelegen.

Acht Jahre Arbeit stecken in der über 18 Meter langen Bildrolle. Als er sie leistete, war Schorler ein junger Mann im Alter von 18 bis 25 Jahren. Man hat sich vorzustellen, daß er in diesem Lebensabschnitt die Lehre als Krämer durchlief und als Krämergeselle arbeitete, sich vielleicht auch schon gleichzeitig zu interessieren begann für chronistische Aufzeichnungen. Bildrolle und Chronik Schorlers besitzen eine ästhetische Gemeinsamkeit: schöne Gleichmäßigkeit in Bild und Schrift. Die Rolle weist in Komposition und Darstellung, in der Verwirklichung einer Idee mit bildnerischen Mitteln auf künstlerische Neigungen und Fähigkeiten, die Chronik zeigt den Erzähler. Freude am Gestalten und Erzählen, auch die Bildrolle erzählt, sind Schorler nicht abzusprechen. In ihrer Kuriosität wirkt die Bildrolle faszinierend: Monumentalität in verblüffender Schlichtheit vereint sich mit Freude am Detail und Genauigkeit in sinnvoller Auswahl und Beschränkung. Wir erleben die Verwirklichung eines hohen Anspruchs des Vicke Schorler mit den einfachen ihm zur Verfügung stehenden Mitteln auf eine sich dem ersten Blick nicht sofort erschließende, höchst originelle Weise.

Das ist die eine Seite, die in seinem Werk recht gut erkennbar wird. Die andere berührt die Frage, was diesen Mann, einen Krämer, zu seinem ungewöhnlichen Tun trieb. Sicher wurzelten Lust und Fleiß letztlich in seiner tiefen Liebe zu Rostock, in dem erwähnten Bewußtsein, als Bürger einem demokratischen städtischen Organismus anzugehören, dem Willen, ihm zu dienen, im Stolz auf seine Freiheit und wohlhabende Existenz, auf seine Blüte und kulturellen Reichtum. Daß es eine selbstgeteilte Aufgabe war, die der junge Krämer verwirklichte, ist unbestreitbar. Es gab sicher Vorbilder und Anregungen – auf sie wird einzugehen sein –, aber es gibt keine Anhaltspunkte dafür, daß Schorler ein Auftragswerk schuf.

Was aus archivischen Quellen über Vicke Schorler ermittelt werden kann, erstreckt sich hauptsächlich auf seinen familiären Bereich. Er nannte sich wohl stets Vicke, eine im Niederdeutschen übliche Koseform von Friedrich. Sein Geburtsjahr ist unbekannt. Es mit 1560 anzunehmen, dürfte – aus der Rückschau seines Lebens, real sein. 1578, als er die Arbeit an der Bildrolle begann, war er demnach 18 Jahre alt. Ob seine Eltern Rostocker waren und ob er selbst hier gebürtig war, kann nicht mit Gewißheit gesagt werden, letzteres wollen wir aber doch annehmen. Schorler war Krämer, sein Bruder Hans Kaufmann. Beide scheinen bei ihrem Aufbruch ins selbständige Leben kein größeres Vermögen besessen zu haben, beide heirateten Witwen mit Hausbesitz und zogen in deren Häuser. Vicke Schorler erwarb am 11. Januar 1589 als Krämergeselle das Rostocker Bürgerrecht. Nun nahm sein Leben den für seine Zeit durchaus üblichen Verlauf: Erwerb des Bürgerrechts, berufliche Selbständigkeit, Heirat, Familiengründung, das bildete im Leben der meisten Männer damals eine Einheit, wenn es sich um den bürgerlichen Lebensweg handelte. Am 3. Februar 1589 nahm ihn die Krämerkompanie als Mitglied auf. Das setzte voraus, daß er in der Lage sein mußte, die erforderlichen Eintrittsgelder aufzubringen. Er zahlte ein Amtsgeld von 50, ein Kapellengeld von 3 Gulden. Und im Jahre 1589 ist Schorler als Bewohner eines Hauses Am Schilde zu finden, das früher dem Beutler Marten Randow gehörte. Die Witwe Marten Randows – Margarete Schmidt – ließ am 4. Juli 1590 dieses Haus als Brautschatz auf Vicke Schorler überschreiben. Daraus ist zu folgern, daß Vicke Schorler und Margarete, geborene Schmidt, verwitwete Randow, 1589 geheiratet haben. Sie war die Tochter des Buntmachermeisters (Kürschner) Franz Schmidt, eines Hauseigentümers in der Blutstraße. Margarete erbte später dieses Haus und ließ es 1615 ebenfalls auf Vicke Schorler als ihren ehelichen Vormund überschreiben. Ihre Ehe mit Marten Randow dürfte nur wenige Jahre bestanden haben, denn erst 1582 starb dessen Frau Anna. Margarete brachte außer dem Haus Am Schilde aus ihrer ersten Ehe zwei Kinder mit in die Schorlersche Lebensgemeinschaft. Schorler wurde Stiefvater. Mit Gewißheit sind aus seiner eigenen Ehe ein Sohn und eine Tochter hervorgegangen, die die Eltern aber wohl nicht lange überlebten. Im Jahre 1624 notierte Schorler in seiner Chronik:

»Anno 1624 den 11. Novembris, war auf Martinitagk, ist meiner schwestertochter Annen Lemeyers hochzeit gewesen mit ihrem breutgamb Hans Pentsin, auf welcher hochzeit meine liebe hausfrau Margarethe Schmiedes ist kranck geworden, welche kranckheit mit ihr so sehr überhandt genommen, das sie den 13. Novembris von Sonabendt auf den Sontag in der nacht zwischen 12 und 1 uhr diese welt gesegnet und todes verblichen, welcher leichnamb den 15. Novembris auf einen Montagk mit christlichen ceremonien in St. Johannskirchen ist zu erden bestettiget worden [. . .]«

Diese einzige, ganz persönlich aufschlußreiche Mitteilung Schorlers in seiner Chronik, in der er den Namen seiner Frau nannte, lieferte den ersten Fingerzeig, ihn als Verfasser dieses Schriftwerkes zu ermitteln. Eine andere Spur geht von der genannten Nichte Anne Lehmeyer aus. Den Tod von Franz Schmidt und später auch seiner Ehefrau hatte Schorler schon im Jahre 1600 vermerkt:

»Anno 1600 den 5 Septembris ist Frantz Schmidt, ein buntmacher, in der Blutstrassen wonhaftig und ein feiner bürger dieser stadt, selig im herren entschlafen und den 7. Septembris in sein begrebniß zu Sanct Johannis zur erden bestettiget worden, seines alters 67 jahr [. . .]«

und setzte darunter:

»Anno 1613 den 25 Martii ist auch seine frau gestorben und dem 29. Martii bei ihm zu Sanct Johannis begraben worden.«

Auffallend ist die Beziehung zu St. Johannis. Nach der Lage der Wohnhäuser gehörten die Familien zum St. Marienkirchspiel. Ihre Begräbnisstätte aber war im Johanniskloster. Margarete Schmidt – die Frau trug meistens ihren Mädchennamen, was sich bei den oft mehrere Male geschlossenen Ehen als praktisch erwies – und Vicke Schorler lebten an die 35 Jahre in ehelicher Gemeinschaft. Schorler überlebte seine Hausfrau nur um etwa ein Jahr. In den Steuerlisten des Jahres 1626 gilt er als verstorben, sein letzter Chronikeintrag ist vom Februar 1625. Beide Eheleute dürften ein für ihre Zeit recht hohes Alter erreicht haben. Schorler war mit großer Wahrscheinlichkeit nur einmal verheiratet. Er hatte das Glück, seine Frau nicht im Kindbett zu verlieren, wie es so oft geschah, und mit ihr gemeinsam alt zu werden.

Wohl nach dem Schwiegervater hieß Schorlers Sohn Franz. Wie sein Vater wurde auch er Krämer, am

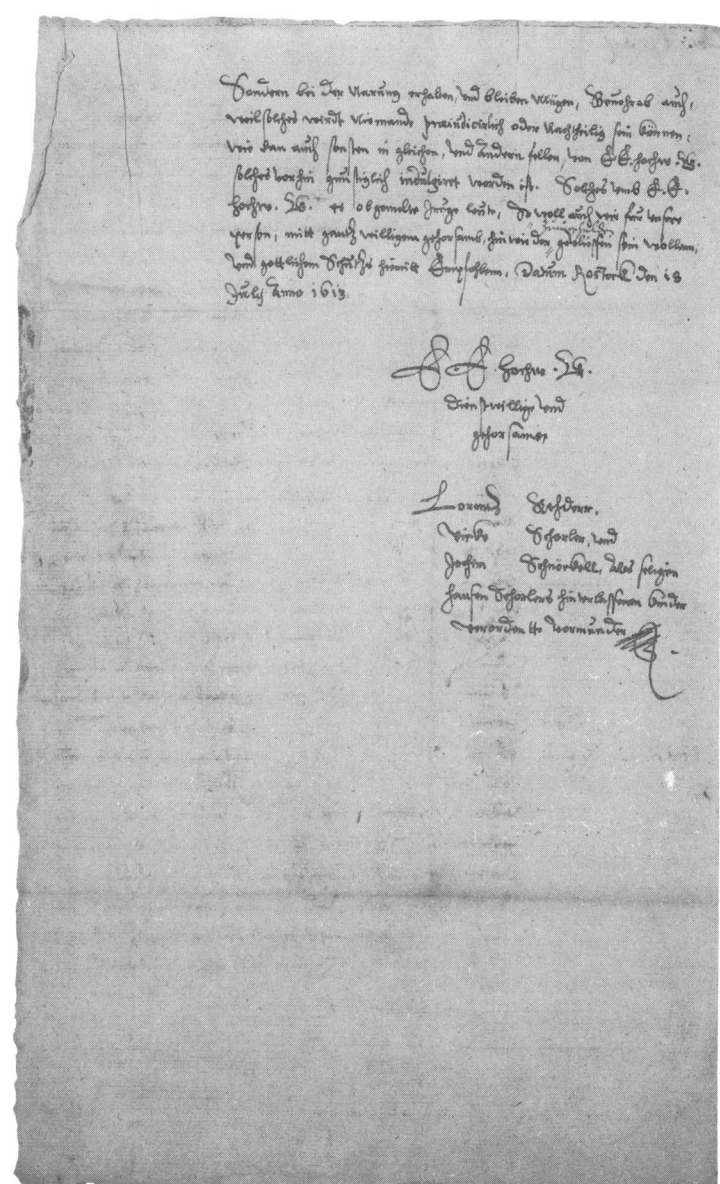

Bittschrift Schorlers und weiterer Verwandter als Vormünder der Catharina Schorler an den Rat, 18. Juli 1613, aus einer Akte der Brauerkompanie des Stadtarchivs Rostock

4. April 1616 ließ er sich in die Krämerkompanie einschreiben. Vermutlich war er bei seinem Eintritt Mitte oder Ende zwanzig. Das Bürgerrecht allerdings erwarb er erst ein Jahr später am 1. Februar 1617. In diesem Jahr trennte sich der alte Schorler von seinen Häusern, traf für sein Alter wirksame Disponierungen. Aber auch mit der für Franz angestrebten Selbständigkeit mag dieser Schritt zu tun haben. Das Haus Am Schilde ließ er am 4. April 1617 unter der Bedingung auf den Sohn überschreiben, daß ihm und Margarete für alle Zeit der Keller als Wohnung, also als Altenteil, vorbehalten sein sollte. Auch das Haus in der Blutstraße verkaufte er um diese Zeit. Der neue Eigentümer hieß Hans Klein und war Ältester des Goldschmiedeamtes und dann Münzmeister der Stadt, Schorlers Schwiegersohn. Doch diese neuen Eigentumsverhältnisse bestanden nicht lange. Schon nach einem Jahr verkauften die Schwäger Schorler und Klein sich ihre Häuser gegenseitig: Franz Schorler erhielt das ehemals Schmidtsche Haus in der Blutstraße, Hans Klein das Haus Am Schilde. Vicke Schorler lebte nun im Haus seines Schwiegersohnes bis an sein Lebensende. Das großväterliche Haus war nicht lange in den Händen von Franz Schorler. Schon 1624 verkaufte er es wieder, möglicherweise aus Geldnot. Der 1627 als verstorben anzusehende Franz Schorler hinterließ nämlich außer einer Witwe und Kindern auch Schulden. Die Witwe, Kaufmannstochter Anna Fickers, wird in den Quellen für 1632 als Hans Kleins

Hausfrau bezeichnet. Um diese Zeit muß demnach auch Schorlers Tochter schon verstorben gewesen sein. Hans Klein stammte übrigens aus einer Rostocker Goldschmiedefamilie, die sich später einen Namen machen sollte. Kleins Bruder Franz, den Vicke Schorler auch gekannt haben müßte, ging nach England und schuf im Dienst des englischen Königs das große Siegel Karls II. Ausgeprägt war Schorlers Interesse an den Münzangelegenheiten der Stadt, wie es sich in seinen Chronikaufzeichnungen 1617/18 und 1622 äußerte. Es kann mit auf die persönliche Bindung zu seinem Schwiegersohn zurückzuführen sein, der immerhin eine höchst achtenswerte Position in der Stadt bekleidete und dem Schorler nachweislich 1621 und 1623 bei der Aufstellung seiner Münzrechnungen half. Hinzu kommt sicher sein beruflicher Umgang mit Geld und daß er in jenen Jahren – der in ganz Deutschland inflationären Zeit der Kipper und Wipper – in der städtischen Finanzrevision tätig war. 1621 vermerkte er auch die Publizierung einer mecklenburgischen Münzordnung.

Vor Vicke Schorler hatte am 20. Juli 1588 der schon genannte Hans Schorler das Rostocker Bürgerrecht als Kaufmann erworben. Dieser Mann taucht 1593, wie Nicolaus Gryse in seinem Register Rostocker Bürgermeister und Persönlichkeiten überliefert hat, auch als Vorsteher von St. Katharinen auf. Lag wegen der Namensgleichheit die Vermutung nahe, daß es sich um einen Verwandten von Vicke handeln könnte, so kann dies jetzt mit Bestimmtheit gesagt werden. In einer am 18. Juli 1613 geschriebenen Bittschrift wenden sich drei Rostocker, darunter Vicke Schorler, von dessen Hand das Dokument auch geschrieben ist, an den Rat als »seligen Hansen Schorler hinterlassen bruder verordnete vormünder«, um für »Hansens Schorlers eldisten tochter Catharinen Schorler, unsers lieben schwagers und bruders respective pflegetochter« zu bitten, dem ehemaligen Brauhaus ihrer verstorbenen Eltern wieder die Braugerechtigkeit zu verleihen. Auch Hans Schorler hatte eine Witwe geheiratet und mit ihr fünf Kinder. Dazu gesellten sich dann noch zwei leibliche. Zwischen 1600 und 1603 ist er im Alter von etwa 38 Jahren gestorben. Der Altersunterschied zwischen den Brüdern war wohl nur gering. Auch eine Schwester Schorlers lebte in Rostock. Auf sie kann jedoch nur indirekt geschlossen werden: Schorler bezahlte für die Kinder des Handschuhmachers Heinrich Lehmeyer die Vermögenssteuer. Es ist nicht unwahrscheinlich, in ihm den Vormund für die minderjährigen Kinder einer mit diesem verheiratet gewesenen, nun verstorbenen Schwester zu vermuten. Den Tod Heinrich Lehmeyers vermerkt er unter den Toten des Jahres 1619. Auf der Hochzeit seiner Schwestertochter Anne Lehmeyer mit dem Schiffersohn Hans Pentsin erkrankte seine Frau und starb.

Die hier recht ausführlich dargelegten familiären Bindungen Schorlers sind wesentlich für das Verständnis des sozialen Milieus, in dem er lebte. Sie erlauben auch einen Einblick in für die Zeit typische bürgerliche Familienstrukturen. Für sie sind mehrfache Eheschließungen charakteristisch, da der Tod viele Ehen schnell beendete. Meistens war Versorgung und materielle Sicherheit der Beteiligten ein Hauptfaktor ehelichen Zusammenlebens. Doch auch Liebe mag im Spiel gewesen sein, sicher in Vicke Schorlers Ehe. Die Frauen- und Kindersterblichkeit war damals übrigens besonders hoch.

Die Rechte und Pflichten des Mannes schlossen außer der Sicherung des Unterhaltes der Familie auch deren juristische Vertretung ein. Dazu konnte die Vormundschaft über minderjährige Kinder von Verwandten, Waisen, Halbwaisen kommen, wie Schorler sie auch wahrzunehmen hatte. Außerdem mußte er seinen Aufgaben als Bürger einer Stadt nachkommen. Ebenso wesentlich wie die Familie war Schorler die berufliche Existenz.

Krämer und Mitglied des Hundertmännerkollegiums

Mit der Aufnahme in die Krämerkompanie gehörte er einem angesehenen Berufsstand an. Die Kompanie war den Handwerksämtern (Zünften) vergleichbar organisiert und nannte sich wie diese auch »Amt«. Als genossenschaftlicher Zwangsverband nahm sie die Interessen ihrer Mitglieder und vielfältige Aufgaben wahr. Eine selbständige Gewerbeausübung war nur nach Aufnahme in die Kompanie möglich. Eintrittsgelder waren zu zahlen und einige weitere Bedingungen zu erfüllen. Das Rostocker Krämeramt existierte schon im 14. Jahrhundert. Nach lübischem Recht schloß die Zugehörigkeit zu einem Amt, dessen Ernennung durch den Rat erfolgte, die Ratsfähigkeit aus. Die Krämer, zumindest die wohlhabenden, standen dennoch auf den

Stufen der städtischen Hierarchie recht weit oben. Sie handelten mit Kramsachen, die genau spezifiziert waren. Von den Kaufleuten unterschieden sie sich prinzipiell durch die Art ihres Handels, indem sie die in größeren oder kleineren Mengen (Parten, en détail) eingekauften Waren direkt an den Verbraucher weiterverkauften. Die Kaufleute trieben meist über See gehenden Zwischen- und Großhandel. Außer dem Kramwarenhandel der Krämer gab es von den Hökern betriebenen Kleinsthandel. Die Krämerschaft differenzierte sich hinsichtlich des Handelsgegenstandes und auch des Vermögens. Beispielsweise gehörten die Seiden-, Gewürz- und Eisenkrämer zu den angesehensten und reichsten Krämern, und es gelang ihnen, sich 1594 vom Rat die Gleichstellung mit den Brauern und Gewandschneidern (Tuchhändlern) in Hochzeits- und Kleiderordnungen sowie in den anderen das feudalstädtische Leben reglementierenden Ordnungen versichern zu lassen. 1621 ließen sie sich ihre Zugehörigkeit zum ersten Stand bestätigen, was sie mit den Kaufleuten auf eine Stufe stellte. Vicke Schorler scheint zu diesen Vornehmen unter den Krämern nicht gehört zu haben. Womit er handelte und wie vermögend er war, kann nicht ermittelt werden. Allerdings liegt er bei Abgabezahlungen – soweit wir sie kennen – nicht an der unteren Grenze. Nichts hiervon verrät uns seine Chronik. Jedoch fällt auf, daß er einigen Personen, die eindeutig als Krämer bestimmt werden können, von 1584 an in seinen Aufzeichnungen Aufmerksamkeit schenkt, dem Valentin Neumann, Balthasar Otto oder dem verschuldeten Gert Böddicker, seinem Bürgen beim Eintritt in die Kompanie, und Cordt Beckmann, von dem es heißt:

»Anno 1585, den 21. Juni hat Cordt Beckmann sich mit Valentin Neumans seiner einzigen tochter Annen befreiet und hochzeit gehalten. Er war seines handels ein krämer und wonete im Vogelsange, in ihres vatern hause.«

Das Leben dieses Mannes und seine Zwistigkeiten mit dem Rat behält Schorler stets im Auge, bis hin zu seiner Versöhnung mit dem Rat 1618.

Wenn Schorler zu den Ältermännern der Kompanie gewählt wurde, und das wurde er, dann genoß er zumindest Ansehen. Ob seine Vermögenslage nicht so war, daß er dem offensichtlich nicht erfolgreichen Sohn hätte stärker beistehen können oder ob er es tat, was jener nicht zu nutzen verstand, sind spekulative Überlegungen, denn dafür sind bisher keine Anhaltspunkte gefunden worden. Daß wir Schorlers Tätigkeit als Ältermann, die von ihm u. a. auch verlangte, das Amt gegenüber dem Rat zu vertreten, nur für 1599/1601 nachweisen können und die seiner Mitgliedschaft im I. Quartier des Hundertmännerkollegiums nur für 1621/22, liegt lediglich an der Sprödig- und Zufälligkeit der schriftlichen Überlieferung aus dieser Zeit. War die Wahl als Ältermann oder in die Bürgerschaftsvertretung erfolgt, dann galt sie meistens auf Lebenszeit. Sie konnte nur mit stichhaltiger überzeugender Begründung abgelehnt oder aufgegeben werden. Schließlich finden wir Schorler 1613, 1618 und 1623 als bürgerschaftlichen Deputierten in der städtischen Finanzrevision. Das spricht dafür, daß er eine vertrauenswürdige Person und wahrscheinlich bis zu seinem Tode einer der Hundertmänner war. Schorler berichtet in seiner Chronik von Ratsherren-, Bürgermeister- und Predigerwahlen, er schreibt 1618 über die Ordnung des Rates zu den Ratssitzungen und u. a., daß die Kämmerer sich montags und donnerstags mit den Stadtbüchern zu befassen hätten, aber über seine Tätigkeit in den genannten Gremien klingt nichts weiter an, darüber schweigt er sich aus.

Ältermann in der Landfahrer-Krämerkompanie

In seiner Chronik hält Vicke Schorler für den 21. Juli des Jahres 1608 das erste Vogelschießen des Wokrenter Gelags fest. Das dritte Vogelschießen am 19. Juli 1610, das vierte am 25. Juli 1611 . . . Im Jahre 1623, wie immer im Juli, notiert er das 16. Vogelschießen des Gelags. Dieses Ereignis, dem er Jahr für Jahr Beachtung schenkt, muß ihn wohl persönlich berührt haben. Unschwer läßt sich ein Zusammenhang finden: das Wokrenter-Gelag war das Amtshaus der Krämer, erst in der Wokrenter Straße, dann in der Krämerstraße gelegen, und seit 1608 also auch der Name einer bis Anfang der zwanziger Jahre bestehenden Schützengesellschaft. Sie pflegte alljährlich ein Armbrust-Schützenfest – nach alter Tradition mit Armbrust und Vogelbaum, nicht mit Gewehr und Scheibe. Schorlers sich nicht offenbarendes, aber doch spürbares kontinuierliches Interesse an dem Schützenfest seiner eigenen Berufs- und Standesgenossen ist somit erklärlich. Mehr noch, es ist anzunehmen, daß er selbst dem Gelag angehörte und an den Schießen beteiligt war, als Zuschauer oder

Das brennende Rostock 1677.
Dieser Brand verwüstete den östlichen Teil der Stadt, von dem uns durch Vicke Schorlers »Abcontrafactur« vieles überliefert ist.
Das Bild zeigt Rostock von Norden nach Merian 1641, aber seitenverkehrt. Der Brand ist für den Betrachter richtig auf der Ostseite eingezeichnet. In: Amadeus von Friedleben, Verunruhigter Holländischer Löwe, Teil X, wohl Nürnberg ca. 1678.

als Akteur, waren die Vogelschießen doch gleichzeitig Feste und Übungen im Waffengebrauch. Es sei denn, die Bestimmungen des Wokrenter-Gelags hätten eine gleichzeitige Mitgliedschaft in der Landfahrer-Krämerkompanie ausgeschlossen, unter deren Älterleuten wir Schorler finden. Das jedoch ist unwahrscheinlich, konnte man doch auch gleichzeitig Mitglied im Wokrenter-Gelag und im Wiker-Gelag sein. Die Mitglieder des Wiker-Gelags wurden auch Stadtjunker genannt. Es war vermutlich die älteste Rostocker Gesellschaft. Sie nannte sich nach der Vereinigung der seefahrenden Kaufleute, die seit alten Zeiten ihren Handelsschwerpunkt in der norwegischen Wik, bei Oslo, hatten und zu den vornehmsten Kaufleuten der Stadt zählten.

Vicke Schorler war mit Sicherheit Mitglied, sogar Ältermann der genannten Landfahrer-Krämerkompanie zur Heiligen Dreifaltigkeit, einer Kompanie, die er mit keinem Wort als solche in seiner Chronik erwähnt. Nur einmal, 1608, als er das erste Schießen des Wokrenter Gelags aufnimmt, dürfte er sie gemeint haben, wenn er von den Schießen der Stadtjunker und der Krämer schreibt. Es gab diese vornehme, mit einem Hauch von Exklusivität umgebene Gemeinschaft seit dem Jahre 1466. Wie ihr Name besagt, gehörten ihr landfahrende Handelsleute an. Nicht nur sie. Auch mecklenburgische Fürsten und Persönlichkeiten, der bekannte Rostocker Protonotar und Buchdrucker Herman Barckhusen war zu Beginn des 16. Jahrhunderts ihr Schreiber. Ihre Mitglieder kamen aus fernen Städten, auch aus dem Ausland, aus den Niederlanden, Frankreich, Lothringen zum Beispiel. Sie alle verband das gemeinsame Geschäftsinteresse, der alljährliche Treff zum zwanglosen Handel auf der großen Handelsmesse des Rostocker Pfingstmarktes, eines Zentrums des Handels im Norden seit 1390. Fest verband sie das Bestreben nach gemeinsamer Sicherheit und der Wunsch, sich auch als religiös-kultische Gemeinschaft zu erleben. Das kultische Zentrum dieser Kompanie war im Rostocker Dominikanerkloster St. Johannis. Am Trinitatistag, in der Mitte der Zeit des bis zwei Wochen nach Pfingsten dauernden Marktes, legten die Kompaniemitglieder in das rege Geschäftstreiben einen Tag der Besinnung und des Gottesdienstes, des Gedenkens an verstorbene Mitglieder ein; einen Tag, der auch ein gemeinsames Mahl und das Vogelschießen vorsah. Vicke Schorlers Mitgliedschaft in der Landfahrer-Krämerkompanie geht aus dem Statuten-, Matrikel- und Rechnungsbuch hervor, das Friedrich Lisch 1842 in den Jahrbüchern des Vereins für mecklenburgische Geschichte und Altertumskunde auszugsweise im Zusammenhang mit einer Darstellung der Geschichte der Kompanie vorstellte und das sich seinerzeit in Schwerin befand. Schorler war 1610 und 1614 als einer der vier Älterleute aufgeführt, die eine neue Ordnung zur Hebung der Finanzkraft der Kompanie erließen. Zu seiner Zeit hatte die Kompanie längst an Glanz verloren: da sich die Handelsgeschäfte zunehmend verschlechterten, kamen immer weniger Händler auf den Pfingstmarkt. Zwar betrieb man das Vogelschießen noch 1614 mit Pomp, doch ist darin eher das Gegenteil von solider Blüte zu sehen. Als Mitglied dieser Kompanie hatte Schorler mit Sicherheit geschäftliche und auch persönliche Kontakte zu weitgereisten Menschen.

Es ist möglich, daß er durch einen von ihnen die seltsame Schrift erhalten hat, von der er am 24. August 1618 folgende Mitteilung, die einzige dieser Art, seiner Chronik anvertraut:

»Anno 1618 den 24. Augustii ist mir eine schrift zukommen, copey einer weissagung, welche zu Groningen in Frießlandt ist gefunden worden anno 1580 in einem pfeiler in der kirchen, welchen pfeiler das wetter hat niedergeschlagen, darinnen ein marmor steinern tafel mit hebraischen buchstaben gefunden, darauf also gestanden, auf deutsch ausgelegt wie volget [. . .]«

Es folgt die Prophezeiung des Weltunterganges. Inwieweit Schorler sich selbst als Krämer auf Reisen begab, ob er größere Märkte und Messen besuchte, zeitweilig nicht in Rostock war, das alles ist uns nicht bekannt, aber anzunehmen, da es für einen Krämer üblich war. Man kann wohl auch davon ausgehen, daß Vicke Schorler und seine Familie aufgrund seines Wirkens in der Landfahrer-Krämerkompanie zur Heiligen Dreifaltigkeit eine besondere enge Beziehung zu St. Johannis gehabt haben werden und die Kultgegenstände der Klosterkirche, darunter den berühmten Dreikönigsaltar, genau kannten. Der Niedergang der Landfahrer-Krämerkompanie als ein Zeichen der Verschlechterung des Handelsgeschehens überhaupt, der Zusammenbruch überregionaler Handelsbeziehungen, der auch den Rostocker Pfingstmarkt mehr und mehr zur Bedeutungslosigkeit verurteilte, das mögen Gründe dafür sein, daß die Rostocker Krämerschaft den Wunsch nach einer mehr lokal orientierten Gemeinschaft hatte. Die Vogelschießen des Wokrenter-Gelags fanden stets Mitte Juli statt, zu einer Zeit, wenn das Geschehen um Pfingsten und die Schießen der beiden anderen Gemeinschaften vorüber waren.

Damit ist der Lebenskreis Vicke Schorlers, den wir anhand von Quellen gesichert nachweisen können, den wir aber auch gelegentlich durch Vermutungen und Annahmen erweitert haben, nachgezeichnet: In allen Lebensbereichen war seine Existenz eingebunden in das tragende und haltende gemeinschaftliche Leben der Stadt.

Die Chronik des Vicke Schorler

Bis zum Beginn unseres Jahrhunderts wußte niemand, wer der Verfasser oder Schreiber eines unscheinbaren grauschwarzen Buches in Quartformat sein könnte, das sich im Rostocker Archiv in die Reihe historiographischer Werke in besonderer Weise fügte. Durfte es doch aufgrund seines anonymen Autors tieferes Interesse beanspruchen, auch deshalb, weil ein Teil dieses Buches die einzige und von späteren Chronisten mehrfach herangezogene Rostocker Chronik aus dem ersten Viertel des 17. Jahrhunderts enthält. Oder sollte man es ein Tagebuch nennen? Als Stadtarchivar Ernst Dragendorff (1869–1938) dieses Büchlein um die Jahrhundertwende zum Gegenstand seiner Forschung machte, stand er vor folgendem Sachverhalt: In einer schönen regelmäßigen Schrift waren die Seiten des schmucklosen Bandes fast wie in einem Zuge niedergeschrieben. Exakte Randeinteilung, nahezu pedantische Linienführung – schwach mit Bleistift und Lineal gezogene Hilfslinien sind noch heute zu erkennen – ließen auf einen korrekten, aber wohl doch nicht berufsmäßig Schreibenden schließen, denn die Schrift trug ausgesprochen individuelle Züge. Weder nennenswerte Streichungen noch andere bei ungeübten Schreibenden häufig auftretende Malheurs waren in größerem Maße festzustellen, bis auf einige auffällige Kleckse. Dragendorff fiel es gewiß nicht sehr schwer festzustellen, daß es sich bei einem Teil dieser Aufzeichnungen inhaltlich um jene handelte, die er bereits dem Rostocker Buchbindermeister Dietrich vam Lohe zugeschrieben hatte, der 1590 in Rostock gestorben ist und seinen Namen als Chronist auch nicht genannt hatte. Die Aufzeichnungen vam Lohes umfassen abschriftlich Nachrichten aus der Zeit vom 9. bis Ende des 15. Jahrhunderts, darunter die bekannte Erzählung über die Rostocker Domfehde (1487 bis 1491).

Es schließt sich dann eine Originalchronik vam Lohes an, die von 1529 bis 1583 reicht, der größte Teil bezieht sich auf Rostocker Ereignisse, die ab 1563 häufiger von ihm festgehalten wurden. Die Abschriften in dem grauschwarzen Buch lagen aber in gravierendem Unterschied zu jenen in niederdeutscher Sprache aufgezeichneten Texten Dietrich vam Lohes hier in einer hochdeutschen Übertragung und sogar Bearbeitung vor. Daß dieser andere noch unbekannte Schreiber wahrscheinlich direkt das Lohesche Manuskript in der Hand gehabt hatte, war zu vermuten, weil seine charakteristische Schrift darin in Randbemerkungen anzutreffen war. Der Schreiber hatte sich aber nicht nur um Abschrift und Bearbeitung bemüht, sondern – und das macht den zweiten Teil des Buches aus – in fließendem Übergang den Mut zur Fortsetzung des Bearbeiteten mit eigenen Aufzeichnungen gefunden. Wann das geschehen ist, ob nach dem Tode des Buchbinders oder noch zu dessen Lebzeiten, ob beide sich überhaupt persönlich kannten, das wird unerhellt bleiben müssen wie so viele sich aufdrängende Fragen. Die fortsetzenden Aufzeichnungen des Anonymus beginnen 1583 und gehen bis 1625. Das Geheimnis der Autorschaft dieser Chronik konnte Ernst Dragendorff von der einzigen Stelle der Handschrift aus lüften, wo der Schmerz um den Tod seiner Frau am 13. November 1624 dem Schreiber persönliche Mitteilung und den Namen der Verlorenen dem Papier anvertraute. Der Name Margarete Schmidt führte in das Labyrinth der städtischen Archivalien. Dragendorff gelang der Nachweis, daß der bislang unbekannte Abschreiber der vam Loheschen Chronik und Verfasser der einzigen Rostocker Chronik für die oben angeführte Zeit mit dem Schöpfer der Bildrolle identisch ist, Vicke Schorler hieß und ein Krämer war.

Es wurde bereits der Unterschied der Schorlerschen Chronikbearbeitung zur Arbeit Dietrich vam Lohes erwähnt, der in der Sprache liegt. Bis auf einige hochdeutsche Laute schrieb vam Lohe niederdeutsch. Schorler aber bediente sich konsequent des Hochdeutschen. Er entschloß sich in einer Zeit, in der er beobachtete, daß das Hochdeutsche das Niederdeutsche als Schriftsprache abzulösen begann und sich auch in der Verwaltung der Stadt als Amtssprache durchsetzte, hochdeutsch zu schreiben.

Im Gegensatz zu vam Lohe, der der Vorgängergeneration angehörte, stand Schorler im besten Mannesalter und war dem Neuen gegenüber sichtlich aufgeschlossen. Den Tod vam Lohes vermerkte er an keiner Stelle. Es gibt weitere Unterschiede zwischen der Bearbeitung und dem vam Loheschen Text. Ein Beispiel: Zu den Ereignissen des Jahres 1563 heißt es bei vam Lohe:

»Anno 1563 den 6. Agustii word eins borgermester sone Michel Boldewan in den torne gesettet in der nacht, dewile he vele dinges heimlik und apenbar mit den 60 dorchdreg wedder den rat. Des anderen dages quam de ganze gemeine vor de schriverye und wolden ene kortumme wedder ut dem torne hebben. Don musten twe ratheren mit nam torne und laten ene wedder ut. Und dar was ein gans del von der menheit mit hen mit speten und hellebarden und brachten ene upt market.«

Vicke Schorler aber schreibt so:

»Anno 1563 den 6. Augustii wart eines burgermeisters sohn, Michel Boldewan genandt, in den turm auf dem Rammelsberg in der nacht gesetzt, darumb das er viele sachen mit den 60 heimlich und offentlich wieder den rath hat vortgesetzen helfen. Des folgenden tages war Ein Erbar Raht zusammen auf der schreiberei. Dahin kam die ganze gemeine und wolten den Michel Boldewan kurzumb wieder aus dem thurm haben. Was wolte ein rath thun? Umb vorhütung größerer empörunge mußten sie in wieder auslassen, und mußten zwei hern des rahts mit hingehen nach dem thurme und lassen ihn wieder aus. Und der burger gingen ein ganzer haufe mit hin, mit spießen und hellebarten, und brachten ihn also auf das market.«

Der Sachverhalt ist der gleiche, doch Nüchternheit bei vam Lohe und mehr Farbigkeit bei aller Sachlichkeit in der Schorlerschen Mitteilung. Seine lokale Geschichtskenntnis stellt Schorler unter Beweis, auch wenn ihm, wie vam Lohe, gelegentlich kleine Irrungen unterlaufen. Lakonisch teilt vam Lohe 1580 die Eröffnung bzw. Gründung der Großen Stadtschule mit.

»Jtem in dissem sulven mante wird de schole wedder angefangen to S. Johanse.«

Aus der Bearbeitung von Schorler ist genauer zu erfahren, daß die Knaben nun nicht mehr in die Kirchspielschulen, die jedes Kirchspiel unterhielt, gehen sollten, sondern in die im Johanniskloster eingerichtete Schule.

Das Urteilsbuch des Rostocker Niedergerichts, eines Kriminalgerichts, hält fest, daß am 9. August 1583 ein gewisser Christofer Beckmann aus Langendorf gehängt wurde, obwohl er sein früheres Geständnis widerrief. Dietrich vam Lohe notiert diesen Tatbestand so:

»Den 9. Augusti ward ein knecht gehengt.«

Was aber macht Vicke Schorler mit diesem Fall! Es lohnt sich, seine Eintragung vorzustellen, denn sie unterscheidet sich so sehr von der vam Lohes, daß man wohl sagen kann, mit ihr beginnt das Schorlersche Werk.

»1583 den 9. Augustii ward ein knecht gehengkt, der wolte sich nicht zu gott bekehren, den er meinte, ihm geschege unrecht, den dieser knecht kompt einmal an einen ort, dar hatte der henkkersknecht sein pferdt angebunden und wolte einen alten schelm, welcher in einer pfütze gelegen und noch nicht todt war, abziehen. Weil nun der henckersknecht den schelm erstochen und wartet, bis er ersterbe, legt er sich dieweil ins graß zu schlafen. In mitler zeit kompt dieser knecht und nimbt dem henckersbuben das pferdt, welches gesattelt und büchsen daneben hatte, und uber 20 taler werdt war, und wil mit darvon reiten. Darüber der henckersknecht erwachet, und wil sich das pferdt nicht gerne wegreiten lassen. Aber der dieb, so auf dem pferdt saß, rücket die büchsen aus und scheust nach dem henckersknecht. Also muste der hencker das pferdt vorlassen, und der ander kam damit weg. Nach etlicher zeit kompt der dieb wieder in Rostock und wirt von dem selbigen büttelsknecht erkandt. Der gibt ihn beim gerichte an und kompt also in gefengnis, und nach bekanter that, weil damals kein fronmeister alhier war, hat ihn derselbige büttelknecht, dem er das pferdt gestolen, selbst in den galgen gehengkt. Dieser dieb hat sich nicht zum diebstahl bekennen wollen und immer gerufen: unschuldig, unschuldig. Den er hette das pferdt nicht gestolen, sondern nur genommen. Es ward aber der steler und der nehmer mit einerlei müntz, henfen und eisern, bezahlt.«

Sollte vam Lohe die Vorgeschichte dieses Falles nicht gekannt und sie deswegen nicht aufgeschrieben haben, während der besser informierte Schorler detailliert über sie berichten konnte? Den heutigen Leser verblüfft auf jeden Fall die Derbheit in der Darstellung

Schorlers. Ein trauriges Ereignis, ein bildhafter Ausschnitt aus einer Zeit, in der das Leben nicht sehr viel galt: da liegt einer und kann nicht mehr weiter, einer der geächteten Vagabunden wahrscheinlich, und er wird vom Büttel beseitigt, so wie es zu seinen Pflichten gehört, »das Haar von der Straße« zu nehmen, das heißt, verendetes Vieh zu entfernen. Doch wird der Henkersknecht bestohlen. Aber auch den Dieb ereilt sein Schicksal, die Strafe nämlich, die da verlangte, Diebe müsse man hängen, wenn man sie bekomme. Die moralische Quintessenz des Chronisten: Jeder bekommt den verdienten Lohn.

Dietrich vam Lohes Aufzeichnungen enden im Jahre 1583 mit der Bildung des Hundertmännerkollegiums im Dezember. Diesem Ereignis, das eine Wende im politischen Leben der Stadt einleitete, sowie dem Abschluß des neuen Erbvertrages von 1584 schenkte Schorler keine Beachtung, er übernahm es nicht einmal in seine Chronik. Sollte er sich absichtlich der Mitteilung politisch bedeutsamer Ereignisse enthalten haben? Dagegen spricht, daß er sonst die Vorgänge und Kämpfe um die Verfassung mit großer Aufmerksamkeit von vam Lohe übernommen hat. Es fehlen bei ihm auch einige Bagatellereignisse aus der Loheschen Chronik für dieses Jahr.

Seine Aufzeichnungen bis 1600 sind mehr als dürftig. Zweimal erwähnt er die mecklenburgischen Herzöge. Einmal, 1588, als Johann und Sigismund August in die Stadt kommen, um die Erbhuldigung, zu der Rostock durch den Erbvertrag verpflichtet war, entgegenzunehmen, und 1592, als er den Tod der Herzöge Christoph und Johann von Mecklenburg berichtet. Bis zum Jahre 1600 hat Schorler demnach nicht sehr oft zur Feder gegriffen, oder er wird – sollte er die Handschrift erst viel später niedergeschrieben haben – nur wenig auf Kladdezetteln oder im Gedächtnis behalten haben. Vielleicht beanspruchten ihn Geschäft und Familie in jenen Jahren so stark, daß er kaum Zeit für diese Beschäftigung fand. Erst nach 1600 – und auch da noch nicht in vollem Gleichmaß – entwickelt sich die Fülle der Schorlerschen Mitteilungen zu der kontinuierlich werdenden Vielfalt und Breite, die sie so schätzenswert macht. Es ist nicht verwunderlich, daß die »Neuesten Rostockschen Nachrichten und Anzeigen« im Jahr 1841 seine Chronik als Tagebuch eines nicht genannten Verfassers über die Ereignisse in der Stadt von 1600 bis 1625 in fast vollständiger, aber fehlerhafter und sprachlich geglätteter Fassung dem Rostocker Lesepublikum anboten.

Chronik oder Tagebuch? Unter beiden Begriffen haben Schorlers Aufzeichnungen Eingang in die Historiographie gefunden. Geht man von der Auffassung des Tagebuchs als einer Art des schriftlichen Selbstzeugnisses aus – andere wären Briefe oder Autobiographien –, dann ist es unzutreffend, Schorlers Handschrift als Tagebuch zu bezeichnen. Liegt nicht in dem Bestreben, persönlich möglichst nicht in Erscheinung zu treten, ein Gegenzug zum Tagebuch? Ein Stadttagebuch also? Mit Recht kann entgegengehalten werden, daß Schorler seine Aufzeichnungen kaum tagebuchmäßig betrieb. Wahrscheinlich sammelte er Material, ordnete und stellte es später zusammen, wie beispielsweise die Totenlisten, schrieb dann weite Strecken zusammenhängend.

Die Handschrift, einschließlich der vam Loheschen, wirkt wie aus einem Guß, gelegentlich unterlaufen ihm in der chronologischen Reihenfolge Fehler, die für das nachträgliche Abschreiben sprechen. Papier, Tinte, Feder scheinen sich nicht verändert zu haben. Es sei dahingestellt, ob wir von einem Stadttagebuch oder einer Chronik zu sprechen haben, beides schließt einander nicht aus.

Eins ist Vicke Schorler unbestreitbar: er war ein Zeuge seiner Zeit und ein Kind dieser Zeit. Zweifel an Aberglauben, Hexenwahn und Strafjustiz sind bei ihm nicht aufzuspüren, woraus ihm kein Vorwurf zu machen ist. Er bemüht sich, von einem objektiven Standpunkt aus die Fakten zu berichten, eben Chronist zu sein. Kommentierende Einschätzungen und Wertungen, offensichtliche Parteinahme waren nicht seine Sache. Unbefangene Berichterstattung scheint ihm am Herzen gelegen zu haben. Er zeichnet ein Bild seiner Stadt auch mit dem Wort. Und wie in seiner Bildsprache ist dieselbe Haltung spürbar: Genauigkeit der Realität gegenüber, das Streben nach Wahrhaftigkeit. Sowohl in seiner bildnerischen als auch sprachlichen Abbildung ist Schorler echt. Indem er weder gelehrte noch künstlerische Vorbilder nachahmt, verfolgt er einen ihm gemäßen Weg. Er will nicht mehr scheinen als er ist. Die Art der Chronikschreibung des Dietrich vam Lohe lag ihm. Wie jener gehörte er den breiten Mittelschichten an, gab es Verbindendes.

Die unmittelbare Ursprünglichkeit erhöht bis heute den dokumentarischen Wert seiner Werke. In der Bild-

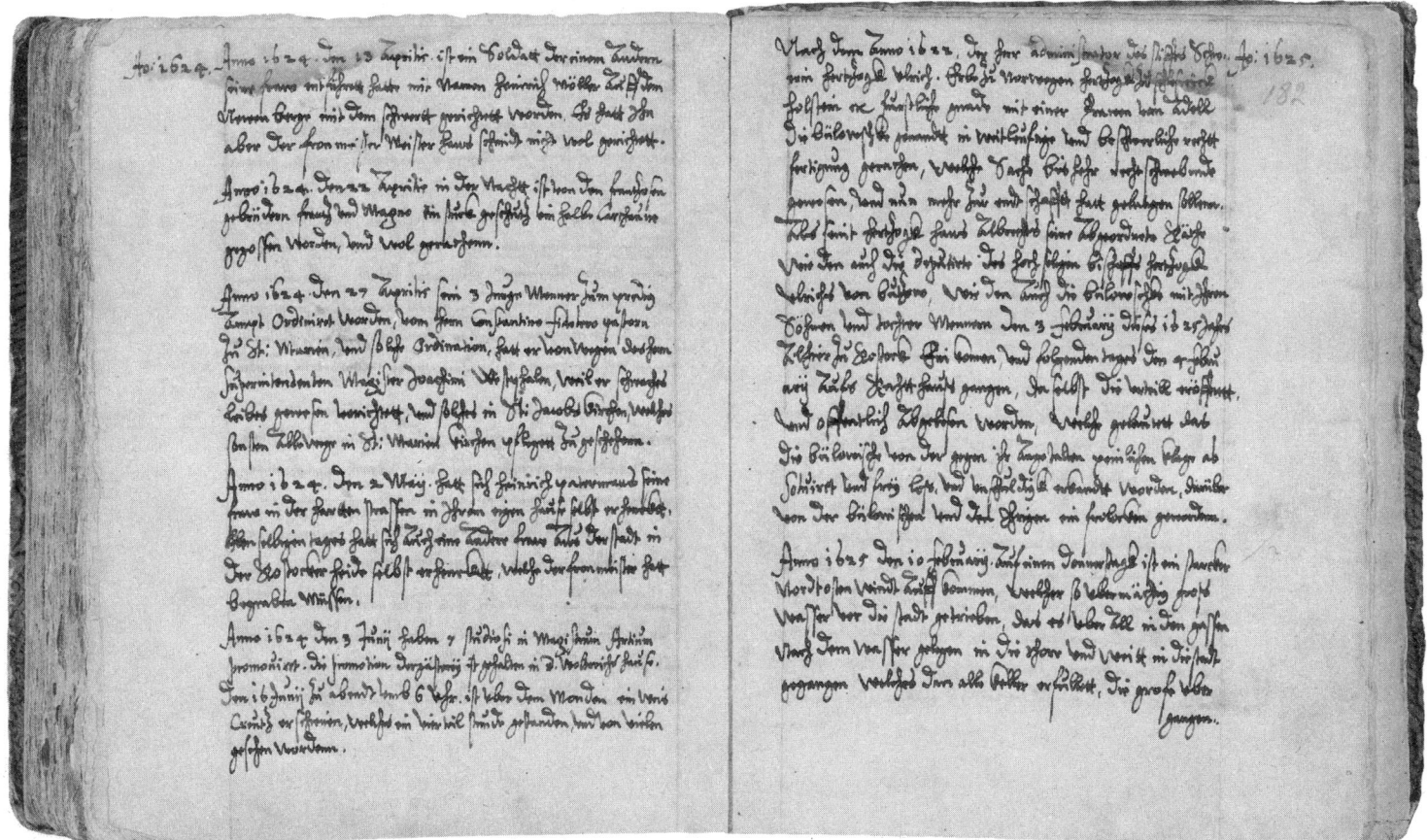

Schluß der Schorlerschen Chronik mit letzten Eintragungen für das Jahr 1624 und Beginn der sich umseitig fortsetzenden Schilderung der Sturmflut vom Februar 1625

rolle nutzt Schorler das Prinzip des Aneinanderreihens und Auswählens – durchaus geleitet von einer Idee. Es entspricht seiner Vorstellungswelt und seiner Möglichkeit des Umsetzens zur Form.

Auch der Chronist Schorler – geradlinig, doch gewandt berichtend – hat sich den Sinn fürs Anschauliche, Bildhafte, Lebendige bewahrt. Darin treffen sich der Zeichner und der Chronist. Seitenlang, etwas umständlich mitunter, doch auch fesselnd, erzählt er beispielsweise von den Kämpfen und Komplotten der Frau von Bülow um ihr Recht, von der Verdächtigung und Gefangennahme der alten Frau Thamar als Hexe. So ist ihm eines der illustrativsten kulturhistorischen Zeugnisse aus der Geschichte dieser Stadt zuzuschreiben. Der Stralsunder Bürgermeister Bartholomäus Sastrow (1520–1603), ein Zeitgenosse Vicke Schorlers, schrieb eine der ersten deutschen bürgerlichen Autobiographien, einen fesselnden Lebensbericht. Im Vergleich zu diesem verlief Schorlers Leben wahrscheinlich in den vorgezeichneten Bahnen und den engen Grenzen des Alltags seiner Vaterstadt ohne erkennbare Tief- oder Wendepunkte, fern von Abenteuerlichem. Es ist zu vermuten, daß wir, wäre es anders gewesen, von Vicke Schorler schriftliche Zeugnisse noch anderer Art hätten. Konnte es für ihn Interessanteres geben als das Leben seiner geliebten Stadt?

Um der Schorlerschen Chronik in ihrem Wert für die Geschichte Rostocks und als Quelle gerecht zu werden, muß auch die übrige Rostocker Historiographie jener Zeit gestreift werden. Sie zeichnet sich durch Außergewöhnlichkeit nicht aus. Wie auch in anderen Hansestädten dominiert hier die Chronistik, doch zählen Rostocks Chronisten nicht zu den größten in diesem Metier. Wiederholt wurde von Stadt- und Hansegeschichtsforschern in der Vergangenheit dieser Mangel betont. Erst um die Mitte des 16. Jahrhunderts setzte eine zeitweise rege Tätigkeit in der Chronistik ein. An sie sind für Rostock bekannte Namen wie Lucas Bacmeister, David Chytraeus, Thomas Lindemann, Nikolaus Gryse und schließlich Peter Lindenberg gebunden, von dem 1596 die erste gedruckte Rostocker Chronik erschien. Es sind die Namen von Gelehrten, Theologen vornehmlich, von denen der Melanchthon-Schüler David Chytraeus beispielsweise weit über Rostock hinaus einen hervorragenden Ruf genoß. Die Chroniken des Dietrich vam Lohe und Vicke Schorlers nehmen in dieser Reihe eine Sonderstellung ein. Beide Schreiber waren zwar im Umgang mit dem Wort geübt, doch pflegten sie ihn nicht berufsmäßig. Sie waren gebildet, doch schrieben sie weder Bücher noch andere Werke, die für Wissenschaft oder ein gelehrtes Publikum bestimmt waren. Sie schrieben einfach berichtend, wie sie dachten und sprachen, in sehr ungeregelter Orthographie. Sie gehörten weder in den Kreis der Gelehrten noch waren sie auf irgendeine Weise exponiert. Vicke Schorler muß mit wachem Blick und stets offenem Ohr durch die Stadt gegangen sein, ihn scheint alles interessiert zu haben: Wirtschaft und Handel – Schiffahrt weniger –, Hansepolitik, die Festlichkeiten anläßlich herzoglicher Besuche in der Stadt, Ratsherrenwahlen, Promotionen an der Universität, bauliche Veränderungen, Kriminalfälle, Hinrichtungen. Historie und Histörchen sind mitunter bunt vermischt. Sicher war er oft auch auf das angewiesen, was in der Stadt von einem Haus zum anderen weitergetragen wurde, denn bekanntlich gab es eine gedruckte Zeitung zu dieser Zeit in Rostock noch nicht. Erstaunlich ist dennoch die Genauigkeit, die Authentizität dieser chronikalischen Darstellungen, die durch andere Quellen bestätigt werden kann. Die in dieser Publikation ausgewählten Beispiele mögen einen Eindruck von den Aufzeichnungen Vicke Schorlers geben. Sie sind auch ein Einblick in den Rostocker Alltag jener Zeit. An ihrem Ende – und mit ihnen näherte sich auch Schorlers Leben dem Ende – stehen düstere Ereignisse. Die Jahrzehnte ruhiger und friedlicher Entwicklung für Rostock waren vorbei. Um Johannis (24. Juni) 1624 kam die schwere Pestepidemie.

»Nachdem in diesem 1624 jahr umb Johanni die abscheuliche seuche der pestilentz zu grassiren angefangen, und die leut sich des Sontags heufig zum sacrament und tisch des herren gefunden, also das oftermals in St. Marienkirchen in die funfsechs und mehr hundert auf einmal gewesen, als ist demnach im erwurdigen ministerio beschlossen, das auch auf den Mittwoch [. . .] das heilige sacrament sollte gehalten werden.«

Die Namen der Toten, derer Schorler in diesem Jahr gedachte, füllen fast zwei Seiten seines Buches, und es sind längst nicht alle.

Am 16. Juni hatte er gesehen:

»Zu abendt umb 6 Uhr ist uber dem monden ein weis creutz erscheinen, welches ein viertel stunde gestanden und von vielen gesehen worden.«

Im November starb die treue Lebensgefährtin. In der Stadt wurden Geschütze gegossen... Noch war er weit weg, der Krieg, aber Ende dieses Jahrzehnts würde er auch Rostock erreichen. Und am Donnerstag, dem 10. Februar des Jahres 1625:

»[. . .] ist ein starcker nordtosten windt aufkommen, welcher so übermächtig groß wasser vor die stadt getrieben, das er überall in den gassen nach dem wasser gelegen in die thore und weit in die stadt gegangen, welches dann alle keller erfullet [. . .] und ist das wasser so hoch gestanden, das etliche 70 schiffe aus der Warnow bis an die stadtmauern und heuser sein getrieben worden.«

Ausführlich schilderte Schorler diese Naturkatastrophe. Dies ist seine einzige und letzte Aufzeichnung aus dem Jahre 1625. Er endete:

Gott möge die Stadt in Zukunft vor solchem Unglück bewahren

»[. . .] und erstatte den angefügten schaden wiederümb mit guter nahrung hendel und wandel zu eine jedern ergetzungk.«

Es ist der letzte uns überlieferte Wunsch Vicke Schorlers: Handel und Wandel möge es geben zum Vorteil und Nutzen eines jeden. Er drückt nochmals die Gesinnung, den demokratischen Geist dieses Rostocker Bürgers aus.

Vicke Schorlers »Wahrhaftige Abcontrafactur« der Stadt Rostock und ihrer Umgebung

Anregung und Absicht

Die Frage, was einen etwa achtzehnjährigen jungen Mann im letzten Viertel des 16. Jahrhunderts bewogen haben könnte, seine Heimatstadt zu zeichnen, wurde bereits angesprochen und läßt sich im Falle Vicke Schorlers nur mit Vermutungen beantworten, weil es Zeugnisse darüber nicht gibt. Auch Äußerungen Schorlers über das Aussehen seiner Heimatstadt und seine Wirkung auf ihn sind uns schriftlich nicht überliefert. Es soll ein etwa Gleichaltriger (1569 geboren) zu Worte kommen, der wandernde Theologiestudent Michael Franck. Sein Weg hatte ihn von Stralsund über Barth, Damgarten und Ribnitz am 11. Mai 1590 nach Rostock geführt, wo der 21jährige bei einem ehemaligen Frankfurter Universitätsfreund, Heinrich Kilian, ein Unterkommen fand. In seinem Reisebericht, der in einem Aufsatz des 30. Jahrgangs der »Baltischen Studien« 1880 unter dem Titel: »Wanderung eines fahrenden Schülers durch Pommern und Mecklenburg 1590« mitgeteilt ist, schreibt der von Rostock beeindruckte Franck: »Diese Stadt Rostock ist eine fürnehme und große Hauptstadt in mecklenburger Lande, liegt nach der Länge mit lautern von gebrannten Ziegeln Steinhäusern erbauet, sehr schöne, große starcke Gebäude nach der alten seestädtischen Art. In dieser Stadt hat es weite Gaßen und einen großen Marckt, darauf ein feiner Waßerbrunnen, hat auch ein reiches und wohlhabennes Volck darinnen.«

Diese preisenden Worte eines Fremden über Rostock, der schon viele Städte gesehen hatte, lassen ahnen, wie stark der junge Vicke Schorler von Rostock angetan gewesen sein muß, wie tief er diese große und reiche Stadt mit den herrlichen profanen und sakralen Backsteinbauten, dem geschäftigen Treiben auf Märkten und Plätzen und dem regen, die Stadt mit fernen Ländern verbindenden Schiffsverkehr im Hafen, mit ihrem akademischen Leben geliebt hat.

Die eingangs geschilderten Ereignisse in den sechziger und siebziger Jahren des Jahrhunderts, deren Auswirkungen Schorler als Zeitgenosse miterlebte, vor allem der Wiederaufbau des Steintors und der angrenzenden Stadtbefestigung, haben Schorler sicherlich stark beeindruckt und ihn zusätzlich in seiner zeichnerischen Absicht motiviert.

Es gab für Vicke Schorler in der Stadt auch Vorbilder, die ohne Zweifel anregend auf ihn und sein Werk gewirkt haben dürften. Nahe dem Steintor, in der Schorler sicher gut bekannten Kirche des Johannisklosters, befand sich ein Hochaltar – Fragmente, vor allem das innere Flügelpaar des Schreins mit acht Tafelbildern, sind heute im Kulturhistorischen Museum der Stadt Rostock zu besichtigen –, auf dem die Dreikönigslegende dargestellt war. Ein unbekannter, einheimischer Künstler hatte das farbenprächtige Werk in der ersten Hälfte des 15. Jahrhunderts gemalt. Ein Tafelbild erzählt von der Rückkehr der Heiligen Drei Könige. Diese erfolgt jedoch nicht legendengetreu von Bethlehem aus, sondern von einer Stadt, die mit ziemlicher Sicherheit als Rostock anzusehen ist. Es ist eine Seestadt, drei Könige reisen per Schiff. Der Künstler verstand es, für den Betrachter das religiöse Geschehen, gebunden an eine vertraute Landschaft, intensiver miterlebbar zu machen. Dieses Bild ist ein Beispiel dafür, wie im Verlauf des 15. Jahrhunderts die symbolhafte und allegorische Stadtdarstellung, die bis dahin auch als Hintergrund für Bildwerke religiösen Inhalts üblich war, zurücktritt. Andere, gleichgeartete »Städtebilder« sind unter anderem von Lübeck, Lüneburg, Nürnberg, Brüssel und Wien bekannt.

Heimfahrt der Heiligen Drei Könige, Tafelbild vom Hochaltar der ehemaligen Dominikanerkirche zu Rostock, 1. Hälfte des 15. Jh., Besitz des Kulturhistorischen Museums Rostock

Die realistischere Darstellung von Landschaften und Städten auf Bildhintergründen nahm im 15. Jahrhundert zu und setzte sich durch. Das selbständige Bild ›Motiv Stadt‹ existierte jedoch zu dieser Zeit noch nicht. Diese älteste Darstellung Rostocks auf dem Dreikönigsaltar ist zugleich der erste Versuch, die Stadt annähernd getreu wiederzugeben. Auf Schorler muß sie inspirierend gewirkt haben. Der Maler nimmt gedanklich einen erhöhten Standpunkt auf dem Rostock gegenüberliegenden Warnowufer ein und zeichnet daher das Legendengeschehen im Vordergrund mit einer phantastisch überhöhten Flußuferzone. Das heimkehrende Schiff stellt eine Kogge dar. Auch der Hintergrund enthält etliche realistisch-topographische Elemente. Links der Stadtmauer erkennt man Jäger im Gehölz. Schorler zeichnet an dieser Stelle auf seinem Bild die Falknerei. Der Wasserlauf, die Grube, fließt durch eine Öffnung der Stadtmauer, die spitztürmige Petrikirche ist identifizierbar, Landungsbrücken gab es in diesem Bereich, und selbst die Mühlsteine verweisen auf die nahe gelegenen Wassermühlen.

Schorler steht der naiven Manier dieses Malers auffallend nahe. Auch er benutzt für Teile seiner »Abcontrafactur« mitunter einen in seiner Vorstellung erhöhten Standpunkt, um zu vogelschauartiger Perspektive zu gelangen. Auch er zeichnet Hafenanlagen, technische Einzelheiten, einzelne Bereiche der umliegenden Landschaft und Personen.

Ein weiteres Bild mit Teilansichten von Rostock und Umgebung hing in der Kirche des Klosters Zum Heiligen Kreuz. Das acht mal zwei Meter große von einem unbekannten Maler im 16. Jahrhundert auf Holz gemalte Bild erzählt die Gründungslegende des Klosters: die Königin Margarethe von Dänemark hatte ihren Vetter, den Fürsten Waldemar von Rostock besucht. Ihr Schiff strandete während der stürmischen Heimfahrt bereits im Breitling. Als Dank für ihre Rettung gelobte sie, ein Frauenkloster zu stiften. Das geschah 1270. Das sogenannte »Stiftungsbild« zeigt unter anderem Gebiete des Warnowufers, die Orte Marienehe und Lichtenhagen, die Burg Schmarl und Baulichkeiten der neuen Klosteranlage. Das der Phantasie außerordentlich verpflichtete Gemälde enthält aber auch einige architektonische und topographische Details, die Schorler angeregt haben könnten.

Auch dieses Bild, im 18. Jahrhundert ist es stark übermalt worden, blieb erhalten und hat im Kreuzgang des ehemaligen Klosters und heutigen Kulturhistorischen Museums seinen Platz gefunden.

Als Drittes müssen die Holzschnitte Hans Weigels genannt werden. Der Nürnberger Formschneider, Briefmaler und Händler schuf damit die ersten graphischen Ansichten zweier mecklenburgischer Städte, Rostocks und Wismars. Die Holzschnitte entstanden um 1550/60 und gehören zu den zahlreichen repräsentativen Einzelansichten, die sich Bürger oder Gemeinden von ihrer Stadt anfertigen ließen.

Mit Bildern dieser Art, wie sie im letzten Viertel des 15. Jahrhunderts in Mode kamen, löste sich die Stadtdarstellung nicht nur aus dem religiösen Zusammenhang, sondern wurde zum selbständigen Motiv für Maler und Graphiker, die sich um realistisch-topographische Exaktheit bemühten. Kein geringerer als Albrecht Dürer (1471–1528) hatte in dieser Hinsicht als Maler und Zeichner Wegweisendes geleistet. Die Stadt als selbständiges Bildmotiv blieb jedoch vor allem der

Ausschnitt aus dem Tafelbild der Gründungslegende des Klosters Zum Heiligen Kreuz in Rostock, 16. Jh., Besitz des Kulturhistorischen Museums Rostock

Druckgraphik vorbehalten. Wer im Falle Rostocks der Auftraggeber war, darüber haben die Archivquellen bisher noch nichts ausgesagt.

Weigel nannte sein Bild: »Wahrhaftige Contrafactur der alten herrlichen Stat Rostock«. Der auf drei Stöcken von zusammen 1,09 Meter Länge und 0,256 Meter Höhe gedruckte und kolorierte Holzschnitt zeigt Rostock von Norden, also ebenfalls vom jenseitigen, dem Gehlsdorfer Ufer, in einer Gesamtansicht. Aus dem Gewirr der Häuser ragen Kirchen, Klöster, Türme und Tore empor. Häuserzeilen der zum Strande führenden Gassen sind erkennbar. Auf der Warnow herrscht reges Schiffstreiben, und vor dem Kröpeliner und Bramower Tor ist noch ein Teil des vorstädtischen Gebietes mit agierenden Personen und der Hinrichtungsstätte auf dem Köppelberg, bei Vicke Schorler »Kopken-Berck«, zu sehen. Weigels Stadtbild von Rostock entspricht schon weitgehend der Realität, wenn auch nicht alle Details architektonisch und topographisch exakt abgebildet sind. So nahm er wichtige Gebäude auf, die er von seinem gewählten Standpunkt aus gar nicht sehen konnte. Dem Original des Holzschnittes war noch ein 118zeiliges Gedicht zu Rostocks Geschichte von Hans Sachs (1494–1576) beigefügt. Es geht auf Sebastian Münsters (1481–1552) »Cosmographey oder Beschreibung aller Länder, herrschaften und fürnembsten Stetten des gantzen Erdbodens...« in der Textfassung von 1550 zurück. Nachdrucke vom Originalholzschnitt sind kaum noch vorhanden, wohl aber Nachdrucke, die seit dem 19. Jahrhundert zahlreich gefertigt wurden. Es bleibt fraglich, inwieweit Schorler Druckgraphiken mit Stadtdarstellungen kannte, doch nehmen wir an, daß ihm einige, darunter Hans Weigels Holzschnitt, bekannt waren, denn in Verbindung mit dem Buchhandel wurden sie relativ rasch und weit verbreitet. Wandernde Buchhändler – auch Buchführer genannt – handelten neben Büchern auch Kramwaren und sind bereits Ende des 15. Jahrhunderts in der Landfahrer-Krämer-Kompanie zu Rostock eingetragen. Auch Rostocks Buchdrucker waren durchweg gleichzeitig Verleger und Buchhändler. Alljährlich zog der Rostocker Pfingstmarkt auch Buchhändler aus anderen Teilen Deutschlands in die Stadt. 1577 gaben sich die Rostokker Buchbinder und -händler eine Amtsrolle. Diese äl-

Ansicht der Stadt Rostock von Norden, Holzschnitt von Hans Weigel um 1550/60 mit Versen von Hans Sachs, aus der Bildsammlung des Stadtarchivs Rostock

Ansicht der Stadt Rostock von Norden, Kupferstich nach Hans Weigel, aus: Braun und Hogenberg, Civitates orbis terrarum, Bd. I 1572. Die Überschrift ist vertauscht, statt Wismar muß es Rostock heißen.

teste Rolle läßt auf die Zunahme des Buchhandels und seine wachsende Bedeutung schließen. Schorler, der als Krämer selbst am Handelsgeschehen teilnahm, dürfte Buchbindern und -händlern nahegestanden haben, hatte er doch auch Kontakt zu Kreisen des Buchbinders und Chronisten Dietrich vam Lohe. Insgesamt gab es für ihn in der Universitätsstadt viele Gelegenheiten, den Zugang zu den druckgraphischen Werken und ihren Holzschnitten zu finden.

Wie schon erwähnt, nahm sich die Druckgraphik des Motivs Stadt bevorzugt an. Frank-Dietrich Jacob nennt dafür in seinem Buch: »Historische Stadtansichten« (1982) mehrere Gründe. Im Gegensatz zur Malerei, die bereits auf alte Traditionen zurückblicken konnte, fiel es der Druckgraphik leichter, neue Motive aufzunehmen, und sie konnte sich – gekoppelt an den Buchdruck – mit Produktionsstätten des Frühkapitalismus verbinden. Für ihre Aufgeschlossenheit gegenüber der Herausbildung eines neuen humanistischen Weltbildes war diese Verbindung von großer Bedeutung. Zu den großen druckgraphischen Werken dieser Zeit zählen Titel wie die »Pilgerreise in das Heilige Land« mit wirklichkeitsnahen Holzschnitten des Utrechters Erhard Reuwich von sechs Städten, herausgegeben 1486 durch den Mainzer Domkleriker Bernhard von Breydenbach. Hervorzuheben ist die Weltchronik des Nürnberger Stadtarztes Hartmann Schedel und seines Verlegers Antonius Koberger, »Liber chronicarum«, die 1493 in lateinischer und ein Jahr darauf in deutscher Sprache erschien. Mit über 2000 Holzschnitten von Wilhelm Pleydenwurff (um 1460–1494) und Dürers Lehrer Michael Wohlgemut (1433–1519) gehörte dieses Buch zu den bedeutendsten humanistischen Werken seiner Zeit.

Etwa 116 Holzschnitte tragen Ortsnamen, 30 stellen bereits wirkliche Ansichten dar. Bei den übrigen handelt es sich um typisierte Holzschnitte, die sich mit verschiedenen Ortsüberschriften wiederholen. Eingereiht sei hier auch die schon erwähnte Kosmographie des in Basel und Heidelberg dozierenden Hochschullehrers Sebastian Münster von 1544, deren Stadtdarstellungen seit der Auflage von 1550 sehr wirklichkeitsnah wurden. 1572 erschien schließlich der erste Band des großen sechsbändigen, nicht mehr mit Holzschnitten, sondern mit Kupferstichen illustrierten Städtebuches, das der Kölner Dekan Georg Braun unter Mitwirkung des niederländischen Malers und Kupferstechers Franz Hogenberg und des Kupferstechers Simon von Neuwel (Novellanus) herausgab. In diesem ersten Band mit dem Titel: »Civitates orbis terrarum«, die deutsche Ausgabe lautet »Beschreibung und Contrafactur der vornembsten Staedt der Welt«, findet sich auch ein Blatt mit vier Stadtansichten, neben Wittenburg und Frankfurt/Oder von Rostock und Wismar. Die beiden letztgenannten sind verkleinerte Nachstiche der Städte nach den ersten Ansichten von Hans Weigel. Rostock ist nur durch das Petritor und das Schiff der Petrikirche ergänzt, die bei Weigel keinen Platz mehr fanden. Die Überschriften »Wismaria« und »Rostochium« verwechselte man jedoch.

Die hier genannten Werke wurden immer wieder aufgelegt, weil die Nachfrage groß war. Zahlreiche Interessenten besonders im Bürgertum sorgten für die Verbreitung in deutschen und anderen europäischen Landen und auch in Rostock. Es waren zumeist humanistische Gelehrte, die sich im 15. und 16. Jahrhundert der Herausgabe von Stadtansichten in den buchgraphischen Werken, in Kosmographien und Topographien, widmeten.

Sebastian Münster und Georg Braun mögen hier für viele stehen. Sie zogen Künstler, Fachleute an sich heran, Maler und Zeichner, Holzschneider und Kupferstecher, um mit ihnen – gefördert vom Bürgertum und im 17. Jahrhundert auch von Fürsten – ihre Werke zu vollenden. Ziel dieser Produktionen war der Umsatz, der kommerzielle Gewinn, denn Druckgraphiken und Stadtansichten konnte man im Buchhandel, auf Messen und Märkten käuflich erwerben.

Im völligen Gegensatz hierzu sind Vicke Schorler und sein Bildwerk zu sehen. Schorler besaß wohl eine gute, aber nicht akademische Bildung. Er war weder Maler noch Zeichner. Ihm fehlten gestalterische Kenntnisse und Erfahrungen. Er war auf sich selbst als Autodidakt angewiesen. Kein Auftraggeber unterstützte ihn, und gewinnbringende Absichten hegte er schon gar nicht. Ihn erfüllte offensichtlich Freude am zeichnerischen Gestalten, am Umgang mit Feder und Lineal, zu der sich Selbstbewußtsein, Optimismus und die Gewißheit, das einmal Begonnene zu vollenden, gesellten. Stellt man, mit dem Blick auf Hans Weigel, Georg Braun, Franz Hogenberg und deren große Nachfolger im 17. Jahrhundert wie Matthias Merian d. Ä. (1593–1650) und Wenzel Hollar (1607–1677), die Frage, wo Vicke Schorler mit seinem Abbild der Stadt Rostock künstlerisch einzuordnen sei, so kann es darauf nur die Antwort geben, daß dies nicht möglich ist. Als Laie ging er völlig andere, ungewöhnliche Wege. Vicke Schorler zeichnete noch als dem Spätmittelalter verhafteter Mensch seine »Abcontrafactur«. Das prägte Stil und Charakter. Er zeichnete, ausgerüstet nur mit dem Wissen eines jungen erwerbstätigen und wahrscheinlich noch nicht weit herumgekommenen Menschen. Diese Tatsache beeinflußte seine Darstellungsmethode und Zeichentechnik. Seine einmalige Absicht bestand darin, die Stadt mit ihren Gebäuden, Straßen und Plätzen von innen her zu zeigen und dabei auch noch das ganze Umland von Warnemünde bis Güstrow einzubeziehen. Sie bestimmte den Gesamtaufbau seiner Bildrolle. Es gelang ihm mit seiner »Warhaftigen Abcontrafactur der hochloblichen und weitberumten alten See- und Hensestadt Rostock Heuptstadt im Lande zu Mekkelnburgk« eine beachtliche Leistung. Er schuf ein bewundernswertes kulturhistorisches Unikat – das Abbild einer Stadt, nicht als übliche summarische Außenansicht, sondern mit der ganzen Vielfalt der Baulichkeiten, des Umfeldes und des Lebens. Den inhaltlichen Reichtum des Bildwerkes zu erschließen, es gewissermaßen zum Erzählen zu bringen, das erfordert gedankliches Nachvollziehen dessen, was Vicke Schorler vor über vierhundert Jahren bei der Arbeit an seiner »Abcontrafactur« an konzeptionellen und gestalterischen Überlegungen anstellte. Tun wir es, so wird uns seine volkstümliche Darstellung viel Sehens- und Wissenswertes vermitteln, das uns auch heute noch im Sinne der Erbepflege anspricht und verpflichtet.

Bildkonzeption

Schorlers in der »Abcontrafactur« verwirklichte bildkompositorische Absicht läßt sich nicht vergleichen mit der eines Berufskünstlers seiner Zeit, der mit Hilfe eines Kompositionsschemas Erkenntnisse und Gefühle vermitteln und bewirken möchte. Aber auch Schorler setzt Linien, Formen und Farben sinnvoll ein und organisiert die Aufteilung der Bildfläche auf eine Weise, die seiner Darstellungsabsicht am besten gerecht wird. Er geht sogar so weit, realtopographische Gegebenheiten dieser Absicht unterzuordnen.

Versuchen wir es, uns in die bildkompositorischen Gedankengänge Schorlers hineinzuversetzen. Zunächst fällt ein am unteren Bildrand über die ganze Länge des Bildes hinreichender Wasserlauf auf, die Warnow. Sie wirkt wie ein Vordergrund, ist aber vor allem die Basis des Bildes. Für Schorler war die Warnow die Lebensader Rostocks, die es über Meere hinweg mit fernen Ländern und Städten verbindet, einen wesentlichen Teil von Handel und Verkehr ermöglicht und auch das Hinterland der Hafenstadt erschließt. Er bestimmte unter einem solchen Gesichtspunkt die Warnow als Basis des Bildes und setzte seine Absicht rigoros um. Selbst wenn Ortschaften in der Wirklichkeit links der Warnow liegen, er bildete sie rechts ab, wie das für Warnemünde besonders augenfällig ist. In erster Linie ist der Flußlauf also ein bildkompositorisches Element und weniger als realer Vordergrund gedacht, über den hinweg man auf Städte und Dörfer blickt. Daß Schorler im Bereich von Bützow-Güstrow statt der Warnow das kleine Flüßchen Nebel gemeint haben könnte, ist möglich, unter diesem Aspekt aber ohne Belang.

In der Gliederung des Bildes fallen weiterhin Darstellungen von der Umgebung Rostocks auf, die an die Seite gesetzt sind. Sie zeigen links in einer Breite von etwa 2,10 Metern das Gebiet von Warnemünde bis an die westliche Stadtmauer beim Kröpeliner Tor und rechts in einer Breite von etwa 2,60 Metern den Landstrich vom Mühlentor am Südostende der Stadtmauer über Schwaan und Güstrow bis nach Bützow. Schorler wußte als Einwohner Rostocks und als Krämer um die große Bedeutung des Umlandes für den Nahhandel, für die Versorgung der Stadt und für den Verkauf städtischer Erzeugnisse. Darum sah er Rostock nicht isoliert, sondern in den tatsächlich vorhandenen Beziehungen

Ansicht der Stadt Rostock aus der Vogelschau, Kupferstich von Wenzel Hollar, aus: Neubearbeitung der Civitates orbis terrarum durch Jansson, Amsterdam 1657. Bestandsaufnahme um 1625.
In Farbe eingetragen die Abfolge der von Schorler gezeichneten Bauten; nach O. Gehrig.

zwischen Hafenstadt und Binnenland. Dementsprechend legte er sein Bild an. Um den ausgedehnten Landstrich zwischen Warnemünde und Güstrow zu Papier zu bringen, raffte er ihn, indem er die Ortschaften ohne jedwedes Umland punktuell auf das Papier setzte.

Außerdem zeichnete er in der Manier der Vogelschauperspektive, benutzte in den beiden Seitenteilen die gesamte Höhe und bezog den Fluß ein, der damit noch im Vordergrund zur Wirkung kommt. Durch dieses Verfahren täuscht er räumliche Tiefe vor.

Im mittleren und zugleich Hauptteil der »Abcontrafactur« stellt Schorler auf einer Länge von etwa 14 Metern die Stadt Rostock selbst dar. Er zeichnete jedoch keinen Fernblick auf Rostock, kein Stadtporträt, keine summarische Außenansicht wie der bereits genannte Hans Weigel und andere nach ihm. Er wollte mehr. Ihm ging es um die innere Schönheit seiner Heimatstadt, um die Architektur und deren Details und um das Leben in dieser Stadt. Er ging in die Stadt hinein, spazierte durch die Straßen und über die Märkte, zeichnete Gebäude für Gebäude, ließ weg, was ihm unbedeutend oder unnötig erschien, raffte auf diese Weise Häuserzeilen wie auch Straßenzüge und fügte alles Gezeichnete wie Perlen auf einer Schnur in zwei Bildreihen wieder zusammen. Aber auch dabei ging er konzeptionell vor. In die obere Reihe setzte er die bedeutendsten, größten und schönsten Bauwerke sowie die drei Marktplätze aus dem Stadtinnern. In die untere Reihe fügte er die kleinen Häuser, Tore, Türme und Teile der Stadtmauer aneinander, die im Strandgebiet nahe der Warnow und den Brüchen standen. Er zeichnete sie jedoch nicht, wie ein unkundiger Betrachter meinen könnte, vom Strande aus, sondern, das belegen vor allem die Haustüren, von der Stadtseite her. Nur das Mühlentor ist feldseitig aufgenommen. Dadurch ist die Warnow mit dem Strandbereich auch in diesem Teil seiner »Abcontrafactur« kein echter Vordergrund, wenn er auch als solcher wirkt, sondern ein selbständiger Bildstreifen.

Zeichnerisch löste Schorler sein Anliegen, die Stadt von innen her zu zeigen, indem er sich für die Architekturdarstellung entschied. Sein Abbild von Rostock ist daher im wesentlichen eine zeichnerische Wiedergabe von bestehenden Gebäuden in Form von Aufrissen ohne Maßstab und Perspektive. Nur dort, wo er Leben und Treiben darstellte, auf den drei Marktplätzen, dem Gertrudenfriedhof und am Strand, ging er zu seiner vogelschauartigen Betrachtungsweise über.

Anhand der Radierung von Wenzel Hollar »Rostock aus der Vogelschau« und einer Skizze von der Umgebung Rostocks ist es möglich, die topographische Situation und die Lage der abgebildeten Gebäude und Ortschaften zueinander genauer zu betrachten. Diese Ansicht von Rostock erschien 1657 in einer Neubearbeitung der »Civitates orbis terrarum« durch den Amsterdamer Kunstverleger Johannes Jansson nach einer Vorlage aus dem Jahre 1625. Sie eignet sich besonders, da sie der Zeit Schorlers am nächsten liegt und in der Mischung von Plan und Bild eine relativ getreue Wiedergabe des Stadt- und Straßenbildes darstellt. Wie schon erläutert, sind es fünf bildkompositorische Teile, aus denen sich Schorlers Darstellung zusammenfügt. Hauptteil des Ganzen ist das eigentliche Stadtbild. Verfolgt man die abgebildeten Gebäude der oberen Reihe (1) vom Kröpeliner Tor bis zum Mühlentor nacheinander auf dem Vogelschaubild von Hollar, so ergibt sich ein Weg, der jenen Straßen und Plätzen folgt, an denen die damals bedeutendsten und repräsentativsten Bauwerke wie Kirchen, Klöster, Rathaus, Steintor, Universitätsgebäude und repräsentative Wohnhäuser lagen.

Die untere Reihe (2) ist dazu ein Gegenstück. Hier verläuft die Zeichnung entlang den schmalen Straßen nahe der Stadtmauer vom Bramower Tor im Westen bis zum Gerberbruch im Osten: Bescheidene Giebelhäuser, die kleinen Strandtore, Teile der Stadtmauer und Wehrtürme wurden hier von Schorler, alles von der Stadtseite her gesehen, aneinandergefügt.

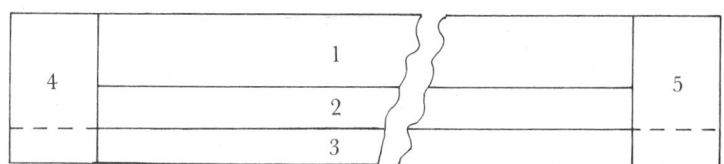

Schema des Aufbaus der Bildrolle

»Mecklenburg Ducatus«, Karte von Johann Lauremberg, gedruckt bei Jansson in Amsterdam um 1640, aus der Kartensammlung des Stadtarchivs Rostock

Warnow, Hafen und Strandbereich (3) aber zeichnete Schorler anders als die darüberliegenden Gebäudezeilen aus der Sicht von Norden, vom jenseitigen Warnowufer auf die Stadt. Von oben sah er die Warnow mit den zahlreichen Schiffen und Booten, den Stadthafen mit den Uferbefestigungen und Landungsstegen und die schmale Strandzone mit zwei Kränen.

Es ist beachtlich, wie Schorler aus einzelnen Detailzeichnungen drei Bildfriese entstehen ließ, die übereinandergesetzt ein einheitliches Stadtbild ergaben. Dieses Stadtbild spiegelt zwar nicht die naturgetreue topographisch-optische Realität wider, wohl aber bringt es das Wesen der spätmittelalterlichen Stadt zum Ausdruck, geprägt von den Stilformen der Gotik und berührt von denen der Renaissance.

Flankiert wird die Stadt von den beiden vogelschauartigen Bildreihen mit dem Gebiet von Warnemünde bis Rostock (4) und von Rostock bis Güstrow/Bützow (5). Beide Teile dienen Schorler im Grunde genommen nur dazu, Rostock, die für ihn laut Bildtitel »... hochlobliche(n) und weitberumte(n) ... Heuptstadt im Lande Meckelnburgk« hervorzuheben.

Technik und Darstellungsweise

Nach dem Hineindenken in die Bildkonzeption Schorlers ist für das tiefere Verständnis der »Abcontrafactur« die Beschäftigung mit seinen Zeichenmitteln, mit den Methoden seiner Objektaufnahme sowie ihrer reinzeichnerischen Wiedergabe und das Erfassen seiner Art und Weise der Darstellung des einzelnen unumgänglich.

Schorler benutzte als Bildträger einfaches Kanzleipapier in üblichen Foliobogen von etwa 30 × 40 cm, wie es damals im Handel auch als Krämerware gebräuchlich war. Papier war im 16. Jahrhundert noch eine wertvolle Ware und für Schorlers Verhältnisse wohl auch teuer. Er benutzte kein einheitliches Papier, gewissermaßen aus einer Lieferung, sondern besorgte es sich, wie er es gerade benötigte. Darauf verweisen unterschiedlich strukturierte Papiersorten und – das ergaben die Untersuchungen Oscar Gehrigs – die verschiedenen Wasserzeichen. Bei diesen Wasserzeichen handelt es sich jedoch zumeist um den gekrönten mecklenburgischen Stierkopf mit Nasenring und Halsfell in breiter wie auch in schmaler Gestalt. So gekennzeichnetes Papier konnte nur aus den damaligen fürstlichen mecklenburgischen Papiermühlen in Grabow und Neustadt (heute Neustadt-Glewe) kommen. Drei Blätter weisen als Wasserzeichen ein Lilienwappen mit der Inschrift MSAVOIS auf. Es deutet auf französischen Ursprung hin. Daß es in einer Hafenstadt wie Rostock verschiedenes fremdländisches Papier gab, beweist die Wasserzeichenüberlieferung in den alten Akten des Stadtarchivs Rostock.

Schorler setzte seine Bildrolle in zwei Reihen aus 127 Blättern zusammen, von denen jede einen gezeichneten Teil des Gesamtbildes enthält. In der oberen Reihe fügte er 63 Foliobogen von ca. 30 × 40 cm aneinander, in der unteren waren es 64 halbe Bogen von etwa 30 × 20 cm. Die unterschiedliche Bogenzahl in den beiden Reihen kam dadurch zustande, weil er auch einige schmalere Blätter benutzte. Insgesamt wuchs seine Bildrolle auf die imposante Länge von 18,60 Metern an und nahm eine Höhe von 0,60 Meter ein.

Wann er alle Papierbogen zur Bildrolle zusammensetzte, wissen wir nicht, vermutlich erst 1586, keinesfalls aber geschah es von Anfang an. Aus den von ihm auf der Bildrolle vermerkten Jahreszahlen lassen sich jedoch grundsätzliche Arbeitsabschnitte mit annähernder Sicherheit ableiten. Als erstes Datum vermerkte er oben am Rollenanfang den Tag seiner Arbeitsaufnahme = »ANNO DOMINI 1578 AM TAGE SANCT JOHANNIS DES TEUFFERS [24. Juni, d. Verf.] HABE ICH VICKE SCHORLER DIS VOLGENDE WERCK ERSTLICH ANGEFANGEN ZU MACHENN«. Dann setzten die Jahresangaben bis einschließlich 1581 aus, und auch das Jahr 1586 wird nicht genannt. Dafür sind die Jahresangaben 1582 bis 1585, oft auch nur mit 82, 83, 84 und 85 angegeben, vielfach notiert. Schorler hielt sie zumeist auf Beischriftenbändern, Windfahnen und Portalbögen fest.

Diese Jahreszahlen lassen den Schluß zu, daß Schorler sein großes Werk zwar 1578 begann, aber die zeichnerische Umsetzung in das uns überlieferte Original sich erst ab 1582 anschloß. Es sieht ganz so aus, als habe er damit begonnen, die Stadt zu durchstreifen und einzelne Objekte vor Ort aufzunehmen, sie zu skizzieren. In den Jahren bis 1582 widmete er sich gewissermaßen der zeichnerischen Bestandsaufnahme all dessen, was er auf der »Abcontrafactur« von Rostock und seinem Umland wiedergeben wollte. Ohne eine solche Vorarbeit wäre das große Bild in seiner ganzen Vielfalt nicht durchführbar gewesen. Dabei muß nicht ausgeschlossen sein, daß er zunächst mehr Objekte aufnahm, als er dann in der Rolle wiedergab. Leider ist von diesen vorangegangenen Arbeiten nichts erhalten.

In den folgenden Jahren, 1582 bis 1585, nahm Schorler sich die Zeit für die Originalzeichnung auf losen Blättern. In seinem offensichtlichen Streben nach optimaler Exaktheit vermerkte er das jeweilige Jahr der Vollendung des Bildteils. Das schien ihm wohl auch notwendig, um gegenüber vorangegangenen Skizzen und Zeichnungen den jüngsten Zustand zu dokumentieren.

Erst im letzten Jahr seiner Arbeit an der »Abcontrafactur« klebte Schorler die losen Blätter zu einer Bildrolle zusammen. Zwangsläufig mußte er die obere und untere Bildreihe des Hauptteils in der Länge aufeinander abstimmen, und er stellte, soweit notwendig, die Übergänge von Blatt zu Blatt her. Er reihte die Bogen jedoch nicht in der zeitlichen Folge aneinander, in der

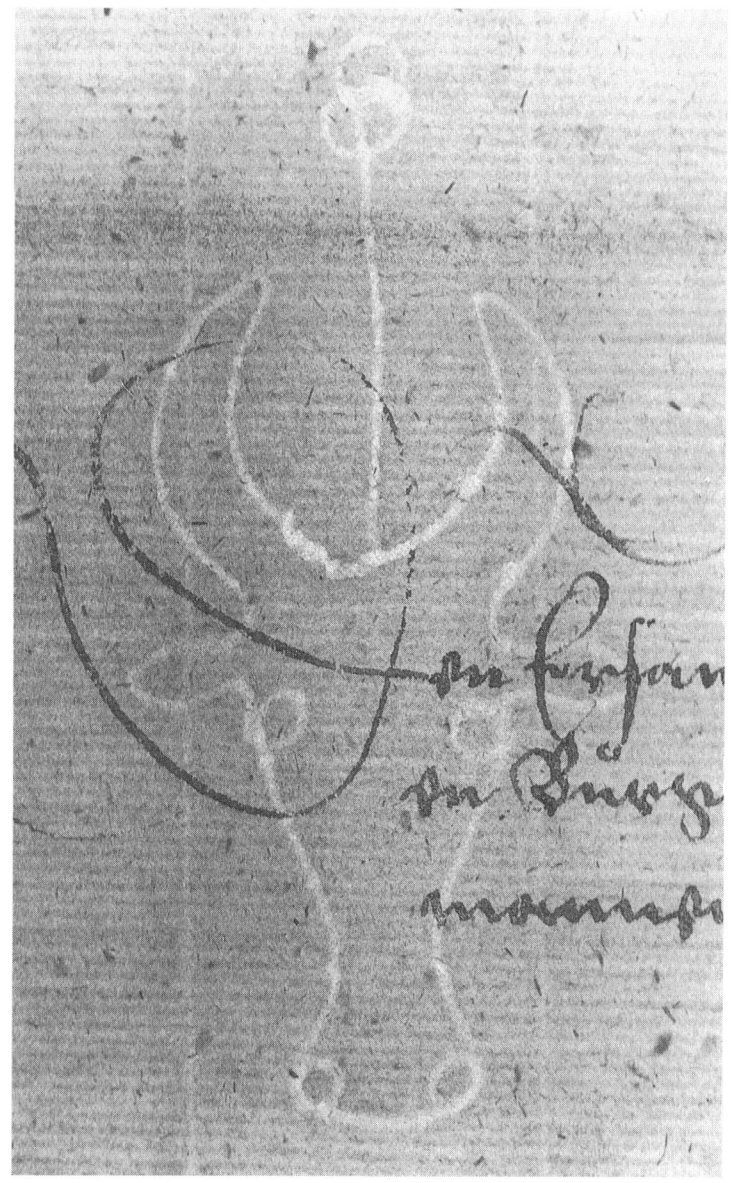 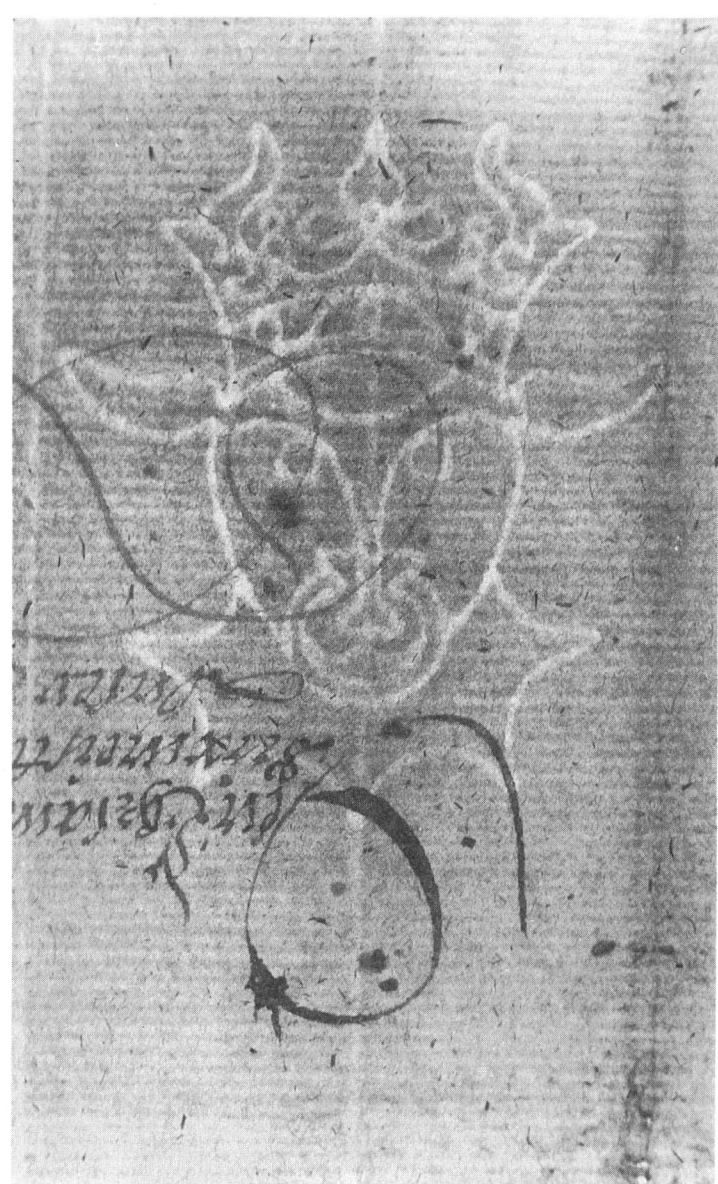

Wasserzeichen mecklenburgischer Papiermühlen aus der 2. H. des 16. Jh., links Stierkopf mit Stab, rechts Stierkopf mit Halsfell, Nasenring und Krone

er sie für das Original gezeichnet hatte, sondern als Ablauf von Gängen durch und um die Stadt. Anhand des Stadtbildes von Wenzel Hollar wurde versucht, dies zu verdeutlichen. Die beiden Seitenteile mit der vogelschauartigen Darstellung muß er schon vorher zusammengesetzt haben, denn hier zeichnete er, im Gegensatz zum Hauptteil, wo jeder Bogen eine zeichnerische Einheit ist, blattübergreifend. Nachdem Schorler die Bildrolle zusammengefügt hatte, konnte er den großen Bildtitel bilden, ihn mit Renaissanceornamenten umranden, die beiden Wappen, Rostocker Greif und Mecklenburger Stierkopf, sowie seine selbstbewußten Inschriften mit der Datierung seiner zeichnerischen Arbeit in die Bildrolle eintragen.

Schorler schloß seine »Abcontrafactur« mit den Worten:
»ANNO DOMINI 1586 AM TAGE SANCT JOHANNIS DES TEUFFERS HABE ICH VICKE SCHORLER DIS VORGEHEMDE WERCK GANTZ UN GAR VOLLENBRACHT.«

Was Schorler jahrelang an Vorlagen auf seinen Wegen durch die Stadt und in die Umgebung zusammentrug, setzte er zu Hause um. Er benutzte dafür eine feinlinige Kiel- oder Rohrfeder. Alle Bauwerke zeichnete er mit Hilfe von Lineal und Zirkel. Aus freier Hand brachte er nur das Beiwerk, wie Personen, Tiere, Bäume, Pflanzen, Inschriften, Türblendenbilder und

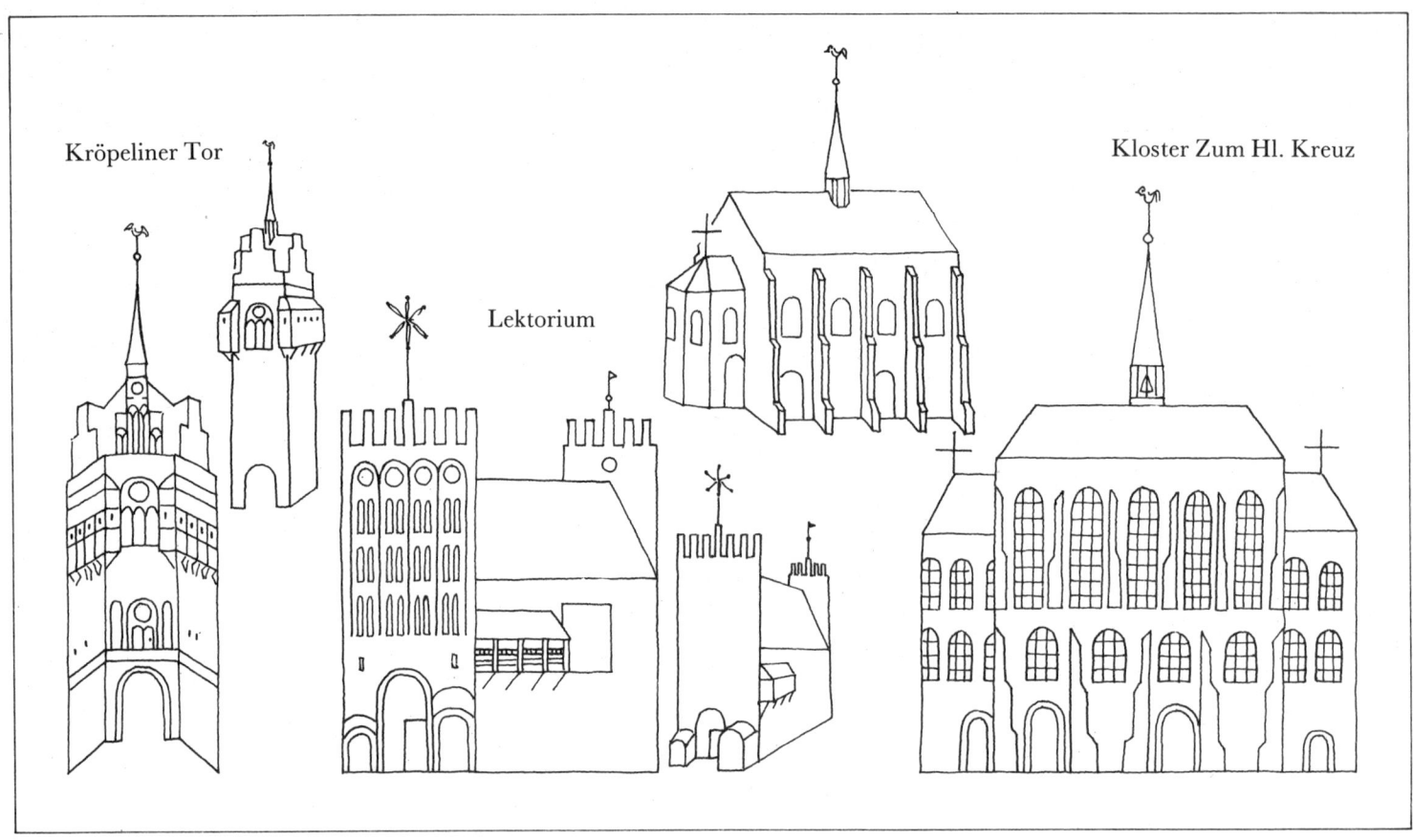

dergleichen, zu Papier. Als Tusche, das ergaben Untersuchungen bei der Restaurierung der Rolle 1938, verwendete er gebrannte, gemahlene Tonerde und Ruß. Honig oder Firnis waren die Bindemittel. So entstand ein Farbgemisch in dunkelbraunem Sepiaton, das wasserunlöslich austrocknete und sehr dauerhaft war. Um die Zeichnung zu beleben, sicher auch angeregt durch Vorbilder seiner Zeit, kolorierte er sie mit Wasserfarben. Noch heute sind Tuschzeichnung und Kolorierung relativ gut erhalten, wenn auch das Grün verblaßte und das Blau zum Teil rotstichig verblich. Die an einigen Stellen später vorgenommenen unsachgemäßen Farbkorrekturen können nur als Ärgernis empfunden werden.

Der Umstand, daß Schorler einzelne Foliobogen benutzte, hatte Einfluß auf sein zeichnerisches Vorgehen und ergab für den Rostock darstellenden Hauptteil – 95 ganze und halbe Blätter umfassend – eine weitere Eigenart seiner Bildrolle. Jedes Blatt, wie schon erwähnt, als eine Einheit betrachtend, gelangte er beim Übertragen seiner Vorlagen annähernd zu einer Normierung. Jeweils fünf Giebelhäuser setzte er in der Regel auf einen Bogen, größere Gebäude wie die Klosterkirche und die Universität fanden zusammen mit einem kleineren auf einem Blatt Platz – und mit den größten, wie dem Rathaus und den vier Hauptkirchen, füllte er jeweils einen ganzen Bogen. Nur dort, wo breitere Hausfronten, Teile der Stadtmauer und Wehrtürme ins Bild treten, wich er von dieser Norm ab.

Schorlers Art und Weise der Darstellung ist laienhaft und unbefangen. Offensichtlich stand er im Widerspruch zwischen seinem Wollen und Können. Die Absicht, möglichst viel allseitig und detailliert ins Bild zu bringen, stieß auf seine Unkenntnis vom maßstabgerechten und perspektivischen Zeichnen. Alles bei ihm ist der Fläche verhaftet, selbst die Figuren. Er beherrschte nicht – wie die Renaissance-Künstler – die räumliche Illusion bewirkenden perspektivischen Konstruktionen und Techniken, durch die jene eindringliche optisch-sinnliche Erlebnisse vermittelten.

Schorler blieb der flächenorientierten mittelalterlichen Darstellung treu. Wenn es ihm aber um die Verdeutlichung räumlicher Situationen ging, gelangte er zu perspektivischen Ansätzen, die jedoch spontan und unvollkommen blieben. Man muß sie aber beachten, soll Schorlers Abbild voll erfaßt werden.

So setzte er dort, wo er außer der frontalen Ansicht auch Seitenflächen zeichnete, die Tiefen- oder Fluchtlinien in einem Winkel von 30 bis 45 Grad zur Grundlinie, ohne sie jedoch zu einem Fluchtpunkt zu führen; das heißt, er zeichnete diese Linien parallel zueinander und verkürzte sie auch nicht, wie es beim perspektivischen Darstellen notwendig ist. Ein Beispiel dafür ist das Kröpeliner Tor, das er von der Stadtseite aus und zugleich mit beiden Seitenwänden darstellt. Mit der gleichen Methode zeichnete er die Querschiffe der Kirchen, Turmseiten, die Rathauslaube, An- und Vorbauten und die Dachgaupen. Auch die beidseitig nach oben schräglaufenden Dachtraufenseiten vieler Häuser sind nicht Walm-, sondern Satteldächer, deren seitliche Anschrägung auf den Gebäudekörper hinweisen soll. Die Schräge ist für Schorler das Mittel, Raumtiefen und Körperliches auszudrücken. Das gilt auch für die Treppen vor den Häusern, deren Wangen in Wirklichkeit parallel laufen. Selbst im feingezeichneten Mauerwerk findet man schräglaufend gezeichnete Teile zur Darstellung von vor- oder zurückspringendem Mauerwerk, so an der Regenbude der Heilgeistkirche oder den Utluchten in der Krämerstraße. Wo Schorler auf seine ihm eigene Methode, Tiefe und Körperlichkeit zu gewinnen, im wesentlichen verzichtete, stellte er alles als Aufriß in einer Ebene und auf einer Grundlinie dar, die im oberen Teil der Bildrolle mit der Blattkante identisch ist. So verfuhr er mit den von ihm ausgewählten einzelnen Häusern, von denen er lediglich die Giebel- oder Traufenfront wiedergab und auch mit denen, die er von zwei Seiten abbildete. Dabei klappte er gewissermaßen die Seiten vollständig ins Bild und zeichnete sie mit der Frontansicht in einer Ebene. Beispiele dafür sind einige Eckhäuser, das Lektorium auf dem Hopfenmarkt, das Weiße Kolleg und die Stadtwaage. In seinem Bestreben, manche Gebäude rundum zu erfassen, umschritt Schorler diese und gelangte so zu ebenen Abbildern, die die einzelnen Seiten mehr oder weniger vollständig wiedergeben. Auf diese Weise wurde von ihm die Kirche des Klosters zum Heiligen Kreuz abgebildet, wobei er den Chor von der Nord- und Südseite zeichnete und die anderen Wände zu einer zusammenfaßte.

Schließlich ist darauf hinzuweisen, daß jedes Gebäude ein Abbild für sich allein ist. Durch die von Schorler getroffene Objektauswahl und das Zusammensetzen der einzelnen Gebäude in zwei übereinander stehende Reihen ergibt sich ein der Wirklichkeit nicht entsprechendes Neben- oder Übereinander. Zwischen den abgebildeten Bauwerken standen in der Realität weitere Häuser und Buden, die er nicht aufgenommen hatte. Indem er Haus für Haus, Teil für Teil zeichnete und alles nach eigenem Ermessen aneinandersetzte, stehen selbst zusammengehörige Gebäude nicht wirklichkeitsgetreu zueinander. An mehreren Stellen sind sie sogar in umgekehrter Reihenfolge abgebildet. Gebäudefronten, die Schorler von links nach rechts aufeinander folgen ließ, reihen sich in Wirklichkeit umgekehrt auf. Das Rathaus und der Anbau mit dem Brotscharren sind zum Beispiel zwei für sich aufgenommene Gebäude. Schorler setzte sie unabhängig von ihrer tatsächlichen Lage zueinander ins Bild, denn dieser Anbau befand sich nämlich links vom Rathaus, wie auch die dann folgenden Häuser vom Neuen Markt zum Ortssund. Um bei einer solchen reihenverkehrten Darstellung einen für ihn bildlich richtigen Eindruck zu vermitteln, zeichnete er auch die Gebäude seitenverkehrt. Das ist mit Sicherheit erkennbar bei solchen Gebäuden, die heute noch erhalten sind – wie Rathaus und Kirchen. Was für uns auf der Bildrolle ein Spiegelbild, eine umgekehrte Reihenfolge oder Himmelsrichtung ist, war für Schorler kein Gegenstand der Überlegung. Hier wird ganz deutlich, daß es ihm vorrangig um die Dokumentation des einzelnen ging, nicht um die Sicht auf eine Straßenseite, einen Gebäudekomplex oder gar auf die Stadt. Die von Schorler in seinem Bildtitel versprochene Wahrhaftigkeit der »Abcontrafactur« vermittelt sich durch das Detail.

Obwohl sich Vicke Schorler auf das einzelne Objekt konzentriert, zeugt das Bild von Rostock in Zusammenhang mit der durchdachten Bildkonzeption von einer erstaunlichen Einheitlichkeit. Er schuf das Werk als ursprüngliches Abbild einer spätmittelalterlichen Stadt mit den Wesenszügen niederdeutscher Hansestädte.

Zur Geschichte der Bildrolle

Schorler vollendete sein bildnerisches Werk von Rostock und dessen Umgebung im Jahre 1586, dann entzieht es sich für lange Zeit unseren Nachforschungen. Unbekannt war die Bildrolle in der Stadt sicher nicht. Schorler selbst und auch seine Nachfahren dürften sie vielen Freunden und Bekannten gezeigt haben. Erst im

Ausschnitt aus dem Rechnungsbuch der Rostocker Stadtkasse 1792

Jahre 1760 findet sich wieder eine Spur. Der Rostocker Bürgermeister Dr. Heinrich Nettelbladt (1715-1761), Mitglied einer seit dem Anfang des 15. Jahrhunderts in Rostock ansässigen Ratsfamilie, veröffentlichte in diesem Jahr ein gedrucktes Quellenverzeichnis zur Geschichte und Verfassung der Stadt Rostock, in dem er auf Seite 13 auch Vicke Schorlers »Wahrhaftige Abcontrafactur ...« nennt. Wem sie zu dieser Zeit gehörte, ist unbekannt. Irgendwann muß jedoch die Familie Nettelbladt in den Besitz der Schorler-Rolle gelangt sein, denn am 29. Januar 1781 erlaubte sich der Stralsunder Hofrat Johann Jacob Nettelbladt, Sohn des ge-

nannten Bürgermeisters, dem Rostocker Rat aus dem Nachlaß seines Vaters ein Verkaufsangebot zu machen. Neben Druckschriften und Manuskripten will er, so heißt es in seinem Brief, das » ... außerordentlich wahre Abbild der Stadt Rostock, welche gewiß die einzige in ihrer Art ist, der Stadt unentgeltlich offerieren, wenn meine Glücks-Umstände dieses Generosite erlaubten. So aber kann ich nur die Bestimmung des Preises für dies drei benannten Sachen Ew. Wohl- und Edelgeborenen überlassen im Falle der guten Stadt damit gedient sein sollte.« Der Rat reagierte nicht, und das Angebot geriet in Vergessenheit.

Nettelbladt wiederholte erst etliche Jahre später, 1789 und 1792 seine Offerte, schließlich dann doch mit dem Ergebnis, daß die Ratsarchivarien aufgefordert wurden, die Archivwürdigkeit des Angebotenen zu prüfen. In ihrer Stellungnahme an den Rat vermerkten sie am 16. Juni 1792: »Die Charte von Rostock ist an sich wegen ihrer Größe sehr vorzüglich und dabei äußerst schätzbar, da solche die Beschaffenheit der Stadt vor dem Brande nachweist und wohl nirgends sonst mehr zu bekommen ist, mithin sich beides zu ebenso nötigen als nützlichen Archivstücken qualifiziert.« Damit war der Weg für den Ankauf freigegeben. Laut Anweisung an die Stadtkasse erhielt Nettelbladt für die Manuskripte, Druckschriften und die Vicke-Schorler-Rolle im Juli 1792 150 Taler N⅔ (Neue Zweidrittel).

Mit dem Übergang des Bildwerkes in städtisches Eigentum waren – und darin besteht die Bedeutung dieses Vorgangs – Voraussetzungen gegeben, das wertvolle kulturhistorische Dokument zu erhalten und der Öffentlichkeit, vor allem der Wissenschaft, zugänglich zu machen. Doch vorerst galt es, den Bestand der Bildrolle zu sichern. Sie war wohl in gefährdetem Zustand, denn der Rat gab mit dem Ankauf auch gleich die Anweisung an die Herren Archivarii, » ... die Charte von der Stadt Rostock vor dem großen Brande mit feinem Leinewand geschickt und behutsam unterfüttern zu lassen.« Das geschah jedoch aus unerklärlichen Gründen nicht. Man schenkte dem wertvollen Bild auch weiterhin keine fürsorgliche Aufmerksamkeit.

Zu den ersten, die versuchten, sich in die Eigentümlichkeit der Schorlerschen Arbeits- und Zeichenweise hineinzuversetzen, gehörte nachweislich der Schweriner Archivrat G. C. Friedrich Lisch (1801-1883). Er publizierte im dritten Teil seines Buches »Mecklenburg in Bildern« 1844 ein Bild vom Hopfenmarkt » ... wel-

Nach Schorlers Zeichnung rekonstruierte Darstellung des Hopfenmarktes für das Jahr 1585, in: G.C.F. Lisch, Mecklenburg in Bildern, 3. Jahrg. Rostock 1844

ches nach einer alten, im Rostocker Stadtarchiv aufbewahrten Zeichnung vom Jahre 1585 entworfen ist.« Anhand der von Schorler dargestellten Gebäude, den Regentien, dem Kloster zum Heiligen Kreuz, dem Collegium und dem Lektorium ließ Lisch ein anschauliches Bild vom Hopfenmarkt im letzten Viertel des 16. Jahrhunderts zeichnen. Für ihn war die »Abcontrafactur« eine akzeptable Quelle für die Rekonstruktion des mittelalterlichen Stadtbildes. Seiner Beschäftigung mit der Bildrolle, die er zeitweilig ausgeliehen hatte, ist es wohl auch zu verdanken, daß sich der Rat erneut mit ihrer Erhaltung befaßte. Auf seiner Sitzung am 11. August 1851 wurde betreffs der »Ausbesserung und Versteifung einer illuminierten Federzeichnung« angewiesen, daß diese auf Baumwollkattun, Schirting genannt, aufzuziehen sei und danach »dem Archivar Lisch« wieder zur Verfügung gestellt werden könne. Diesmal wurde die Weisung des Rates zwar befolgt, jedoch mit zeitlicher Verzögerung, und statt Schirting nahm man zur Versteifung billigen blauen, ziemlich schwachen Karton.

Weitere Jahrzehnte vergingen, bis die wenig beachtete Bildrolle des Vicke Schorler erneut in einer Publikation von Bedeutung genannt wurde. Der Schweriner Archäologe und Kunsthistoriker Friedrich Schlie (1839–1902) bezeichnete sie zwar als »merkwürdige alte Zeichnung«, erkannte aber ihren Wert und würdigte sie 1898 entsprechend in der 2. Auflage seines fünfbändigen Inventars: »Die Kunst- und Geschichts-Denkmäler des Großherzogthums Mecklenburg-Schwerin.«

Inzwischen war das Interesse des Bürgertums an der Heimatgeschichte immens gewachsen. 1883 entstand in diesem Zusammenhang der »Verein für Rostocks Altertümer«, im Stadtarchiv entwickelte sich seit dem ausgehenden 19. Jahrhundert eine an den Archivquellen orientierte stadtgeschichtliche Forschung, und allmählich setzte es sich durch, daß das Archiv auch von

Die Vicke-Schorler-Rolle im Stadtarchiv Rostock

der Bevölkerung benutzt werden konnte. Neben Urkunden und Akten geriet damit auch die Vicke-Schorler-Rolle zunehmend in den Blickpunkt des Interesses. Es war der Stadtarchivar Ernst Dragendorff, der als erster eine umfassendere Beschreibung des Stadtbildes vornahm. Sie erschien 1904 in den Beiträgen zur Geschichte der Stadt Rostock und machte einen größeren Kreis an der Stadtgeschichte interessierter Bürger auf dieses bedeutende Archival aufmerksam. In den nachfolgenden Jahrzehnten wurde das Bildwerk in Archivvorträgen und -ausstellungen vorgestellt und in Ausschnitten auch für Publikationszwecke genutzt. Das alles mußte sich jedoch in bescheidenem Umfang halten, denn nicht nur ihre außerordentliche Länge, sondern vor allem der schlechte Erhaltungszustand setzten ihrer Verwendung Grenzen.

Dem Plan, die Vicke-Schorler-Rolle in einer verkleinerten Wiedergabe zu veröffentlichen, ging daher 1937/38 ihre Restaurierung voraus.

Der bekannte Berliner Konservator und Restaurator ägyptischer Papyri, Dr. h. c. Hugo Ibscher (1874–1943), den man für diese Arbeit gewonnen hatte, ließ das Bild unter seiner Leitung von dem brüchigen alten Karton ablösen, reinigen, ausbessern und auf biegsamen Karton aufziehen. In dieser Form ist sie uns bis heute überliefert.

1939 erschien dann im Rostocker Carl Hinstorff Verlag (Peter E. Erichson) die erste und bisher einzige repräsentative vollständige Ausgabe der Vicke-Schorler-Rolle in 16 Blättern von 30 mal 42 cm, zusammengefügt als Leporello, als farbiger Kupfertiefdruck und in einer Verkleinerung auf etwa ein Drittel des Originals. Den ausführlich beschreibenden Text verfaßte der beste Kenner der Bildrolle, Dr. Oscar Gehrig (1890–1949), Professor an der Rostocker Hochschule für Lehrerbildung. Mit verändertem Vorwort erschien das Werk seit 1964 erneut.

Nach den schweren britischen Bombenangriffen auf Rostock im April 1942 erfolgte die Auslagerung fast aller Archivbestände. Besonders wertvolle Archivalien, darunter die Vicke-Schorler-Rolle, deponierte man im unterirdischen Tresorraum einer Rostocker Bank. Hier überdauerten sie, ohne Schaden zu nehmen, den Krieg. Mit maßgeblicher Hilfe der sowjetischen Militärverwaltung konnten 1945 bis 1947 alle Archivbestände ohne nennenswerte Verluste an ihren angestammten Platz zurückgeführt werden.

Heute ist die Vicke-Schorler-Rolle auch über die Grenzen der Deutschen Demokratischen Republik hinaus ein beachtetes Archival. Publikationen zur Geschichte und speziell zur Kulturgeschichte der Hansezeit gehen zumeist textlich auf sie ein und bringen vielfach Reproduktionen von Ausschnitten aus dem Bildwerk. Für Architekten und Denkmalpfleger ist die Vicke-Schorler-Rolle zum begehrten Studienmaterial geworden, das sachliche Hinweise und Anregungen vermittelt. Während spezieller Vorträge im Stadtarchiv Rostock und bei Vorstellungen des Originals in der Rostocker Kunsthalle – sie erfolgen aus Gründen der Sicherheit und der Erhaltung jedoch nur selten – können Betrachter das Rostock Vicke Schorlers erleben und seine hochrangige volkskünstlerische Leistung bewundern.

Bedeutung und Quellenwert

Die »Wahrhaftige Abcontrafactur« Vicke Schorlers ist in zahlreichen kunst- und kulturgeschichtlichen Abhandlungen, die sich mit der Spätzeit der Hanse beschäftigen, immer wieder in Ausschnitten abgebildet und verbal gewürdigt worden. Von Friedrich Schlie, der sie in der zweiten Auflage seines mecklenburgischen Inventars der Kunst- und Geschichtsdenkmäler 1898 würdigt, bis zu den Publikationen unserer Zeit ist das Urteil über Schorlers Bildwerk einhellig. Lassen wir Autoren der letzten Jahre zu Worte kommen. In seinem Buch »Historische Stadtansichten« schreibt Frank-Dietrich Jacob: »Eine hervorragende Geschichtsquelle für die Hansestadt Rostock ist die ›Wahrhaftige Abcontrafactur‹ ...«. Kurt Pagel meint in seiner Abhandlung über die Hanse, daß es Schorler gelungen sei, » ... durch bloße Aneinanderfügung von Einzelbildern einen überzeugenden Eindruck von der spätgotischen Stadt zu vermitteln«. Weiter heißt es dann: »Und in der Summe wurde daraus ein Denkmal für das spätmittelalterliche Rostock, ein Zeugnis seiner baulichen Gesamtheit, die wir sonst nur noch aus den auf uns gekommenen Resten entnehmen können und zugleich ein Denkmal für alle Städte Niederdeutschlands.« Und Johannes Schildhauer trifft in seiner Darstellung zur Geschichte und Kultur der Hanse die Feststellung, es sei mit Schorlers Bildrolle » ... ein einzigartiges historisches Dokument von einer Hansestadt in spätmittelalterlicher Zeit entstanden, wie wir kein zweites kennen.« Alle einschlägigen Publikationen würdigen sie als ein einmaliges Geschichtsdenkmal für das hansische Rostock und für eine spätmittelalterliche Stadt in Norddeutschland überhaupt.

Wer vermag sich denn auch sonst noch das Rostock der Hansezeit vorzustellen?

Gehen wir durch die Stadt, so erblicken wir davon nur noch bauliche Reste wie die wenigen Türme, Tore und Stadtmauerteile, das im Kern spätgotische Rathaus, einige Giebelhäuser sowie die Kirchen und Relikte von Klosteranlagen. Jedoch das Wenige ist so imposant, daß es den historischen Stadtkern und die Silhouette heute noch mitprägt.

Natürlich hat sich die bauliche Struktur der Stadt im Zuge gewollter und ungewollter Veränderungen im Verlauf der vergangenen Jahrhunderte wesentlich gewandelt. Der Verfall von Gebäuden ließ sich in vielen Fällen nicht aufhalten; Stadtbrände, wie der von 1677, vernichteten ganze Stadtviertel, und die aufeinanderfolgenden, historisch gewachsenen Baustile führten zu Veränderungen in der Architektur. Die Zeit des Kapitalismus ließ den alten Mauerring für die Stadt zu eng werden. Vorstädte entstanden. Tore, Türme, Wälle, Gräben und Mauern mußten der Stadterweiterung und neuen Verkehrslösungen Platz machen. Die alten schmalen Hausgrundstücke hatten den großräumigen Bauten der Wirtschaft, den Banken, Warenhäusern und kleinen Fabriken, zu weichen. Schließlich vernichteten anglo-amerikanische Luftangriffe im zweiten Weltkrieg etwa 40 Prozent der Bauten des historischen Stadtkerns.

Was Krieg und Brand zerstörten, ist zutiefst zu beklagen und eine immerwährende Mahnung. Die anderen Veränderungen jedoch liegen in der Natur des gesellschaftlichen Fortschritts. Man mag sie bedauern, ihre Rigorosität verurteilen, aber ohne sie wäre das ständig wachsende Rostock nicht lebensfähig gewesen und in den Jahrzehnten sozialistischer Entwicklung nicht das geworden, was es heute ist, eine bedeutende Großstadt.

Was wir aber in unserem sozialistischen Staat für die Wahrung, Pflege und sinnvolle Nutzung des uns überlieferten baulichen Erbes tun konnten, ist seit jeher geschehen und wird im Zuge der Denkmalpflege ständig fortgesetzt. Gerade für sie ist Schorlers Abbild von Rostock eine schon oft genutzte unerschöpfliche Quelle. Auch für die Geschichtswissenschaft im weitesten Sinne mit all ihren Forschungsgebieten von der Politik über die Wirtschaft bis hin zur Kunst, Kultur und Lebensweise hat die »Wahrhaftige Abcontrafactur« einen beachtlichen Quellenwert.

Die historische Stadtansicht ist zunächst wichtig für die allgemeine Einschätzung der alten Hansestadt. Das Abbild sagt aufgrund von Schorlers Bildkonzeption und seiner Darstellungsweise zwar relativ wenig und kaum etwas Exaktes über die topographischen Gegebenheiten aus, vermittelt aber einen hervorragenden Eindruck von dem spätmittelalterlichen Typus der Stadt mit ihrer norddeutschen Backsteinarchitektur, ihrer wirtschaftlichen Leistungsfähigkeit und zum Teil auch ihrem Leben und Treiben. Indirekt lassen sich, wenn auch in beschränktem Maße, Aussagen über soziale Verhältnisse ablesen, indem Schorler die Häuser der Reichen und Mächtigen wie die der Mittelschichten zu Papier brachte. Die kleinen Buden und Wohnkeller der Armen berücksichtigte er allerdings nur in einigen Fällen. Auch die Bedeutung der Kirche wie der Universität, die beide im Leben der Stadt eine große Rolle spielten, wird veranschaulicht.

Da für Schorler die Stadt Rostock als bauliches Gebilde das Thema seiner Darstellung war – das gilt auch für die von ihm wiedergegebenen anderen Ortschaften –, so ist seine Bilderrolle auch in erster Linie eine Quelle für die Architektur- und Baugeschichte. Er zeichnete den baulichen Zustand der Stadt, wie er sich in den Jahren zwischen 1578 bis 1586 aus der Existenz von Bauten vergangener Jahrhunderte bis in Schorlers Gegenwart ergab. Man darf nicht unbeachtet lassen, daß Rostock zu dieser Zeit bereits mehrere Bauphasen durchlaufen hatte und ein bauliches Erbe besaß. Zwar war aus der Zeit des Anfangs und des Ausbaus der Stadt im 13. und in der ersten Hälfte des 14. Jahrhunderts an Wohnsubstanz nur noch wenig erhalten, Zerfall und Brandkatastrophen hatten vor allem die ersten eingeschossigen Fachwerkbauten dezimiert, aber die gewaltigen Kirchen, die Klöster, Wehrbauten und einige andere massive Backsteingebäude, wie das Rathaus und etliche Bürgerhäuser, hatten die Zeiten überdauert. Der größte Teil der Bauten, die Schorler sah, entstand jedoch seit der Mitte des 14. Jahrhunderts. Die jüngsten von ihnen waren für ihn Neubauten, für die er sich besonders interessierte, wenn sie im neuen Stil, in der niederländischen Backsteinrenaissance, entstanden, wie zum Beispiel das Weiße Kolleg (1566/67) oder das Steintor (1574/77).

Der Bestand an Wohn- und Handelshäusern dürfte nach vorliegenden Quellen zur Zeit Schorlers etwa 720 Giebelhäuser, 75 Querhäuser und 1 250 Buden betragen haben. In seiner Zeichnung finden wir innerhalb der Stadtmauer insgesamt etwa 315 Wohnbauten, darunter auch einige Buden, in der Mehrzahl jedoch das stattliche, zumindest ansehnliche Bürgerhaus. Zusammen mit den Kirchen, Klöstern, Toren, Türmen, Universitätskollegien und sonstigen Bauten überliefert er uns mit seinem Werk eine sehr repräsentative und aussagekräftige Auswahl. Wir sehen Beispiele aller damals in Rostock vorkommenden Giebelformen, die gotischen Dreiecks-, Staffel-, Zinnen-, Schild- und auch die in Rostock selteneren Pfeilergiebel. Vor allem aber sind die Besonderheiten Rostocker Giebelgestaltung erkennbar: die Zinnen, die einen Staffelgiebel schmücken – deshalb auch die Bezeichnung Zinnengiebel für dieses architektonische Element –, das Friesband, das rings um den Staffelgiebel verläuft, und am einfachen Dreiecksgiebel die Firstbekrönung, bestehend aus drei kleinen Staffeln mit einer Blende. Die Renaissancefronten erscheinen architektonisch vielfältig gestaltet mit ornamentalen Verzierungen, Abbildungen und Inschriften. Kleinere Vorbauten an den Wohnhäusern, die sogenannten Utluchten, frei vorragende Erker, viele Dachgaupen, Außentreppen und niedrige Kellerzugänge sind im Bild erfaßt. Deutlich wird auch, daß seit dem 15. Jahrhundert zweigeschossige Wohngebäude typisch sind. Fachwerkhäuser vermitteln einen Eindruck von der Holzverarbeitung jener Zeit.

Die Bildrolle wird zum Zeugnis städtebaulicher Entwicklung, wenn man zum Vergleich spätere Stadtansichten, -pläne und Abbildungen heranzieht und noch erhaltene Bauten, wie das Rathaus beispielsweise, bei der Betrachtung berücksichtigt. Das Werk kann auch in geringem Maße eine Quelle zur Wirtschaftsgeschichte sein, denn einige Darstellungen verdeutlichen den Stand der Produktivkräfte. Das sind im maritimen Bereich die verschiedenen Schiffstypen und Flußboote, die Sicherungsbauten für die Hafeneinfahrt und das Fahrwasser mit Leuchtfeuer, Baken, Molen und Kais sowie die beiden Kräne und die Anlegebrücken am Stadthafen. Eine Beschlagschmiede und verschiedene Mühlen weisen auf das Handwerk hin. Wir sehen Bockwind- und Wassermühlen, auch Säge- und Walkmühlen. Der Wasserversorgung dienten die Wasserburg, die Wasserborne, Brunnenpfosten und ein Wasserschlitten. Gartenland wird zum Anbau von Hopfen genutzt; außerdem läßt das Markttreiben vor dem Rathaus auf regen Handel schließen. Ziegelhöfe und eine

Eigenheiten Rostocker Giebelgestaltung, von links nach rechts: Firstbekrönung, umlaufendes Friesband am Staffelgiebel, Zinnengiebel

Falknerei liegen vor den Toren der Stadt. Der Kaak auf dem Neuen Markt und eine Richtstätte bei Güstrow sagen noch etwas über das Rechtswesen dieser Zeit aus.

Besonderen Quellenwert besitzt Schorlers Abbild unzweifelhaft für die Kulturgeschichte. Ereignisbilder, wie die Umzüge von Studenten und Doktoranden auf dem Hopfen- bzw. auf dem Alten Markt, das Handelstreiben vor dem Rathaus auf dem Neuen Markt, das Verkehrsgeschehen mit Transport- und Reisefuhrwerken vor dem Mühlentor, die Darstellung der Menschen, die Gräber auf dem Gertrudenfriedhof besuchen, beantworten viele Fragen zur Kultur und Lebensweise. Die zahlreichen kleinen Figuren geben leider nur einen Eindruck von der Kleidung jener Zeit, Details sind nicht erkennbar. Für die Namenkunde sind die Bezeichnungen interessant, die Schorler für viele Bauten in das Stadtbild eintrug, um den Betrachtern die Orientierung zu erleichtern.

Kulturgeschichtliches vermitteln weiterhin die vorwiegend lateinischen Inschriften, nur wenige sind hochdeutsch, die Zeichnungen mit den unterschiedlichsten Motiven an etlichen Hausfronten, das Plakat und die grünen Kränze am Rathaus, die Fahnen und Wappen sowie die vielen Dachzierden, mit denen Schorler teils im Überschwang, zum Teil wohl auch nur, um noch vorhandenen Platz auszufüllen, die Gebäude versah.

Die »Wahrhaftige Abcontrafactur« der Jahre 1578 bis 1586 wird durch die Chronik Schorlers ergänzt. Beide Darstellungen sind zwar nicht synchron, durchdringen sich aber gegenseitig: so werden die in der Chronik geschilderten Vorgänge durch das Abbild von Rostock anschaulich gemacht, gleichzeitig erfüllen die Ereignisse die Zeichnung mit Leben. Dadurch stellen beide Werke noch wertvollere Quellen dar, als unabhängig voneinander betrachtet.

Stellen wir endlich noch die Frage, ob Vicke Schorlers »Wahrhaftige Abcontrafactur« tatsächlich wahrhaftig sei – so müssen wir doch recht differenziert antworten. Sie ist es einerseits aufgrund der Bildkomposition und Darstellungsweise als Ganzes nicht, denn sie ist keine exakte Reproduktion. Einzelne Objekte aber und viele Details entsprechen doch der Realität, wenn auch mit gewissen Einschränkungen. Für ihre Nutzung als Quelle ist daher ein kritisches Herangehen in jedem Fall geboten.

Da ist zunächst zu bedenken, daß Schorler als Krämer, also als Kaufmann en détail, in sozialer Hinsicht dem mittleren Bürgertum angehörte. Seine Weltanschauung spiegelt humanistisch-protestantische Hoffnungen des 16. Jahrhunderts wider, die auch bestimmend sind für den Gehalt des Bildwerkes. Es sollte ein Hymnus auf Rostock sein, für ihn und für alle, denen er die Bildrolle zeigen würde. Deshalb ließ er alles weg, was diesen Eindruck hätte stören können. Die unansehnlichen Behausungen der ärmeren Schichten, die Budenanbauten und die zum Teil in der Erde stehenden Kellerbuden, etwa 120 gab es davon, stellte er nicht dar. Geht man davon aus, daß im 14. Jahrhundert auf etwa 100 Giebelhäuser 150 Buden kamen, so hält Schorlers Abbild der Wirklichkeit nicht stand. Er zeichnete ein geputztes Rostock.

Es sei nochmals darauf verwiesen, daß Schorler an seiner großen Zeichnung als Laie arbeitete. Kaum vertraut mit den künstlerischen Mitteln seiner Zeit, benutzte er spontan Techniken, die seinen Fähigkeiten entsprachen und mit denen er seine Gedanken und Vorstellungen am besten bildlich umsetzen konnte. Die Baukörper erfaßte er in ihren Umrissen und ihrer Architektur linear, mit Waagerechten und Senkrechten. Die schräge Linie wandte er an, um durch Aufrißzeichnungen räumliche Eindrücke zu vermitteln. Trotz gewisser spätmittelalterlicher Bildvorstellungen, die Schorler eigen waren, erreichte er gerade mit diesen Elementen des Linearismus eine überraschende Einheit von Inhalt und Form.

Schließlich sei auch noch bedacht, daß Schorler nur im eigenen Interesse, ohne Auftrag, ohne kommerzielle Absichten, die ihn ja gebunden hätten, an seinem Abbild von Rostock arbeitete. So zeichnete er nur zu seiner eigenen Erbauung und Freude, ließ seinen Vorstellungen und seiner schöpferischen Phantasie freien Lauf. Nur dadurch konnte Schorler ein Bild von Rostock und seiner Umgebung von so gewaltigem Ausmaß und mit so vielen Eigenheiten schaffen, wie er es uns hinterließ. Dazu gehörte auch, daß er manches zeichnete, was nicht der Wirklichkeit entsprach. Die Kirche des Klosters zum Heiligen Kreuz hatte nie zwei Fensterreihen gehabt; die Häuser in Warnemünde bestanden mit Ausnahme der Vogtei nur aus Erd- und Dachgeschoß, nicht aus zwei vollen Geschossen, wie er es darstellte. Das gilt auch für alle anderen Dörfer auf dem Fries. Vielleicht waren sie ihm sonst zu unscheinbar und zu unansehnlich. Manches zeichnete er auch überdimensional, um besser die Einzelheiten zeigen zu können. Ganz typisch dafür die Ädikula am Steintor mit ihren Wappen und Inschriften. Dafür ließ er in diesem Fall vorhandene seitliche Flächen und Fenster einfach weg. Alle Architekturbogen zeichnete er, weil es für ihn vermutlich einfacher war, als Rundbogen, obwohl der gotische Spitzbogen vorherrschte. Daß Schorler trotz der Wiedergabe zahlreicher unterschiedlicher Fassadenfronten auch hier einiges schematisierte, ist akzeptabel, denn Material und Bautechnik der Backsteinarchitektur setzten der Formen- und Gestaltungsvielfalt Grenzen, die bei der Vielzahl der Häuser verständlicherweise zu Wiederholungen führen mußten.

Auf weitere Eigenheiten der Zeichnung wird noch im Zusammenhang mit der Beschreibung einzelner Ausschnitte eingegangen werden. Die »Wahrhaftige Abcontrafactur« Vicke Schorlers zeichnet so viel Wahrhaftigkeit aus, daß sie – bei kritischer Betrachtung – als hervorragende Primärquelle angesehen werden kann. Das erweist sich zudem beim Vergleich mit annähernd zeitgenössischen Darstellungen – so mit der Ansicht der Stadt Rostock aus der Vogelschau, einem Stich Wenzel Hollars, der 1657 erschien und die bauliche Situation um 1625 wiedergibt. Er verblüfft durch die Übereinstimmung beider Darstellungen in allen wesentlichen Aussagen.

Betrachten wir nun Einzelheiten aus dem bildnerischen Werk Vicke Schorlers, die mit Auszügen aus seiner Chronik und kulturgeschichtlichen Kommentaren erläutert sind.

Kulturgeschichtliches aus Bildrolle und Chronik

ANNO DOMINI 1578 AM TAGE SANCT JOHANNIS DES TEUFFERS HABE ICH VICKE SCHORLER DIS VOLGENDE WERCK ERSTLICH ANGEFANGEN ZW MACHENN

Rostocker Schifflager Warnemünde

Allein die Charakterisierung Warnemündes als Rostocker Schifflager zeugt davon, wie sehr Schorler ein Rostocker war, der der Kaufmannschaft und dem Rat nahe stand, denn von dieser Seite war es in der zweiten Hälfte des 16. Jahrhunderts sogar üblich geworden, den Schiffahrt und Handel treibenden Ort abwertend nur als Fischerlager zu bezeichnen. Die Ursachen dafür lagen im sogenannten Schifferstreit. Den Warnemündern war nämlich in der Rostocker Schiffergesellschaft, die 1565 aus der Vereinigung der Bergen- und Schonenfahrerkompanie hervorging, ein unerbittlicher Gegner erwachsen. Da ihr eigener Handel mit Hering und Dorsch eine absinkende Tendenz zeigte, sah sie in den Schiffern und Händlern Warnemündes einen entscheidenden Konkurrenten. Mit der Begründung, daß deren »Segelation« ihnen die »Nahrung« entzöge, erhob die Schiffergesellschaft Klage beim Rostocker Rat, der ihren Standpunkt teilte. Gegenklagen der Warnemünder beim Güstrower Hofgericht und am Reichskammergericht in Speyer hatten keinen Erfolg. Im Endergebnis verblieb ihnen nach drakonischen Einschränkungen nur noch das Fischen mit kleinen Booten und in geringem Umfang sowie der Matrosendienst auf Rostocker oder fremden Schiffen und die Arbeit als Lotse. Die Rostocker Handwerksämter setzten durch, daß weder Schlächter, Müller noch Bäcker in Warnemünde tätig sein durften. Andere Handwerker wie Tischler, Schmiede, Schneider und Schuster unterlagen weitgehenden Beschränkungen. Wer Schiffahrt und Handel betreiben wollte, mußte nach Rostock ziehen. Erst die zweite Hälfte des 19. Jahrhunderts brachte hier Änderungen. Für Vicke Schorler war der Ort Warnemünde, den er 1582 zeichnerisch zu Papier brachte und gewissermaßen als den Ausgangspunkt an den Anfang seiner Bildrolle setzte, zwar ein für Rostock bedeutender, aber ansonsten recht entfernt liegender Ort. In seine Chronik bezog er ihn nicht ein.

Darum sei noch einmal der fahrende Student Michael Franck zitiert, der 1590, also zur Zeit Schorlers, auch Warnemünde kennenlernte.

»Dieses Städtlein«, so notierte er in seinem Tagebuch, »ist ein offener Flecken, liegt längst am waßer, mehrtheils mit Fischern und schiffleuten bewohnt, neben der See auf einem Hügel steht ein hoher Turm, genannt die Leuchte, darumb, daß er täglich den Schiffsleuten bey der Nacht leuchtet, daß sie recht zum Ort einlaufen und sich darnach richten wie sie denn die ganze Nacht dazumahl Lichte darinnen gebrandt haben...«

Diese Beschreibung entspricht durchaus der Darstellung Schorlers. Zu beachten ist nur, daß er wegen seiner Bildkomposition – den Fluß betrachtet es als Basis des ganzen Bildes – Warnemünde auf die rechte, statt auf die linke Seite der Warnow setzte. Dadurch wurde er veranlaßt, den ganzen Ort spiegelbildlich zu reproduzieren. Im Wesen ist er jedoch richtig erfaßt. Zwei Häuserreihen, »de Vörreeg un de Achterreeg«, machten damals den Ort aus. Eng reihen sich auch auf Schorlers Abbild die Gebäude aneinander, denn auf der schmalen Dünennehrung war wenig Platz. Etwa 180 Häuser und an die 750 Einwohner dürfte Warnemünde zur Zeit Schorlers gezählt haben. Alle Wohnstätten sind mit ihrem Eingangsgiebel dem Strom zugewandt und bilden seinem Lauf folgend einen leichten Bogen. Die Mehrzahl der im Fachwerkbau errichteten Häuser trägt ein Stroh- oder Schilfdach, nur wenige sind mit Ziegeln gedeckt. Unerklärbar ist, warum Schorler sie alle um ein Stockwerk zu hoch zeichnete.

Das starke Versetzen der einzelnen Häuser zueinander mag wohl mit seiner Absicht zu erklären sein, den Zwischenraum zwischen den Gebäuden zu verdeutlichen, denn in der Tat standen die Häuser in Warnemünde nicht Mauer an Mauer, sondern zwischen ihnen befanden sich schmale Durchgänge für Menschen und Vieh, die sogenannten »Tüschen«.

In der Vorderreihe fällt ein größeres zweistöckiges Gebäude auf, die Vogtei, »des vagedes hus«. Hier hatte der städtische Vogt seinen Sitz, der als Beauftragter des Rostocker Rates dessen Interessen in Warnemünde zu vertreten und den Ort zu verwalten hatte, ein Amt, das seit 1323 bestand. Damals verkaufte der mecklenburgische Fürst Heinrich Borwin II. (1266–1329) das Dorf Warnemünde der Stadt Rostock, die den Ort seit dieser Zeit, stets auf ihren Vorteil bedacht, weidlich ausnutzte.

Zu den Aufgaben des Vogtes gehörte es, die Abgaben und Dienstleistungen für die Stadt zu sichern. Eine Dienstinstruktion aus dem Jahre 1604 bezeugt die Vielfältigkeit seiner Tätigkeit, denn er sollte unter anderem auch ». . . übelthäter bei tag und Nacht gefänglich verwahren . . . bei nächtlichen Thumulten« einschreiten und »sich rechtzeitig mit Bier und allerhand Viktualien versorgen, damit der fremde Mann und jeder, der bei ihm zu herbergen oder Mahlzeit zu halten begehrt, für die Gebühr traktiert werden kann.« Er war also Amtsperson und Gastwirt in einem.

Die steinerne, vermutlich um 1433 erbaute Kirche trug nach Schorler eine pyramidenförmige mit Ziegel gedeckte Turmspitze. Auffallend ist ein kleines Türmchen an der Seite, in dem die Stundenglocke hing. Sie schlug 7 Uhr morgens, 12 Uhr mittags und 5 Uhr nachmittags den Warnemündern die Zeit.

Der von Schorler gezeichnete hölzerne Leuchtturm stand bis 1587, um dann einem neuen Platz zu machen. Unter der Spitze des Turmes befand sich die eigentliche Leuchte, ein an Ketten hängender schmiedeeiserner Feuerkorb, in dem das Licht etlicher großer Wachskerzen mit einer Sichtweite von etwa 5 Kilometern den heimkehrenden Booten und Schiffen den Weg in die Einfahrt wies. Das war sehr notwendig, denn die durch Küstenströmung, Wind und Sturm sich immer wieder verlagernden Sandbänke hatten zur Folge, daß sich der Weg zur Zufahrt ständig veränderte. Auch die Einfahrt selbst, damals Neues Tief genannt (heute Alter Strom), stellte immer wieder wegen ihrer geringen Tiefe von 2,5 bis 3 Metern und der ständigen Versandung die Schiffahrt vor Probleme. 1582, als Schorler den Ort zeichnete, waren gerade umfangreiche Arbeiten zum Ausbau und zur Vertiefung des Fahrwassers im Gange. Trotzdem mußten große Schiffe geleichtert, das heißt ihre Last zum Teil auf flache Boote umgeladen werden, damit sie bis in den Rostocker Stadthafen gelangen konnten, ein langwieriges und kostspieliges Verfahren. Die Uferbefestigung an der Einfahrt erfolgte 1582/84 mit Steinen der abgerissenen Hundsburg bei Schmarl, um »das Neue Tief zu fangen«. Diese in einzelnen Holzverschlägen, den sogenannten Steinkisten, zusammengehaltenen Steinbrocken stellen für Warnemünde die ersten ins Meer reichenden Molenbauten dar. An ihrer Spitze signalisierten Pfahlbaken – auf Pfähle, zum Teil auch auf Balkenkreuze gestülpte Tonnen oder Körbe – die Einfahrt. Diese den Seeverkehr sichernden Maßnahmen ergänzte der Lotsenzwang: Jedes ein- und ausgehende Schiff mußte den ihm entgegengeschickten Lotsen annehmen und sich von ihm in den Hafen bugsieren lassen. Das Wachthaus, auf der Abbildung dicht am Leuchtturm gelegen, diente den Wärtern und Wächtern der Leuchte sowie den Lotsen als Station. Der Turm wurde nicht ständig bewacht, ihn schützten zeitweilig auch Palisaden, Wall und Graben, wie denn auch den Ort insgesamt Befestigungsanlagen sicherten. Warnemünde war nicht nur als Küstenort den Gewalten des Meeres, wie zum Beispiel der furchtbaren Sturmflut von 1625, und als Vorhafen den andauernden Konkurrenzkämpfen des Rostocker Bürgertums ausgesetzt, sondern als ein zu Rostock gehöriger vorgeschobener Posten oft auch den Feinden der Stadt ausgeliefert, die mit seiner Eroberung einen Lebensnerv Rostocks trafen. Die vielen Schiffe, Koggen und Karavellen, die Schorler darstellt, sind für die Zeit der allgemeinen Ausfahrt im Frühjahr oder der Rückkehr ins Winterlager im Spätherbst durchaus denkbar. Die Kogge, ein breitbauchiges Fahrzeug mit Heckruder, großem Rahsegel sowie Kastellaufbauten auf dem Achter- und Vorschiff, war schon seit jeher das Schiff des hansischen Kaufmannes. Sie konnte etwa 60 bis 120 Last (120 bis 240 Gewichtstonnen) laden.

Im 15. Jahrhundert kamen größere Schiffe mit drei Masten und etwa 400 Tonnen Ladefähigkeit auf, die Karavellen. Schorler zeichnete alle Schiffe über die Toppen beflaggt mit den Rostocker Farben blau-weiß-rot. Das war realistisch, denn schon im 13. Jahrhundert

44

CONTRAFEVNCK DEM ROSTOCKER SCHIFFER WARNOMVNDE ANNO 1582
WERCK
NGEN

erließen Hansestädte wie Hamburg und Lübeck die ersten Verordnungen über die Führung von »Vlugher« bzw. »Vloghel« – Flüger, Flügel – in den Farben der Heimatstadt. Das waren lange, schmale Windfahnen im Seitenverhältnis 5:1, die an der Mastspitze angebracht waren. Für Rostock wurde ein Flüger in den Lübecker Farben rot-weiß und mit einem Rostocker Greif auf blauem Grund 1367 im Zusammenhang mit dem Pfundzoll eingeführt, der durch die Hansestädte erhoben wurde. Seit 1418 sind Rostocks Farben blau-weiß-rot bezeugt. Aus den Flügern entwickelte sich die Flagge am Großtopp, wie sie von Schorler gezeichnet wurde.

Marienehe

Krug und Dorf Marienehe – oder, wie Schorler in der für das 16. Jahrhundert üblichen Weise meint, »Margine« – sind weniger interessant. Mit seiner Zeichnung des dortigen Klosters aber hinterließ er eine der seltenen Abbildungen dieser Niederlassung des Kartäuserordens, der in Mecklenburg keine weiteren Klöster unterhielt. Auf Befehl Herzog Johanns von Mecklenburg wurde es 1559 gewaltsam niedergerissen, seine Steine zum Schloßbau nach Güstrow transportiert, auch von Rostocker Bürgern als billiges Baumaterial abgefahren. Schorler datiert: 1583.

Die Frage drängt sich auf: Phantasie oder Wirklichkeit? Hat die Kartause ein viertel Jahrhundert nach ihrer Zerstörung noch so ausgesehen? Schreibt doch der Scholar Michael Franck in seinem Reisetagebuch 1590 von einem »verstörten und wüsten Kloster«! Es ist bekannt, daß sich dort von 1601 bis 1605 noch eine illegale Münzstätte des mecklenburgischen Herzogs Ulrich III. befand. 1617 markiert der Baumeister Piloot auf einem Grundplan noch ein Gebäude mit zwei sich im rechten Winkel treffenden Flügeln auf dem nun als »Wildnis« bezeichneten Ort des Klosters. Die Kartause Marienehe ist demnach nicht auf einen Streich dem Erdboden gleichgemacht worden. Es ist möglich, daß Schorler noch aus eigener Anschauung diesen Befund zu Papier bringen konnte. Er ermöglicht eine Rekonstruktion dessen, was eine Kartause im Baulichen charakterisierte. Die streng eingehaltene Bauregel des 1084 durch den Heiligen Bruno in der Einöde Chartreuse bei Grenoble ins Leben gerufenen Ordens hatte dem Ideal der Kartäuser, als Einsiedler in der Gemeinschaft leben zu können, gerecht zu werden. Wenn auch eine exakte funktionale Bestimmung aller einzelnen Restgebäude auf Schorlers Zeichnung nicht vorgenommen werden kann, so könnten sie doch für die drei Lebensbereiche einer Kartause stehen, die sich hinter der isolierenden und zugleich schützenden starken Mauer mit der großen Eingangspforte befanden: Wirtschafts- und Gästebereich, zu dem die schlichten Gebäude gehört haben mögen, während das bedeutender gestaltete Giebelgebäude entweder die Kirche der Kartause oder ein anderes Gebäude des Bereichs gemeinschaftlichen Lebens repräsentieren könnte, sei es Refektorium, Kapitelsaal, Bibliothek oder auch die Wohnung des Priors. Ganz sicher sind dann die drei in die Mauer eingelassenen Häuschen als jene zu definieren, in denen jeder Mönch sein Einsiedlerleben, dem strengen Schweigegebot des Ordens folgend, führte.

Zu jedem der meistens zwölf oder in einer Doppelkartause 24 kleinen Gebäude gehörte ein größeres Gärtchen. Sie lagen – voneinander und den übrigen Klosterbereichen isoliert – am Kreuzgang, also nicht so, wie auf Schorlers Zeichnung. In dieser Darstellung folgt er seinem noch öfter zu beobachtenden Prinzip, Darstellenswertes, was nicht sichtbar ist oder sich innen befindet, auf diese Weise mitzuteilen. Das Kloster Marienehe existierte rund 150 Jahre. 1396 stiftete es der Rostocker Bürgermeister Winold Baggel, der in jener Zeit als Politiker um die Freilassung des gefangenen mecklenburgischen Königs von Schweden, Albrecht, kämpfte. Er und sein Schwiegervater Mathias von Borken hatten den Hof mit dem slawischen Namen »Mergene« zur Errichtung einer Kartause erworben. Aus dem alten Namen wurde schließlich Marienehe, interpretiert als »Lex Mariae – Mariengesetz«. Der dem Kloster verliehene Name »Himmelzinnen« setzte sich nie durch.

Die Kartäuser genossen hohes gesellschaftliches Ansehen, denn sie lebten ihr vorbildliches, geistiger Tätigkeit zugewandtes Mönchsideal tatsächlich. Sie standen in enger Verbindung zur Rostocker Universität, an der einige der Prioren als Professoren lehrten, und zu den Brüdern vom gemeinsamen Leben, mit denen sie die Liebe zum Buch teilten. Der später berühmt gewordene Rostocker Buchdrucker Ludwig Dietz verbrachte mit seinen Druckersachen das Jahr 1512/13 als Novize in der Kartause.

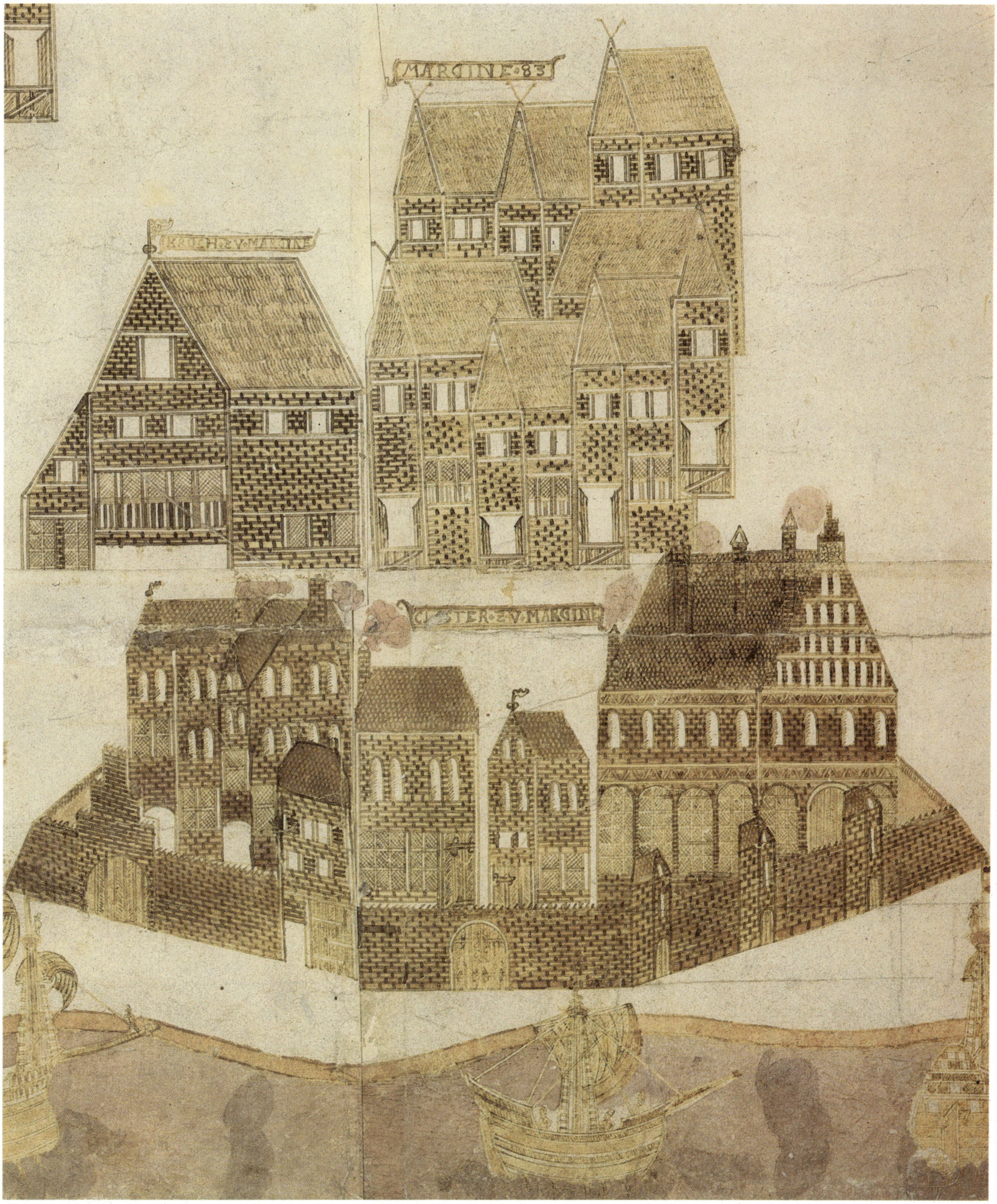
MARGINE·83
KRCH·ZV·MARGINE
STER·ZV·MARGINE

48

Als Herzog Johann Albrecht 1552 mit 300 Bewaffneten das Kloster aufhob, säkularisierte, strengte der seit 1525 klug und umsichtig amtierende Prior Marquard von Behr gegen ihn einen Prozeß beim Reichskammergericht an. Dessen Erfolglosigkeit erlebte er nicht, er starb 1553 in der Kartause Arensbök, im Exil. Der Herzog siegte. Seit 1557 konnte er über die Einkünfte der Kartause verfügen, die wertvolle Bibliothek ließ er nach Rostock schaffen, 1559 verfügte er den Abbruch. Einige Kartäuser blieben bis zum Lebensende bei den Dominikanern in St. Johannis, andere gingen nach Lübeck. Als letzter verließ Mathias Sasse Rostock und zog nach Lübeck zu dem außer ihm noch einzigen überlebenden Bruder aus Marienehe. Als dieser 1574 starb, übergab Sasse alle Urkunden und Gerechtigkeiten des Klosters dem Rostocker Ratssekretär Bernhard Luschow mit der Bedingung, sie dem Kloster zurückzugeben, falls es wieder errichtet werden würde. Dann zog sich Sasse 1576 in die Kartause bei Hildesheim zurück und starb dort. Auf diese Weise war, zwei Jahre bevor Vicke Schorler mit seiner Bildrolle begann, die Geschichte des Klosters Marienehe zu Ende gegangen.

Mühlen vor dem Kröpeliner Tor

Mehrere größere Teiche lagen vor dem Kröpeliner Tor. Zahlreiche Gräben und Wasserläufe durchzogen das Terrain. Hier war eines von Rostocks Wasserreservoirs. Genutzt wurde es zur Trink- und Brauchwassergewinnung und als Energiequelle für den Antrieb mehrerer Wassermühlen. Die topographische Zuordnung der einzelnen von Schorler dargestellten Mühlenobjekte und ihre Identifizierung ist – bis auf die Kayenmühle, die er benennt – nicht leicht. Doch hat er das für dieses Wirtschaftsgebiet Charakteristische wirklichkeitsnah wiedergegeben. Das Dorf Bramow mit der Kayenmühle gehörte seit 1355 zu Rostock. Diese sagenumwobene Mühle scheint größere Bedeutung gehabt zu haben als die anderen Mühlen. Es gab mindestens noch vier weitere. Als eine der ältesten Rostocker Mühlen bestand sie übrigens bis ins 20. Jahrhundert.

Namenlose Wassermühlen zeichnet Schorler an einem Teich. Ob es die Rote Mühle, die Kupfer-, Vögenoder die Eichmühle ist, ob es sich um den Kupferteich, den Vögenteich oder einen anderen handelt – das können wir mit Bestimmtheit nicht sagen. Sie alle waren Wassermühlen, ihre Müller bildeten mit den Berufsgenossen vom Mühlendamm einen Gewerbezweig. Er ist älter in unserer Stadt als der der Windmüller. Von diesen haben wir kaum Kunde. Schorler bringt aber auch vier Holländerbockmühlen ins Bild. Sie standen auf dem Kalvarienberg (nach der Hinrichtungsstätte von Jesus Christus), den der Rostocker Volksmund schlicht Köppen- oder Köpkenberg nannte. Denn bis in die 2. Hälfte des 16. Jahrhunderts hinein standen hier Galgen und Rad. Hans Weigels älteste Ansicht von Rostock um 1560 zeigt den Ort des Schreckens mit einem aufs Rad Geflochtenen, aber noch keine einzige Mühle. Vermutlich gab man erst in den letzten Jahrzehnten des Jahrhunderts die Anhöhe als Richtstätte auf, worauf sie dann als günstiger Standort für Windmühlen entdeckt wurde. Leider geben die Quellen darüber bislang keine zufriedenstellende Auskunft. Noch ist unbekannt, wann auf der Anhöhe die ersten Mühlen errichtet wurden, sie fehlen auf keiner Stadtansicht seit Schorler, also etwa seit 1583. Schorler zeichnete die Flügel der Windmühlen aufgeklappt, damit sie genau betrachtet werden können. Beide Mühlentypen sind zwar im wesentlichen richtig dargestellt, doch erlaubt die Zeichnung keinen Rückschluß auf den hohen technologischen Stand des Mühlenwesens, der im Europa des 16. Jahrhunderts erreicht war.

Wasserburg, Ziegelhöfe und Hopfengärten

Diese Wasserburg stand am Vögenteich oder aber am Kupfergraben, genau ist ihr Standort nicht auszumachen. Schorler deutet das Gewässer als blaue Fläche an, benennt es aber nicht. Das hohe turmähnliche Gebäude spielte in der Wasserversorgung der westlichen oder Neustadt eine große Rolle, war es doch für dieses Gebiet eine frühe Art von Wasserturm. Der Trink- und Brauchwasserverbrauch einer Stadt mit 12 bis 14 000 Einwohnern, deren Hauptexportartikel das hier gebraute Bier war, ist sehr hoch gewesen. Er wurde mit Brunnen-, aber auch mit Oberflächenwasser aus den Teichen abgedeckt, die südlich und westlich vor der Stadt lagen. In Rostock produzierten in den Jahrzehnten vor dem Dreißigjährigen Krieg 241 Brauhäuser, auf vielen Häusern lag die Braugerechtigkeit, und ihre Besitzer konnten für den Eigenverbrauch brauen. So ist es

50

nicht verwunderlich, daß es die wohlhabenden Brauer, aber auch andere Besitzbürger waren, die sich zu drei Borngesellschaften zusammenschlossen und als Verbrauchergemeinschaft die Wasserversorgung der Stadt mit den erforderlichen Einrichtungen unterhielten. Zur Borngesellschaft der Neustadt gehörten gegen Ende des 16. Jahrhunderts 23 Borninteressenten. Man hat sich vorzustellen, daß an der Wasserburg täglich ein unentwegtes Kommen und Gehen war. Der schlichte Wasserturm wurde nämlich durch menschliche Muskelkraft unterhalten, Tagelöhner schöpften das Wasser und trugen es in den Turm hinauf. Dort befand sich ein Trichter, in den das Wasser geschüttet wurde. Das Gefälle reichte aus, das Wasser in den unter der Kröpeliner Straße verlaufenden Pipen – das sind hölzerne Wasserröhren – bis zum Hopfenmarkt zu treiben. Hier wurde es gesammelt. Die Borninteressenten – organisiert in den genannten Borngesellschaften – konnten das Wasser auch durch eigene Pföste abzapfen. 1586 wurde eine Wasserfreileite in Rostock fertig. Von da an konnten auch die Rostocker, die keiner der Borngesellschaften angehörten, über sogenannte Freipföste Wasser beziehen. Rätselhaft ist Schorlers Zeichnung eines Hebel- oder Schwenkarmes mit Eimer. Oskar Gehrig deutete ihn zusammen mit dem sackartigen blauen Gebilde als Schöpfvorrichtung und Trichter der Wasserburg; beide Elemente wären damit als besonderes Detail herausgestellt und gezeichnet worden. Unseres Erachtens könnte es sich mit mehr Wahrscheinlichkeit um eine Wasserentnahmestelle handeln und einen Wasserschlitten mit einer Wassertonne. Die Wasserentnahme an Ort und Stelle und der Transport standen jedem frei.

Über die Sägemühle, die Schorler mit hineinnimmt in diesen Komplex, ließ sich bisher nichts ermitteln, sie war wohl eine der Wassermühlen vor dem Tor. In dem Part, der topographisch näher an der Warnow lag, hat Schorler uns ein Bild vom Anbau des Hopfens vermittelt, des zweiten Rohstoffes für das Brauen von Bier. In der noch heute bekannten Weise rankt der Hopfen an hohen Stangen. Er wurde in zahlreichen Gärten angebaut, die die Rostocker sich vor den Toren ihrer Stadt angelegt hatten.

Viele Bürger besaßen – darüber geben die »Libri hortorum«, die Gartenbücher, Auskunft – Gärten vor dem Kröpeliner Tor, dem Mühlentor, dem Steintor. 1529 verkaufte beispielsweise das Krämeramt dem berühmten Juristen Dr. Johann Oldendorp einen Baumgarten mit Hopfengehöft vor dem Steintor.

Die Aufzeichnungen des Professors der Poesie Peter Lauremberg und seines Sohnes um 1629 geben Einblick in den hohen Stand der Gartenkultur. Die Familie Lauremberg war im Besitz mehrerer Gärten; einer befand sich am Kupferteich, also in der von Schorler dargestellten Gegend. Daß man gern hinaus zog aus der engen Stadt ins Freie und sich mit der Familie und Freunden in den Gärten vergnügte, dafür eigens Lusthäuser errichtete, war nichts Besonderes. Auch nicht, daß diese leicht gebauten Gebäude häufig in Brand gerieten. 1617 schreibt Schorler:

»[...] den 27 Aprilis vom Sontag auf den Montagk in der nacht ist Silvester Sybrandes sein lusthaus auf seinem garten, vor dem Steintor [...] gelegen, gantz abgebrandt [...] den selbigen sommer über hat er wieder ein neues lusthaus an die stelle aufbauen lassen durch meister Thomas Albrechten, derzeit des rades zimmermeister.«

Vor dem Bramower Tor lagen zwei bedeutende Produktionsstätten, die Ziegelhöfe der Jakobikirche und des Heiliggeisthospitals. Beide Ziegeleien existierten schon im 13. Jahrhundert. Die Jakobikirche kaufte ihren Ziegelhof 1280 vom Steinmetz- und Maurermeister Dietrich. Das Hospital legte sich seinen Hof 1295 zu, der unterhalb des erstgenannten an der Warnow seinen Platz fand. Beide Ziegeleien produzierten jahrhundertelang die für den Kirchen- und Häuserbau benötigten Backsteine, doch waren sie nicht die einzigen in der Stadt. Brennöfen, lange Ziegelscheunen, ein Wohnhaus und ein Garten machten die Grundausstattung dieser Ziegelhöfe aus. Auf Schorlers Abbildung ist in der mit Schnitzereien verzierten Eingangspforte das Motiv des »Achtstern« zu erkennen, das uns außerdem beim Vortor des Kröpeliner Tores und noch an der Stadtwaage begegnen wird.

Zingel, Gertrudenfriedhof, Kröpeliner Tor

Die beiden großen Teiche im westlichen Vorfeld der Stadt, Kupferteich und Vögenteich, dazwischen der kleinere wohl erst 1573 angelegte Poggenpohl und das Netz der Wasserläufe verwandelten diese Gegend in eine recht unwegsame. Nur ein Mühlensteg und eine kurze Fahrstraße machten sie damals passierbar. Wer in die Stadt wollte, mußte sie benutzen. Er kam dann auf der über den Kupfergraben führenden Zingelbrücke – an der sich das Zingelgebäude befand – zum Gertrudenfriedhof, ließ man diesen hinter sich, gelangte man zum Vortor und schließlich zum stolzesten der großen Rostocker Turmtore, dem Kröpeliner Tor, das hoch aufragt. Diesen Ausschnitt sehen wir auf Schorlers Zeichnung. Das Beschriebene gehörte zur Kröpeliner-Tor-Zingel, war Teil der Befestigungsanlagen, die die Stadt wie ein Gürtel umschlossen (lat. cingulum – Gürtel). Vicke Schorler gibt das Zingelgebäude als ein hohes Fachwerkhaus wieder, das als solches auch schon bei Hans Weigel um 1560 erscheint. Es war weithin zu erkennen. Von hier aus gingen die Zingelwächter ihrer Pflicht nach, hielten Ausschau, beobachteten die Zingel, sorgten für Ordnung, öffneten und schlossen die Schranke, mit der die Brücke abgesperrt werden konnte. Sie war direkt am Zingelhaus angebracht. Von Schorler ist sie pedantisch genau aufgenommen. Er stellt sie – wie die Flügel der Windmühlen – aufgeklappt dar, so daß ihr regelmäßig gearbeitetes Gatter zu erkennen ist.

Der Gertrudenfriedhof ist an drei Seiten von Mauern begrenzt, an einer befindet sich ein Bretterzaun. Bedenkt man die Seitenverkehrtheit in Schorlers Darstellungen, könnte der blaue Streifen als zur Sägemühle gehöriger Graben gedeutet werden, der an dieser Seite eine Mauer überflüssig machte. Menschen in modischer Kleidung bewegen sich auf dem Friedhof, ein Hund hält sich zwischen den Gräbern auf. Inmitten einer kleinen Grüngruppe nominiert Schorler ein Grab: Jochim Heine, u.j.l., das bedeutet Lizentiat beider Rechte, dazu gehören ein Wappen mit einem Vogelbild und eine Hausmarke. Offensichtlich hat es eine besondere Bewandtnis mit diesem Grab. Warum schenkte Schorler gerade ihm besondere Aufmerksamkeit?

Im 16. Jahrhundert lebten mehrere bedeutende Persönlichkeiten dieses Namens in der Stadt, Professoren, Ratsherren, Bürgermeister. Wahrscheinlich drückt sich in diesem Detail sein Interesse an Honoratioren und dem Universitätsleben aus, das sich auch in der Chronik und in anderen Punkten der Rolle widerspiegelt.

Um diese Zeit stand die zum Friedhof gehörende Gertrudenkapelle nicht mehr. 1563 wurde das achteckige Gebäude abgerissen, zu dessen Errichtung die schweren Pestepidemien Ende des 14. Jahrhunderts geführt hatten. Ein Pestfriedhof außerhalb der Stadt wurde benötigt, der Gertrudenfriedhof entstand. Die Bauzeit der Kapelle fällt in die der Kartause von Marienehe, in die Jahre 1394 bis 1405. Mehrere Ablaßbriefe aus diesen Jahren lassen auf die Finanzierung des Kapellenbaus aus Ablaßgeldern schließen. Der Friedhof hatte schon sein Besonderes. Verwahrlost und verwildert fristete er in späteren Jahrhunderten sein Dasein, man sagte, die dort Bestatteten würden besonders schnell verwesen... In dieser Behauptung lebte wohl dunkel die Erinnerung daran fort, daß Pesttote mit Kalk bestreut zur Erde gelassen wurden, damit sie möglichst schnell verwesten. Durch Schorler wissen wir aber auch, daß man an diesem Ort Selbstmörder oder auch andere ehrlos Gestorbene bestattete. Er berichtet in seiner Chronik:

»Anno 1614, den 3. Decembris, des abendts zwischen neun und zehen uhren auf einen Sonabendt, hat sich ein feiner burger und fenrich dieser stadt selbst in seinen eigenen hause leidt angethan und erstochen, mit namen Otto Schröder, in der Cufelderstrassen wohnhaftig, welcher nicht lange darnach von den stichen gestorben, welcher den 7. decembris von dem fronenmeister des abendts umb 7 uhr aus seinem haus geführet und von dem selben an Sanct Garderutenkirchhof aussen an die mauer begraben worden.«

Vom Vortor des Kröpeliner Tores zeigt Schorler die Frontansicht. Neben der Durchfahrt für Fuhrwerke befindet sich eine kleinere Eingangspforte. Das Tor könnte in Holz und Stein ausgeführt sein, den oberen Abschluß bildet ein Fries aus drei Achtsternen. An dem Tor scheint öfters gewerkelt worden zu sein, darauf läßt eine Notiz Schorlers schließen:

»Anno 1618, dem 1. Junii, ist vor dem Cröpelinischen thor das eusserste thor bey Sanct Garderutenkirchenhofe, welches nur von holtz vor wenig jahren neu erbauet war, abgebrochen und ein neu gemauertes thor wiederumb zu bauen angefangen, welches den 13. Junii vollenführet und gefertiget worden.«

Das Kröpeliner Tor nimmt Schorler von der Stadtseite auf. Er unterstreicht die Würde dieses Turmtores, indem er den Baukörper mantelartig aufrollt, dadurch drei Fronten zeigt und so den hölzernen Wehrgang vorführen kann, der sich an drei Seiten befand. Unverkennbar ist der gotische Stil des quadratischen Turmmassivs, das seit der zweiten Hälfte des 13. Jahrhunderts emporgewachsen war. Den Wechsel von den dunkelroten Backsteinen der Frühzeit zu den helleren jüngerer Bauphasen läßt Schorlers Bild nicht erkennen.

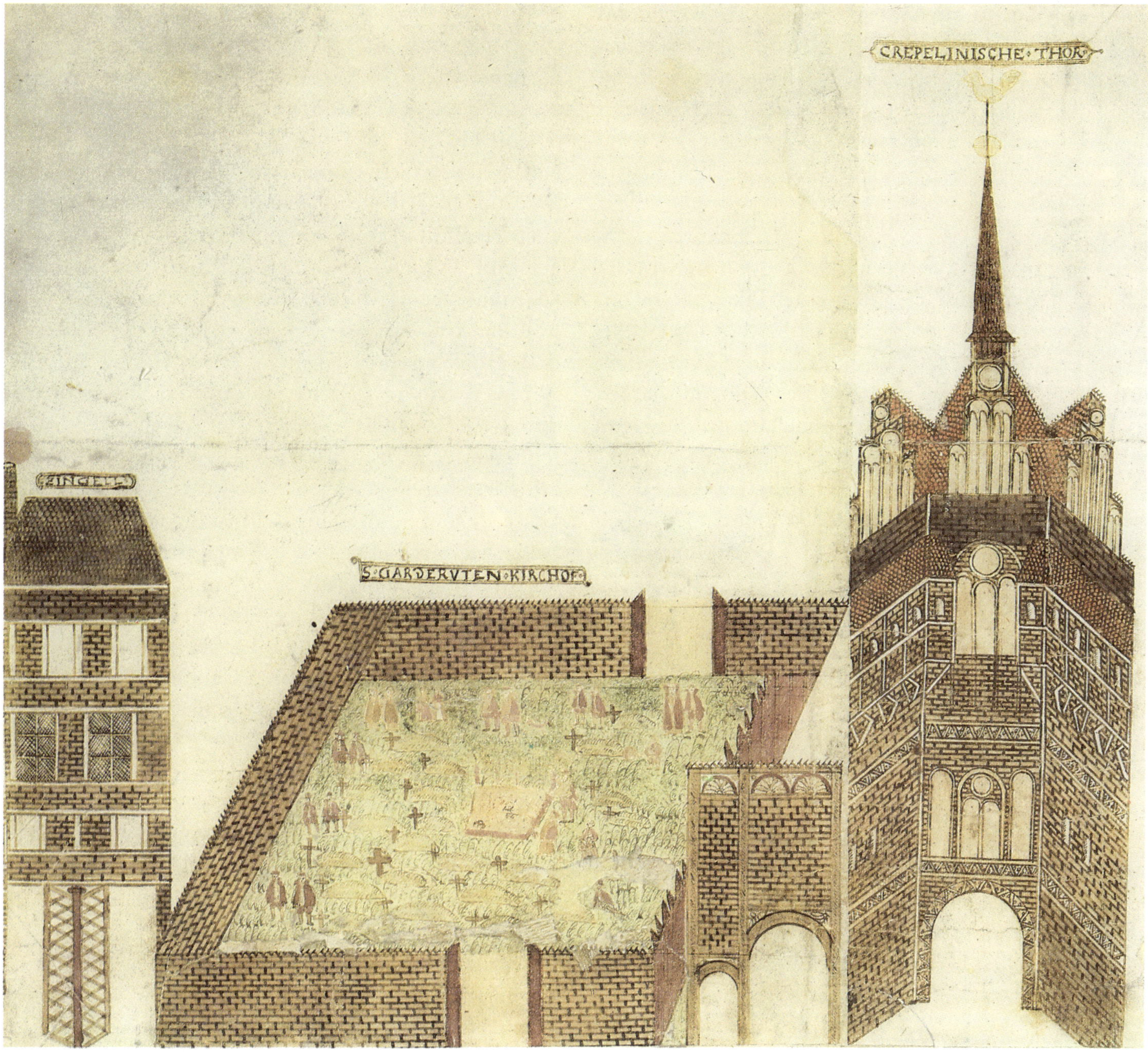
CREPELINISCHE THOR
ZINGEL
S GARDERUTEN KIRCHOF

Erst im 16. Jahrhundert wurden den vier Ziergiebeln mit dem Blendenschmuck aus der Zeit um 1400 die sich kreuzenden Dächer und der Dachreiter aufgesetzt. Aus der stolzen Höhe von 54 Metern konnten die Turmwächter weit ins Land blicken und im Umkreis von mehreren Kilometern beobachten, ob Freund oder Feind sich der Stadt näherte. Nach 1530 wurde das städtische Territorium allerdings vorwiegend von den Türmen von St. Marien und St. Nikolai aus bewacht. Gefahren, gleich welcher Art, zeigten die Wächter durch Trompetensignale an.

St. Jacobi

Schorler datiert seine Zeichnung der Jakobikirche mit 1583. Sie zeigt den auch von der Stadtansicht Hans Weigels um 1560 her bekannten stumpfen Pyramidenturm. 1588/89 war der von den späteren Stadtansichten bekannte Turmhelm mit der Doppellaterne fertig, von dem Peter Lindenberg in seiner Chronik (1596) berichtet. St. Jacobi, die Pfarrkirche der Neustadt, war ein gewaltiges Bauwerk. Der Vielfalt der architektonischen Eindrücke versucht Schorler, bis ins Detail hinein, gerecht zu werden.

Die beiden Sonnenuhren am Turm sind vorhanden, auch das kleine Glockengerüst auf dem Dach am Ende des Mittelschiffs. Am Chor – unter einem kleinen roten Ziegelschutzdach – zeichnet er einen »Kalvarienberg«, eine noch aus katholischer Zeit erhaltene Kreuzigungsszene, wie sie auch beim Johanniskloster und an der Petrikirche an den zum Friedhof gekehrten Chorseiten zu finden waren. Charakteristisch für St. Jacobi waren die drei Kapellen an der Südseite der Kirche. Die erste Kapelle, links, zeichnet er in der Art des Kröpeliner Tores von drei Seiten. Sie war die schönste, die beiden daneben nahmen sich bescheidener aus. Der Turm ist mit zwei Seiten dargestellt, West- und Südseite. Die drei Schiffe der Kirche – das Mittelschiff überragt mit seiner Sechsfensterzone die beiden Seitenschiffe – sind mit Kupfer gedeckt. Der Einbau der letzten Kirchenfenster soll erst 1588 erfolgt sein. Auch St. Jacobi entstand in mehreren Bauetappen, 1280 gehörte ihr schon ein vor dem Bramower Tor liegender Ziegelhof. In der zweiten Hälfte des 14. Jahrhunderts wird der Bau im wesentlichen vollendet gewesen sein, denn seit den dreißiger Jahren des Jahrhunderts mehrten sich die Stiftungen zur Ausstattung des Innenraumes. Einst besaß die Kirche 30 Altäre, nur neun weniger als St. Marien. Von einer Veränderung im Innern der Kirche erzählt Schorler recht ausführlich in seiner Chronik:

»In diesem 1618 jahr nach Ostern ist in der kirchen zu Sanct Jacob das chor oder das gemeuer unter dem hohen erhabenen chore durchgebrochen worden, also das man nun frei offentlich in das chor vor das grosse altar gehen und kommen kan, den vorhin war es voran unter dem hohen chore teglich verschlossen, ohne wen predigten oder andere kirchen ceremonien gebraucht wurden. . .«

Von 1487 bis 1571 war St. Jacobi ein Domkollegiatstift. Mit der Weihe zum Domstift begannen im Januar 1487 auf Betreiben der Landesfürsten und der geistlichen Feudalität Auseinandersetzungen – die Domfehde genannt wurden – zwischen der Stadt und dem Herzogshaus sowie zwischen Rat und demokratischen Oppositionskräften. Sie endeten 1491 mit einer Niederlage der demokratischen Kräfte, die von Hans Runge und Bernd Wartberg geführt wurden. Nach Verabschiedung der Konsistorialordnung durch die Herzöge Johann Albrecht und Ulrich von Mecklenburg Ende 1570 bildete sich in Rostock im März 1571 ein Konsistorium. Diese Behörde nahm nun die bislang von den Landesbischöfen ausgeübte geistliche Gerichtsbarkeit wahr, die Funktion von St. Jakobi als Kollegiatstift war aufgehoben. St. Jakobi stand in katholischer Zeit in besonders enger Beziehung zur Rostocker Universität, weil das Domkapitel mit seinen Pfründen zur Unterstützung der Professoren beitrug. In der Kirche besaß die philosophische Fakultät sieben Begräbnisse. Viele Professoren und andere Persönlichkeiten von Rang fanden in dieser Kirche ihre letzte Ruhestätte, u. a. Heinrich Camerarius, Verfasser des Entwurfs des Rostocker Stadtrechts, und Domherr Barthold Möller, Gegner der Reformation. Vicke Schorler berichtet u. a.:

»Anno 1607, den 20. Julii, ist ein frömbder man, doctor Paulus Merula, ein jurist von Leiden, doctori Johanni Gryphio schwesterman, bei seinem schwager, doctori Gryphio, den er zu besuchen aus Hollandt kommen war, gestorben und den 23. Julii alhier in Sanct Jacobskirchen zu erden bestettiget worden, und hat magister Joachimus Westphal, pastor derselbigen kirchen, ihm die leichpredigte gethan.«

Dieser fremde Mann, Paul Merula, bedeutender holländischer Jurist und Historiograph, war zu einem Erholungsaufenthalt zu seinen Verwandten gekommen. Als er nach zwei Monaten die Rückreise antreten wollte, starb er an einem heftigen Fieber.

S. IACOBS KIRCHE

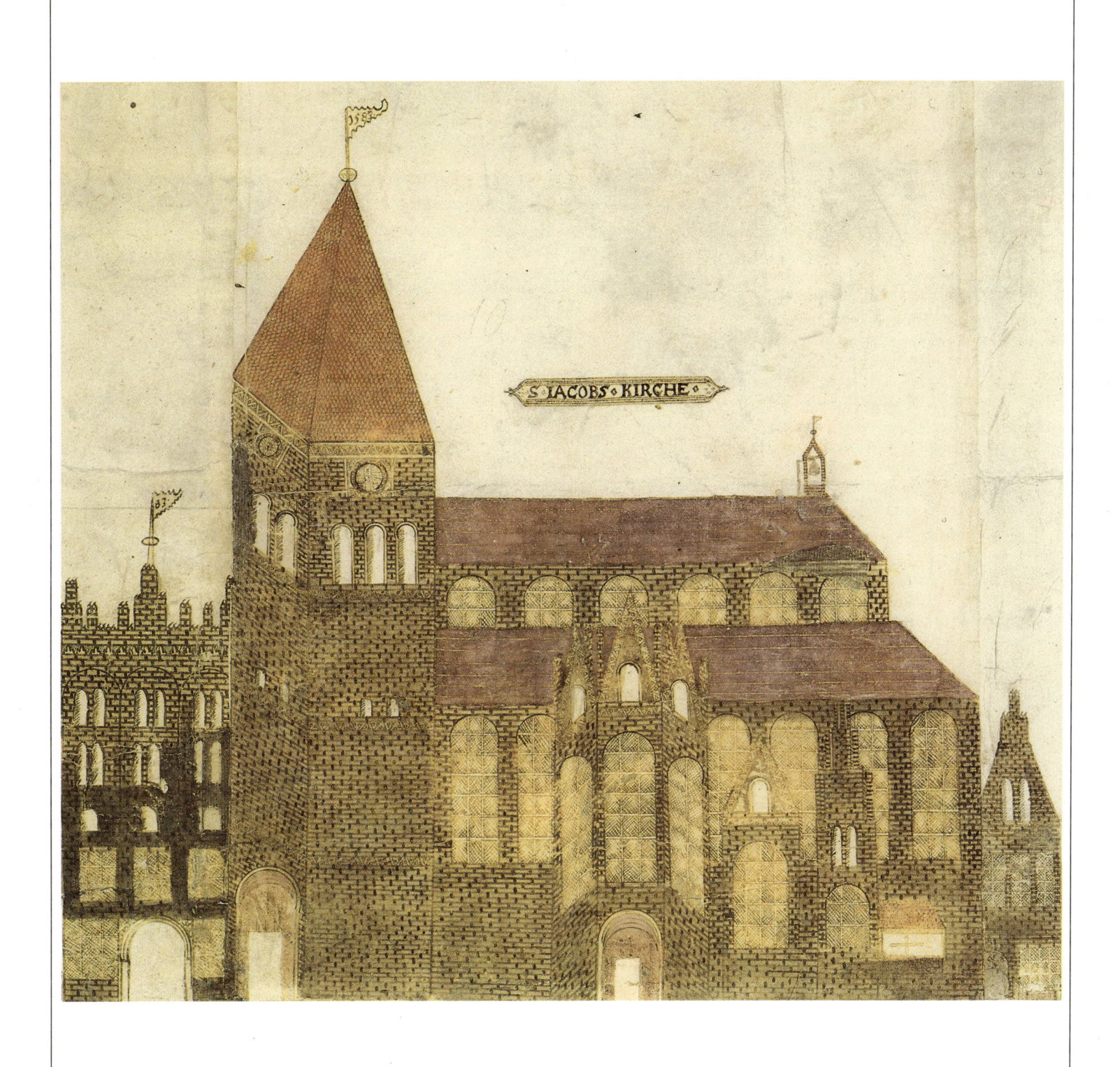

Das Weiße Kolleg

Recht umfassend überliefert uns Schorler die Universitätsgebäude seiner Zeit. Er nahm sie fast alle in das Bildwerk auf. 1582 zeichnete er das Collegium an der Westseite des Hopfenmarktes, des heutigen Universitätsplatzes. Zu diesem Zeitpunkt bestand die Rostocker Universität als siebente in Deutschland und älteste Nordeuropas bereits 163 Jahre. Sie war 1419 mit päpstlicher Bewilligung als gemeinsame Gründung der Herzöge von Mecklenburg und der Stadt Rostock ins Leben gerufen worden. Letztere hatte vor allem durch finanzielle Mittel und durch die Überlassung von Gebäuden die wirtschaftlichen Voraussetzungen geschaffen, ohne die die Gründung der Universität gar nicht möglich gewesen wäre, denn die mecklenburgischen Herzöge befanden sich stets in Geldschwierigkeiten. Vicke Schorler erlebte die Universität zur Zeit ihrer damaligen Blüte. Sie hatte nach anfänglichem Aufschwung und Ruhm etliche Jahrzehnte des Niedergangs und der Krise durchlaufen, die eine Folge politischer, sozialer und religiöser Auseinandersetzungen im Verlauf der Reformation waren, aber auch hervorgerufen wurden durch die ständig die Universität betreffenden Kompetenzstreitigkeiten zwischen den mecklenburgischen Herzögen und dem Rostocker Rat. Die 1563 von den mecklenburgischen Herzögen, der Stadt Rostock und der Universität unterzeichnete »Formula Concordiae«, Eintrachtsformel, leitete jedoch einen neuen Aufstieg ein. Durch sie wurde die Verfassung der Universität wesentlich verändert, und die Zwistigkeiten zwischen Landesherren und Stadt waren zunächst beendet. Das geschah vor allem, indem man sich darauf einigte, das Konzil der Universität von nun an paritätisch zusammenzusetzen, d. h. aus jeweils neun vom Rat und neun von den Herzögen bestallten Professoren aller Fakultäten – es waren dies die Theologische, Juristische, Medizinische und die Philosophische Fakultät. Insgesamt leitete die »Formula Concordiae« nicht nur den Übergang der mittelalterlichen Universität zu einer Landesuniversität im mecklenburgischen Territorialstaat ein, sondern sie sicherte auch für etliche Jahrzehnte eine ruhige und erfolgreiche Entwicklung.

Maßgeblichen Anteil daran hatten ganz hervorragende Wissenschaftler, zu denen vor allem der berühmte Gelehrte der Universität Rostock, der Professor der Theologie David Chytraeus (1531–1600), ein Schüler Melanchthons, gehörte. Er hatte das Zustandekommen und den Inhalt der »Formula Concordiae« beeinflußt und wesentlich zur Konsolidierung der Universität beigetragen. In den fünf Jahrzehnten seines Wirkens an der Alma Mater Rostochiensis – 1551 hatten ihn die mecklenburgischen Herzöge nach Rostock berufen, sechsmal war er zum Rektor gewählt worden – gelangte sie zu hoher Blüte. Als ein Zentrum der protestantisch-humanistischen Bildung in Nordeuropa hatte sie internationale Bedeutung. Ein Epigramm des Rostocker Chronisten Peter Lindenberg (1562–1596) gibt ihr den Beinamen »Lumen Vandaliae« – »Leuchte des Nordens«. Als solche war sie seit ihrer Gründung eine Universität der Hanse, des hansischen Bürgertums. Die Studenten kamen vorwiegend aus Städten und Territorien, die vom Wirtschaftssystem der Hanse erfaßt oder berührt wurden, also aus dem gesamten Gebiet an der Ostsee. Selbst Niederländer finden sich in den Matrikelbüchern. Insgesamt waren es über 10 600 Studenten, die zwischen 1561 und 1620 in Rostock studierten und das hier erworbene Wissen in ihre Länder und Orte heimbrachten.

Schorler erlebte 1619 die achttägigen Feierlichkeiten zum 200. Jahrestag der Inauguration der Universität und schrieb darüber:

»Anno 1619 den 12. Novembris ist ein festivium jubilaeum fundationem academicum alhier celebriret und gehalten worden [...]«

Nach einer ausführlichen Darstellung des Festgottesdienstes in der Marienkirche heißt es dann weiter:

»Nachdem alles vollendet, seint die hern professoribus in einer ordentlichen procession nach dem Collegio gegangen, welchen kurtz hernach eins theils der hern des rathes gefolget. Daselbst hat der rector academiae, doctor Joachimus Schönemarck, seinem rectorat abgedancket und ist doctor Thomas Lindemann, ein juris consulti, wiederümb zum rector erwehlet. Und weil die zeit eben zweihundert jahr erfüllet gewesen, das die academia von den fürsten zu Mecklnburg und der stadt Rostock gestiftet und eingeführt worden, so hat man deswegen das jubelfest gehalten und seint von den hern patronen dieser universität die promotiones in doctorem, licentiatum und magistrum freigegeben und ausgerichtet worden [...]«

Das hier in der Chronik genannte und von Schorler abgebildete Collegium war das größte Universitätsgebäude. Es entstand 1566/67 als Neubau anstelle des 1565 abgebrannten Collegiengebäudes. David Chytraeus hatte sich damals sehr um den unverzüglichen

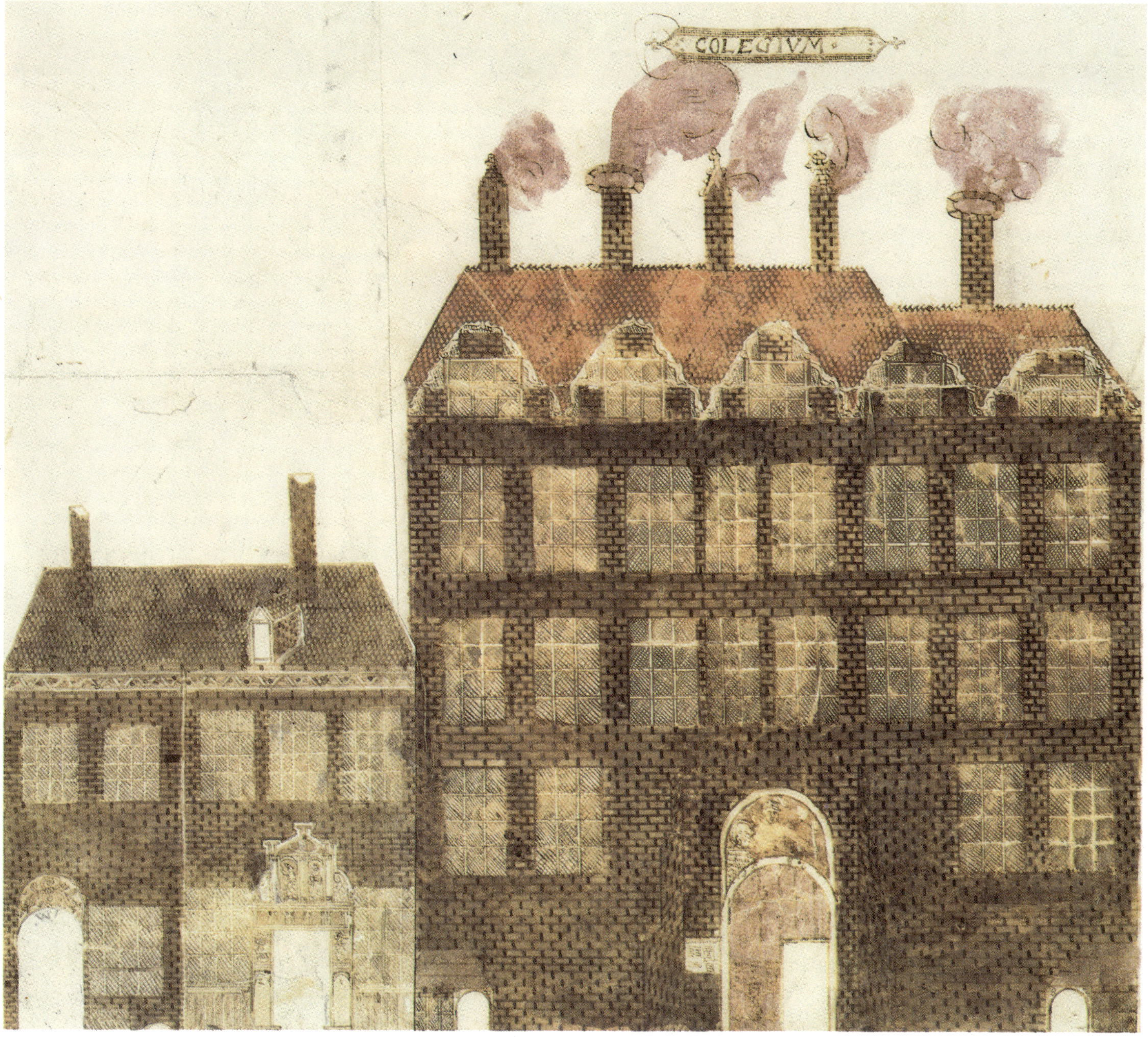
COLEGIVM

58

Wiederaufbau bemüht. Schorler zeichnete die Eingangsfront an der Westseite des Hopfenmarktes. Es ist ein schlichter Renaissancebau mit drei Geschossen, der nur durch Zwerchgiebel mit Fenstern, Voluten und Sandsteingesimsen geschmückt ist. Das niedrigere Dach rechts deutet den Seitenflügel des Hauses an, der sich entgegengesetzt an der Südseite des Gebäudes befand. Schorler klappte also auch hier eine Seitenfläche in die Ebene und zeichnete alles seitenverkehrt. Das »Domus Collegii« ist nach ihm noch ein unverputzter Backsteinbau, obwohl die Quellen dieser Zeit einen hellen Anstrich angeben, weshalb es auch den Namen »Collegium album« – »Weißes Kolleg« trug. Das Hauptportal besitzt eine Schlupftür, die geöffnet ist. Im großen Putzfeld darüber befindet sich ein Abbild der Pallas Athene, der Beschützerin der Wissenschaft. Sie ist mit Schwert und Schild bewehrt, und auch das Medusenhaupt in ihrem Schild fehlt nicht. Die lateinische Inschrift: »Barbariae victrix armataque Gorgone Pallas« lautet in der Übersetzung: »Die Siegerin über Unwissenheit und Rohheit und gewappnet mit dem Gorgo (Medusenhaupt) – das ist Pallas Athene«. Im Bogen darüber vermerkte Schorler die Jahreszahl 1582. Die Strebepfeiler links und rechts des Portals könnten Reste des Vorgängerbaus sein. Seitlich am Portal ist ein Brett angebracht, das wohl für Mitteilungen an die Studenten benutzt wurde. Die beiden kleinen Türen in den niedrigen Kellervorbauten sind Zugänge zu Wohn- und Wirtschaftskellern.

Das Gebäude diente vor allem dem Lehrbetrieb der Theologischen und der Philosophischen Fakultät. Professor Nathan Chytraeus (1543–1598), Bruder des schon genannten David, begründete hier als Dekan der Philosophischen Fakultät 1569 mit gestifteten Büchern, es handelte sich um 13 Titel, die insgesamt 15 Bände ausmachten, eine Sammlung. Diese bildete den Grundbestand der späteren Universitätsbibliothek, denn allen Dekanen war nun deren Ergänzung durch, wie es hieß, »gute Bücher« zur Pflicht gemacht worden. Das Collegium diente jedoch nicht nur der Lehre, sondern einige Lehrer und Studenten erhielten in ihm auch Wohnung angewiesen. So berichtete Vicke Schorler von einem Studentenquartier:

»Anno 1610 den 6. Januarii, auf den abendt, ist auf dem Collegio eine studentenstube brennen worden. Es ist aber das feuer balt wieder gestillet, das es gottlob nicht sonderlichen schaden gethan.«

Links im Bild sehen wir das sogenannte Buchdruckerhaus. Nachdem 1476 in der Offizin der Brüder vom gemeinsamen Leben das erste in Rostock gedruckte Buch erschienen war, ihr letztes kam 1533 heraus, fand der Buchdruck hier eine ständige Heimstadt. Namen wie die des Ratssekretärs Hermann Barckhusen (gest. um 1529), des Professors der Rechte Nicolaus Marschalk (gest. 1525) und vor allem des Druckers Ludwig Dietz (gest. 1559) sind mit den Anfängen des Buchdrucks in Rostock eng verbunden. Unter Dietz, der von 1512 bis 1559 in Rostock wirkte, gelangte er zur vollen Blüte und hohem Ansehen. Durch seine zahlreichen Drucke hatte er sich auch um die Universität verdient gemacht. 1558 ernannten die mecklenburgischen Herzöge Ludwig Dietz zum Universitätsbuchdrucker. Er war der erste in Rostock, der diese Bestallung erhielt. Nach seinem Tode übernahm 1561 der Schwiegersohn Stephanus Mylander (Möllmann), von 1580–1610 Universitätsbuchdrucker, die Druckerei, allerdings mit wesentlich geringerem Erfolg.

Seit wann das Buchdruckerhaus als solches diente, wissen wir nicht. Mit Sicherheit hat der Universitätsbuchdrucker Jacob Lucius hier gearbeitet, der 1579 nach Helmstedt ging. Danach besaß der Privatbuchdrucker Augustin Ferber d. Ä. in diesem Hause bis 1581 seine Werkstatt. Schorler überliefert das Gebäude als ein Doppeltraufenhaus, dessen schmaler Teil noch am Hopfenmarkt/Ecke Kröpeliner Straße stand, während sich der Teil mit dem prächtigen Renaissanceportal daran anschloß.

Jungfrauenkloster Zum Heiligen Kreuz

In der mittelalterlichen Stadt war neben den Kongregationen der Franziskaner, Dominikaner, Kartäuser und Michaelisbrüder das Zisterzienserkloster zum Heiligen Kreuz ein bedeutender religiös-kirchlicher, kultureller und sozialer Faktor. Als einziges Frauenkloster in Rostock nahm es vorwiegend unverheiratete Angehörige wohlbegüterter bürgerlicher Familien der Stadt auf und wurde somit zu einer angesehenen Versorgungseinrichtung. Das Kloster zum Heiligen Kreuz – sein Name wird nach der Gründungslegende auf eine Reliquie, einen Splitter vom Kreuz Christi, zurückgeführt – überlebte als einzige Ordenseinrichtung die Reformation. Bis 1584 existierte es noch als Nonnenklo-

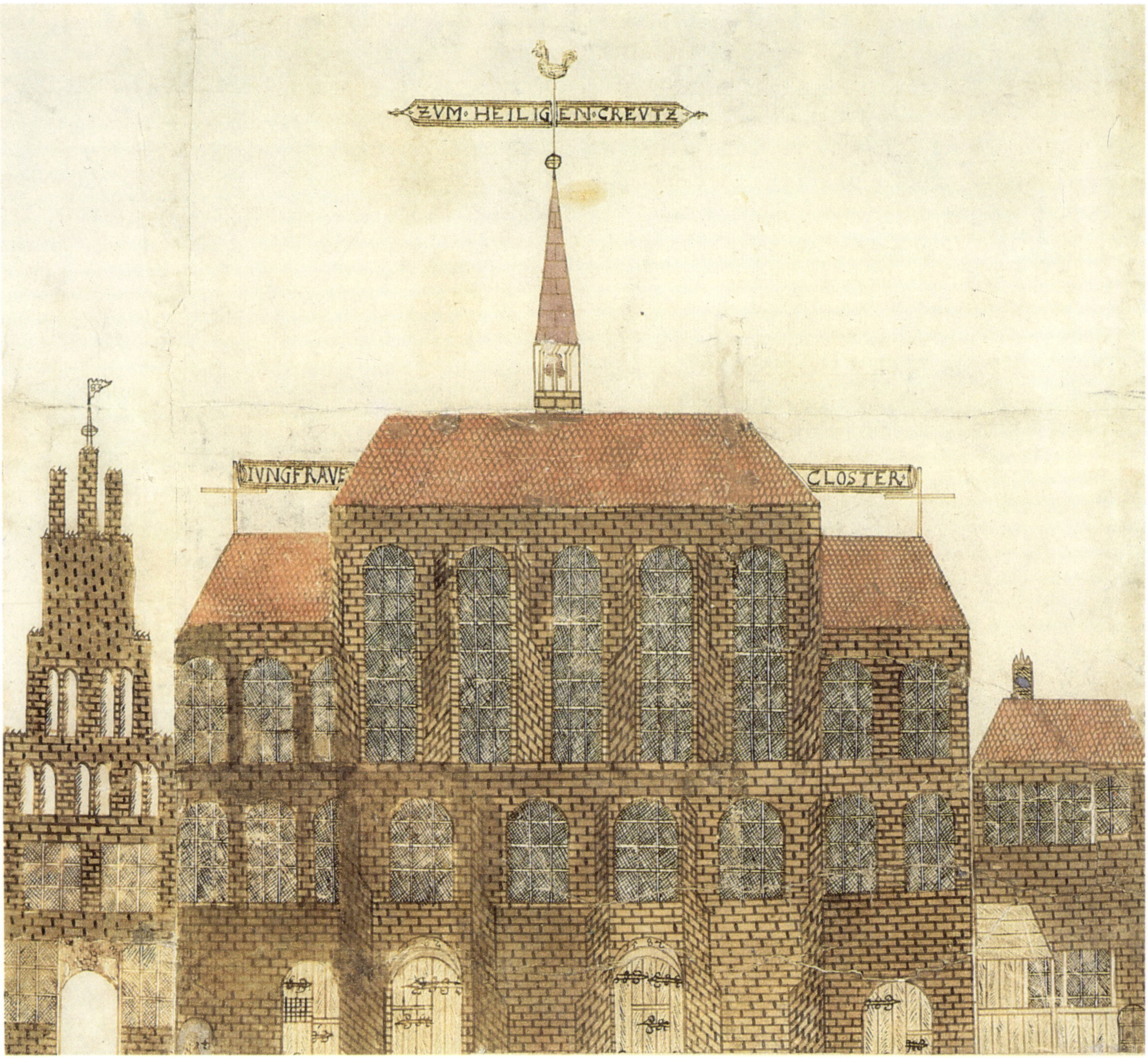
ZVM·HEILIGEN·CREVTZ
IVNGFRAVE
CLOSTER

ster. Aber bereits seit 1531 wurde in Rostock die Reformation durchgesetzt. Dazu war ein jahrzehntelanger Prozeß erforderlich. Erst 1558/62 nahmen die Klosterinsassen den evangelischen Glauben an, gegen den sie sich zu Beginn der dreißiger Jahre hartnäckig und mit Erfolg gewehrt hatten. Während die übrigen Klöster als solche nicht mehr existierten, die Mönche die Stadt verlassen hatten oder noch bis zum Tod hier blieben, lebten die Klosterfrauen noch über zwanzig Jahre in gewohnter Weise ihr Leben. Allerdings war der katholische Propst seitens der Stadt durch einen evangelischen ersetzt worden, der nun den insgesamt beträchtlichen inner- und außerstädtischen Grundbesitz der Kloster verwaltete, die Wirtschaftsführung in der Hand hatte und der Priorin als juristischer Vertreter zur Seite stand. Jahrzehntelang war die Stadt mit wichtigen innen- und außenpolitischen Problemen beschäftigt gewesen. Da zwischen ihr und dem Landesfürstentum Kompetenzschwierigkeiten hinsichtlich des Kreuzklosters ausgefochten wurden, entging dieses der totalen Säkularisierung.

Der Erbvertrag von 1584 brachte eine Zäsur, die allerdings vorwiegend juristischer Natur war. Das Nonnenkloster wurde in ein Damenstift umgewandelt und der Aufsicht zweier rätlicher, also städtischer, und zweier herzoglicher Provisoren unterstellt. 1586 war eine neue evangelische Ordnung erarbeitet, in deren Artikel III es u. a. heißt:

»[...] und soll jede Klosterjungfrau bei ihrer Annehmung anloben, der Dominä gebührlichen Gehorsam zu leisten, im Kloster ein gottesfürchtig, keusch und züchtig Leben zu führen und mit des Kloster Armuth und jederzeit verordneten Speise und Trank vorlieb zu nehmen und in demüthigen schwarzen Kleidern zu gehen [...] Keine einmal ins Kloster bestätigte Jungfrau soll ohne vornehme und hochwichtige Ursachen [...] daraus wieder auszuziehen gestattet werden.«

Natürlich hatte sich mit der Annahme der lutherischen Lehre das religiöse Leben verändert, doch blieb die Lebensführung der Klosterfrauen gleich. Dazu gehörten u. a. weiter Haus-, Garten- und Handarbeit, neu hinzugekommen war die Ausbildung von Mädchen im Lesen und Schreiben und den üblichen Haus- und Handarbeiten. Gegen ein Tischgeld von 30 bis 50 Gulden im Jahr konnten die Schülerinnen im Kloster leben. Mehrmals nimmt Vicke Schorler in seinen schriftlichen Aufzeichnungen von den »Klosterjungfrauen« oder den »Jungfrauen zum Heiligen Kreuz«, wie die Insassinnen jahrhundertelang genannt wurden, Notiz. 1613 berichtet er auch von der Einsetzung eines neuen Propstes:

»Desselbigen 1613 jahres, den 19. Septembris, haben die jungfrauen zum Heiligen Creutz einen rechten voreydeten propst vermöge des erbvertrages wiederbekommen, mit Namen Petrus Waseke, ein rostocker kindt, damals noch ein junger geselle. Der 20. Marti ist eine closterjungfrau mit namen Dorothea Ratken gestorben und daselbst in die closterkirche zu erden bestettiget und hat ihr herr Nicolaus Grise die leichpredigt gethan.«

»Vermöge des Erbvertrages« bedeutete, daß der vorgeschlagene und gewählte Propst durch die Herzöge bestätigt – konfirmiert – werden mußte.

Zu Schorlers Zeit lebten im Kreuzkloster längst nicht mehr so viele Frauen wie im spätmittelalterlichen Kloster. Das 1270 vermutlich mit starker Beteiligung der dänischen Königin Margarete gestiftete Nonnenkloster scheint sich eines so außerordentlichen Zuspruchs erfreut zu haben, daß seine Kapazität nicht mehr ausreichte und 1354 die Zahl der Insassen auf sechzig beschränkt werden mußte. Später wurde sie erneut reduziert. Die 1630 revidierte Klosterordnung von 1586 legte die Zahl von zwanzig Konventualinnen fest, im Verlaufe des Dreißigjährigen Krieges und der allgemein schlechten Verhältnisse ging sie sogar auf neun zurück. Stammgut des Klosters zum Heiligen Kreuz war und blieb das Dorf Schmarl. 1272 hat Margarete es in einer in Nyköping ausgestellten Urkunde dem Kloster vermacht und damit die Basis seines Grundbesitzes geschaffen. Margarete starb 1282 in Rostock. Vermutlich ist nach ihrem Tod ein mit dem 22. September 1270 datiertes Dokument als Gründungsurkunde nachträglich geschaffen worden, da eine Stiftungsurkunde nicht vorhanden war. Noch im 20. Jahrhundert reisten die Stiftsdamen einmal im Jahr zu einem sommerlichen Vergnügungstag nach Schmarl.

Die von Schorler gezeichnete Klosterkirche entstand in der ersten Hälfte des 14. Jahrhunderts. Seine Zeichnung bedarf einer Erklärung, denn selbstverständlich hat die Klosterkirche nicht zwei Chöre. Sie besitzt ein dreischiffiges Langhaus mit Satteldach und Dachreiter und einen einschiffigen polygonalen Chor. Schorler bringt die Kirche in eine Fläche, er erweckt den Eindruck, als habe er sie vom Chor aus umschritten und sei bei diesem wieder angekommen. Seltsam ist, daß er die Kirche mit zwei Stockwerken zeichnet. Zu erkennen

61

sind von ihm abgetreppt gezeichnete Strebepfeiler. Es scheint, als stützten sie die Stockwerke. Das ist allerdings unmöglich und wohl auf sein mangelndes Konstruktionsverständnis zurückzuführen. Der rechts neben die Kirche gezeichnete Klostereingang befindet sich in Wirklichkeit südöstlich des Chores.

Die Regentien am Hopfenmarkt

Wenige Jahre nach ihrer Gründung sah sich die Universität veranlaßt, nach und nach mehrere Wohnhäuser zu erwerben, um Studenten unterbringen zu können. Deren Zahl war stark angewachsen. Die drei Universitätsgebäude, das Collegium und das Lektorium (Auditorium magnum) am Hopfenmarkt, dem heutigen Universitätsplatz, und das Collegium juris am Alten Markt konnten nicht alle beherbergen. So kam es auch in Rostock wie in anderen Universitätsstädten, zunächst durch Professoren, zur Einrichtung von Regentien, Wohn-, Kost- und Studienhäusern der Studenten. Später, nach 1500, wurden sie von der Universität übernommen. Die Regentien dienten in den ersten Semestern auch der Ausbildung und Übung in den Grundlagenfächern, die von der Philosophischen Fakultät vermittelt wurden. Der Unterricht in den Artes liberales umfaßte Grammatik und Poetik, Rhetorik, Geschichte und Philosophie, Physik, Arithmetik, Geographie und Astronomie. Der Abschluß mit dem Licentiat bzw. Magistergrad berechtigte dann zum Studium der Theologie, Jura und Medizin an den höheren Fakultäten. Die zumeist sehr jungen und mit geringen Vorkenntnissen versehenen Studenten erhielten zunächst im Pädagogium die nötige Reife für das Universitätsstudium. Dort lernten sie vor allem Latein, die Sprache, die ihnen den Zugang zur Wissenschaft ermöglichte.

In jeder Regentie wohnten 20 bis 40 Studenten verschiedener Semester und Nationalitäten. Nur die Skandinavier, Dänen, Schweden, Norweger und Finnen besaßen eine eigene, die St. Olavs-Burse.

Die Studenten waren in ihren Häusern einer an das klösterliche Gemeinschaftsleben angelehnten Zucht unterworfen. In dem bei ihrer Immatrikulation zu leistenden Eid mußten sie geloben, die ihnen bestimmten akademischen Gebäude zu bewohnen. Sich außerhalb einer Regentie einzuquartieren, bedurfte einer besonderen, nur selten erteilten Genehmigung. Jeder hatte sich der eingeführten Hausordnung zu unterwerfen. Der Mittagstisch war für Lehrer und Studenten gemeinsam. Für Wohnung, Kost und Unterricht mußten die Studiosi einen finanziellen Beitrag leisten. Der Vorsteher einer Regentie hatte nicht nur den Auftrag, die Studierenden in den Wissenschaften, sondern auch in sittlicher Beziehung zu unterweisen. Mit dem Aufschwung der Universität zur Zeit Schorlers war auch eine Reorganisation der Regentien verbunden.

Hervorragende Wissenschaftler dieser Zeit, unter ihnen der Theologe und Historiker David Chytraeus, waren sich der Bedeutung des Grundlagenstudiums sehr wohl bewußt. Besonders Chytraeus bemühte sich außerordentlich um das geistige und körperliche Wohl der Studenten. Dank einer von ihm 1564 bewirkten Ordnung erhielt die Arbeit in den Regentien neue Impulse. Mit deren Leitung wurden die tüchtigsten Gelehrten der Universität betraut. Sie lenkten die ersten Schritte der Studenten auf dem Weg zum Wissenschaftler. Selbst Übungen im Schreiben und Disputieren sowie das Rezitieren von lateinischen und griechischen Reden erfolgte unter ihrer Anleitung. Die Pflicht, in den Regentien zu wohnen, blieb bestehen. Nur wer aufgrund des Zustroms von Studenten hier keinen Platz mehr fand, durfte ein Quartier in Bürgerhäusern beziehen. Schorler überliefert uns die fünf Regentien, die sich an der Südseite des Hopfenmarktes befanden. Wir sehen links die Adlerburg (Arx aquilae), ein gotisches Giebelhaus mit dem für Rostock typischen gestuften Zinnengiebel. Drei schmale hohe Blenden, in Wirklichkeit nicht rund-, sondern spitzbogig, umschließen die Fensterachsen der Wohngeschosse. Über der Haustür erblickt man einen gezeichneten Adler, Symbol siegreicher Stärke. 1570 wurden für das Haus elf Schlafkammern angegeben. Daneben steht das Neue Haus (Domus nova). Es kam als letztes in dieser Reihe erst 1492 in den Besitz der Universität. Man nannte es auch Domus Coleri, Haus des Wohnens, und Domus Sylvani, Haus des Sylvanus, des Wald- und Feldgottes. Leider ist die Zeichnung über der Tür nicht mehr vollständig erkennbar. Man sieht einen bis zum Nabel unbekleideten Mann mit Krone, vermutlich Sylvanus, der links Früchte und rechts ein Wappen mit Kreuz in den Händen hält. Eine Sonnenuhr schmückt den Giebel. In seiner Chronik vermerkt Schorler 1620 hier ein studentisches Gastmahl:

63

»Den 4. Maii haben ihrer 11 studiosos in magistrum artium promoviret, und ihr convivium im Neuen Hause gehalten.«

Es folgt die Regentie der Theologen (Domus theologi). Als Schorler sie zeichnete – er vermerkte das Jahr 1585 in der Schriftleiste über dem Gebäude – war sie gleichzeitig Wohnhaus von David Chytraeus. Es ist ein kleines unscheinbares Giebelhaus. Ob Chytraeus bis zu seinem Tode hier lebte, ist nicht überliefert. Schorlers Chronik teilt über sein Ableben mit:

»Anno 1600, den 26 Junii des morgens gar früh umb eins ist der ehrwürdige, achtbare und hochgelahrte und weit berühmte man doctor David Chytraeus, professor dieser universität, von dieser welt geschieden, und den 29. Junii in Sankt Jacobikirchen am tage Petri und Pauli in einer großen versammlung vieler leute zur erden bestettiget worden, die leichpredigt, welche zwei stunden gewehret hat, ist von doctor Lucas Backmeistero mit treuen gehalten worden.«

Als nächstes haben wir die Regentie zum Einhorn (Domus Unicornis) vor uns, ein Querhaus mit zwei Wohngeschossen. Über dem Tor ist ein Einhorn abgebildet, Sinnbild unzähmbarer Wildheit. Zeitweilig diente es als Auditorium der Mediziner, wo auch die damals noch sehr seltenen medizinischen Sektionen vorgenommen wurden. Schorler schrieb über eine solche im Jahre 1614:

»Den 16. Februarii ist ein schäferknecht gehänget worden, welcher desselbigen tages wieder abgenommen und von doctori Johanni Backmeistero in ansehung vieler studenten und andern leuten in Collegio Unicorni ist anathomiret und hernachher begraben worden.«

Die letzte in der Reihe der Regentien hieß Roter Löwe (Domus rubei leonis). Auffallend ist, daß das ganze Haus bis unter den First mit großen Fenstern versehen ist, also offenbar bis unter das Dach für Wohnzwecke genutzt wurde. Der First zeigt den für Rostock typischen kleingetreppten Giebelabschluß. Der Löwe über der Tür ist das Sinnbild der Tapferkeit und Stärke. In dieser Regentie wirkte zeitweilig David Chytraeus, der hier die ärmeren Studenten aufnahm. Er sorgte auch dafür, daß mit Hilfe von Bürgern Rostocks und der mecklenburgischen Herzöge durch Geld und Naturalspenden eine Mensa communis, ein Freitisch für zunächst 50, später waren es noch mehr, minderbemittelte Studenten eingerichtet wurde.

Die Namen der Regentien weisen darauf hin, daß die Gründung der Universität unter dem Einfluß der mittelalterlichen Kirche stand. Adler, Einhorn und Löwe waren nicht nur profane Sinnbilder. In der christlich-religiösen Vorstellung galt der Adler als Attribut des Evangelisten Johannes, das Einhorn als Zeichen der Jungfräulichkeit und der Heiligen Justina, und der Löwe gehörte zum Heiligen Marcus. Das Innere der Regentien bestand in der Regel aus einem großen heizbaren Raum, der für Vorlesungen, Disputierübungen, Versammlungen und gemeinsame Mahlzeiten genutzt wurde. Weiterhin gab es die Wohnung für den Vorsteher, eine große Küche mit Wirtschaftsräumen und mehrere spärlich möblierte Stuben für je zwei bis drei Studenten. Die Anzahl der Regentien, über die die Universität zu dieser Zeit verfügte, ist nicht mehr exakt feststellbar. Es dürften bis zu elf gewesen sein.

Das Lektorium auf dem Hopfenmarkt

Zu den Gebäuden der Universität am Hopfenmarkt gehörte auch das Lektorium, das Auditorium magnum. Es stand inmitten des dreieckigen Platzes, dem einstigen Markt der Neustadt, die sich zwischen 1232 und 1252 gebildet hatte. Seiner Lage nach und einigen späteren Quellen zufolge dürfte es ehemals das Rathaus des Stadtteils gewesen sein. Diese Funktion hatte es jedoch nur bis 1265, dem Jahr, in dem sich die Alt-, Mittel- und Neustadt zu einem Stadtganzen vereinten und der Rat das Rathaus der Mittelstadt am Neuen Markt zu seinem Sitz bestimmte. Danach diente das Gebäude als Wohn- und zum Teil als Lagerhaus. Zur Zeit ihrer Gründung, 1419, ging das Haus von der Stadt an die Universität über. Diese nutzte es vor allem für die Veranstaltung von Disputationen, Doktorpromotionen und Vorlesungen. Daneben war es, wie alle anderen Universitätsgebäude auch, Wohnstatt für Lehrer und Studenten. Der Markt hatte seinen Namen von dem alljährlichen, regen Hopfenhandel erhalten, der in Rostock lange Zeit nur auf diesem Platz stattfand. Die vielen Universitätsgebäude um ihn herum und das akademische Treiben der Gelehrten und Studenten brachten ihm auch noch die Bezeichnung Lateinischer Markt ein.

Schorler zeichnete das Lektorium von der Ost- und Nordseite, indem er letztere in die Fläche klappte und beide Seiten auf eine Grundlinie stellte. Es ist ein typisches Backsteingiebelhaus, das in seinem Kern, vor allem bei den Kellergewölben, wohl auf die Mitte des

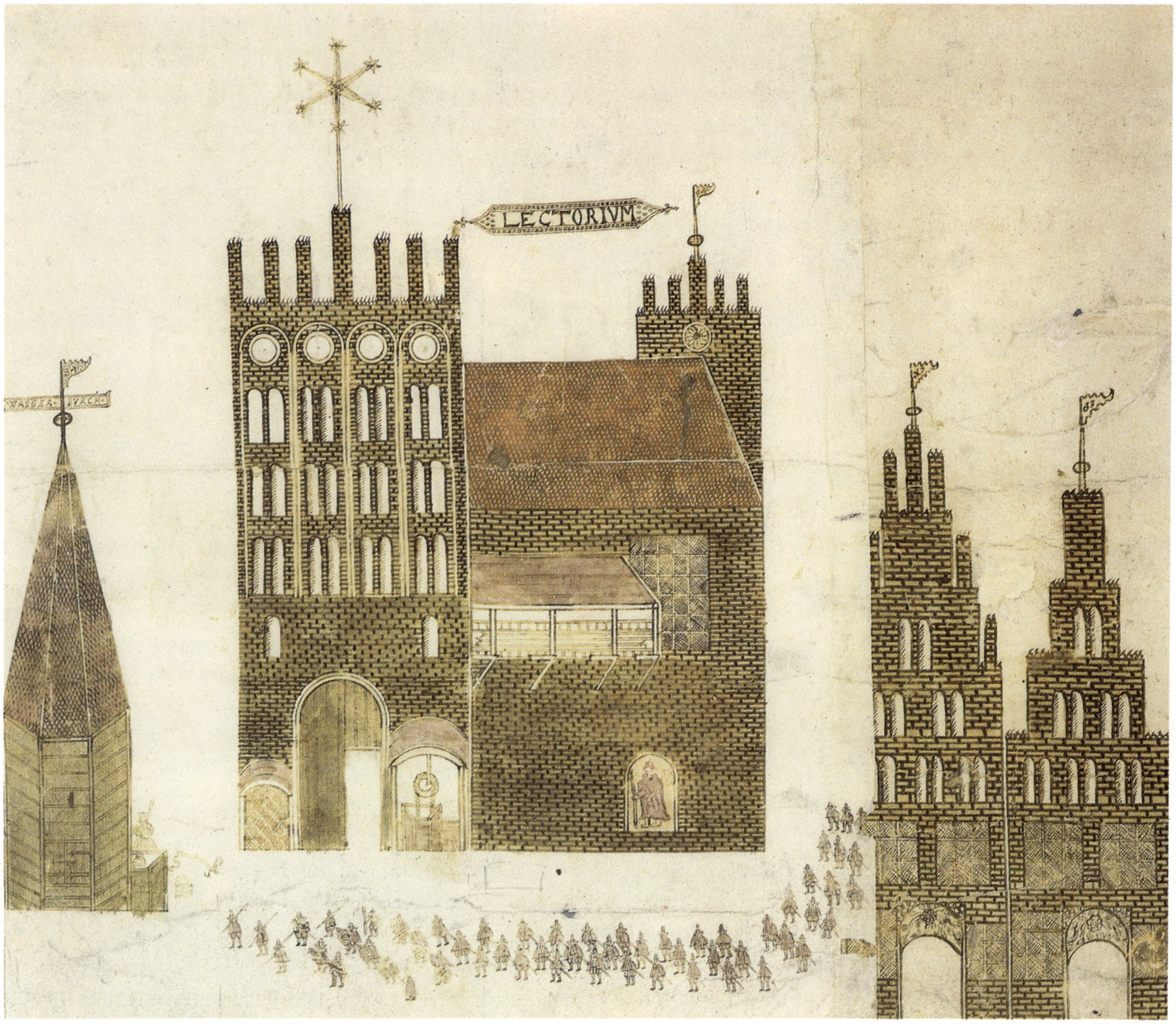
WASSER·
LECTORIVM

13. Jahrhunderts zurückgeht, danach aber baulich verändert wurde. Stattliche Schildgiebel sind den Fronten vorgesetzt und verdecken das Satteldach. Die Portalseite ist besonders repräsentativ gestaltet. Über dem ungegliederten Unterbau mit dem großen Portal reichen vier Blenden bis fast an den waagerechten First, der mit Zinnen und einem großen sechsstrahligen Stern, Symbol des Ruhmes und des Glückes, geschmückt ist. Viele Luken erhellen die drei übereinander liegenden Dachböden. Kreisrosetten schließen die Blenden ab. Die kleine Tür in dem Kellerhalsvorbau links vom Portal führt zu den Wohn- und Lagerkellern. Rechts steht ein Ziehbrunnen, ein Sod, an der Hausfront. Sein Führungsrad und die Förderkette sind zu erkennen. Der rückseitige Giebel ist nur in seinem oberen Teil zu sehen. Er war vermutlich schlichter als der vordere. Eine Kreisrosette, Zinnen und eine Wetterfahne schmücken aber auch ihn.

Die Nordseite hat ein großes Fenster, das sicher dem Auditorium Licht gab. Daneben fällt der frei vorkragende, überdachte, aber sonst offene hölzerne Anbau auf. Nach Schorler diente er der Unterbringung von Leitern und langen mit Haken versehenen Stangen, Gerätschaften, die vermutlich bei der Bekämpfung von Bränden und anderen Katastrophen benutzt wurden. Um ihren Mißbrauch oder gar Diebstahl zu verhindern, lagerten sie so hoch, daß sie nicht ohne weiteres zu erreichen waren. Im Erdgeschoß ist in einer Nische das Abbild eines Mannes mit Stab zu sehen, es handelt sich um den Schutzheiligen des Kirchspiels Jacobus. Die Jacobikirche war nur wenige Schritte von hier entfernt. Über das Innere des Hauses ist wenig bekannt, nur soviel, daß es einen großen Saal, mehrere Stuben und kleine Kammern sowie Kellerwohnungen enthielt. Vor dem Lektorium bewegt sich in Dreierreihe ein festlicher Studentenzug. Voran gehen Hellebardiere und Pikeniere. Es folgen Studenten mit Lauten, Harfen und Gamben. Insgesamt sind es 57 Personen, von denen 51 am Bandelier, einer Art Gürtel, einen Degen tragen. Das für Studenten früher verbotene Fechten war in Mode gekommen, und seit 1560 besaß die Universität einen eigenen Fechtmeister. Das Tragen eines Degens gehörte jetzt zum Ehrenkodex. Fechtspiele kamen auf. Es gab zwar noch keine nach bestimmten Regeln ausgetragenen Duelle, aber spontane Zweikämpfe mit Degen kamen nicht selten vor. Bei einem solchen hatte zum Beispiel der berühmte Astronom Tycho Brahe (1546-1601) während seines Studiums in Rostock einen Teil seiner Nase verloren. Klerus und Bürger beklagten sich oft über die »rauflustige, unerzogene Jugend«. So mancher Student machte mit dem »Finkenbauer« im Rathaus oder dem Universitätskarzer im Weißen Kolleg Bekanntschaft.

Auch die strenge mittelalterliche Kleiderordnung galt zur Zeit Schorlers nicht mehr. Das lange, bis an die Knöchel reichende dunkle Obergewand, das der geistlichen Tracht ähnelte und den Studenten in Rostock den Spottnamen »Halfpapen« eingebracht hatte, ist abgelegt. Jetzt tragen sie die moderne weltliche Kleidung der Renaissance, die Strumpfhosen, das knappe Wams und den kurzen Überrock. Das Brunnenhaus links ist von Schorler zeitgenössisch als »Wasser-Burgk« bezeichnet worden. Eine Frau schöpft gerade Wasser. Hinter ihr liegt die Dracht, eine Schultertrage für Eimer, Bütten und andere Gefäße. Die beiden Häuser rechts stehen ebenfalls am Hopfenmarkt.

Fraterkloster

1582, als Schorler das Fraterhaus zeichnete, war es längst seiner ursprünglichen Bestimmung entfremdet. Ein Teil des langgestreckten Gebäudes – einst Wirkungsstätte der Brüder vom gemeinsamen Leben St. Michael – wurde in den Jahren von 1568 bis 1594 ebenso wie das Johanniskloster von der Universität als Hörsaal für juristische Vorlesungen und für Doktordisputationen genutzt. Der letzte Rektor der Brüder, Heinrich Arsenius, war bis zur Reformation in Rostock 1531 Leiter des Pädagogiums der Artistenfakultät gewesen. Dann mußte er das Amt aufgeben, blieb aber im Fraterhaus wohnen, wo er 1575 starb. Dieser letzte Vertreter des hochangesehenen Laienordens könnte Schorler noch bekannt gewesen sein, sein Tod fällt in dessen Jugendjahre. Bescheiden in der Stille ihres Fraterhauses lebend, hinterließen die Brüder in intensiver und fruchtbarer Arbeit unauslöschliche Spuren kultureller Leistung in Rostock. Sie, die 1462 aus dem Hause Springborn bei Münster gekommen waren, richteten schon wenige Jahre später eine Druckerei ein, 1476 erschien ihr erstes Erzeugnis. Nach Lübeck wurde Rostock durch sie zum zweitältesten Druckort im Norden Deutschlands. Von 1480 bis 1502 entstand dann die Heimstatt der Brüder. Der Baumeister des unge-

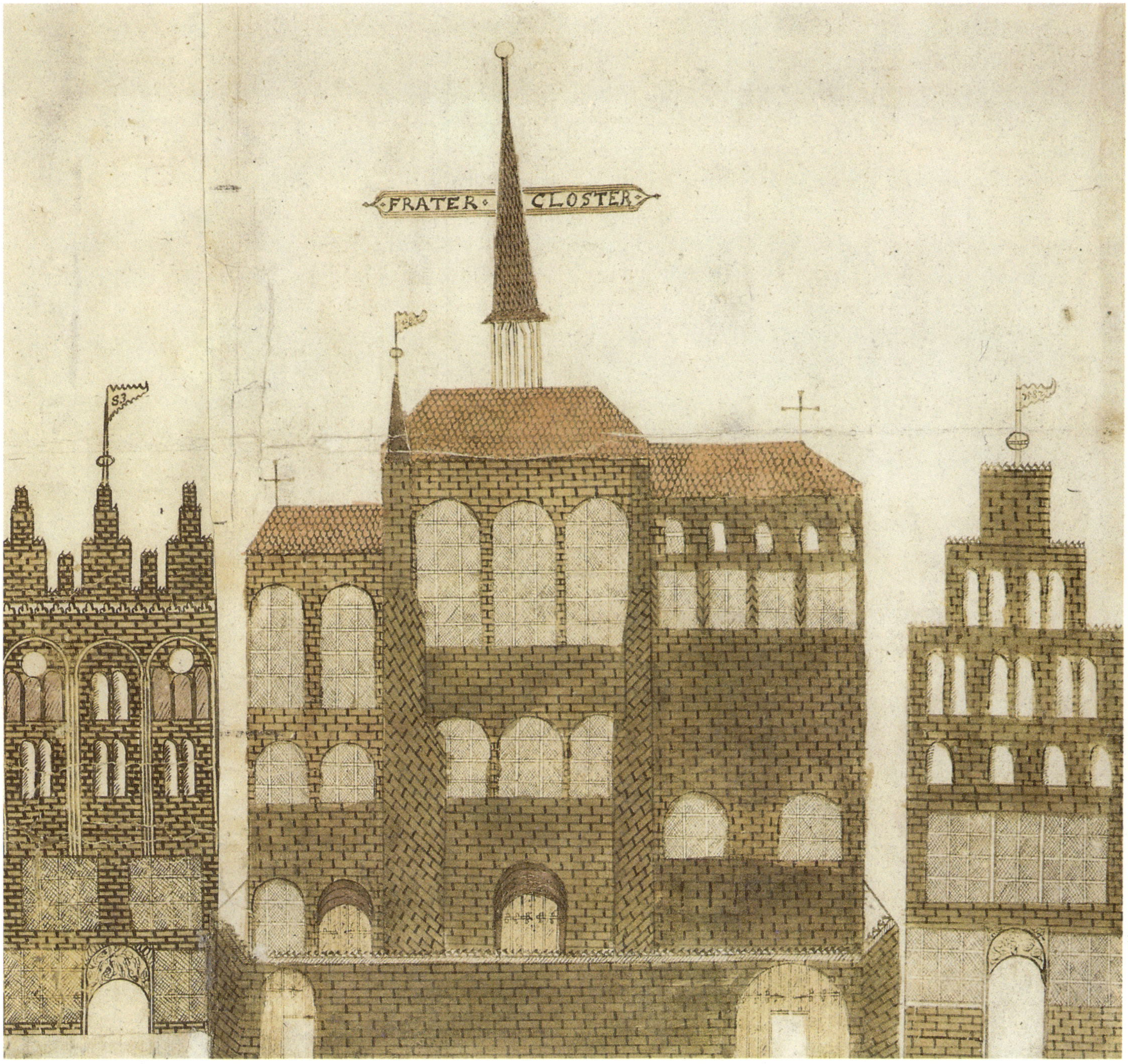
FRATER CLOSTER
83

wöhnlichen Gebäudes, das Bet-, Wohn- und Arbeitsbereich unter einem Dach vereinigte, war Bernd Wartberg. Er führte die plebejische Opposition an und ist am 9. April 1491, zusammen mit seinem Kampfgefährten Hans Runge, hingerichtet worden.

Als 1531 in Rostock die Reformation durchgeführt wurde, blieb das Fraterhaus bestehen, der Rat verpflichtete aber die Brüder, eine deutsche Schule einzurichten. Die Säkularisierungen durch Herzog Ulrich von Mecklenburg im Jahre 1559 bedeuteten das Ende des Laienordens in Rostock. 1594 brannte das Fraterkloster aus. Wie so oft haben wir es Schorler zu danken, daß wir von einem bemerkenswerten Gebäude einen Eindruck gewinnen können, der dem ursprünglichen wohl recht nahe kommt. Denn jahrelang stand es nach dem Brand als Ruine, bis es schließlich wieder hergerichtet und zum Lagerhaus degradiert wurde. Schorler notiert außerdem:

»Anno 1619, den 27. Februarii ist das grobe geschutze der Stadt, das auf dem zimmerhofe gestanden, auf das neu zugerichtete zeug- und kornhaus gebracht worden, welches von dem Fraterkloster gemacht worden.«

Er zeichnet den Baukörper von Norden. Er versucht, das Chorpolygon, den Betraum mit dem Dachreiter, und den Wohn- und Werkstättenteil deutlich herauszuarbeiten. Auch daß dieser Gebäudeteil etwas breiter war als der Kultraum, deutet er an. Die westliche Giebelfront, in der sich der Hauptzugang zum Wohn- und Arbeitsgebäude befand, besaß fünf Reihen kleiner rundbögiger Luken und an der nördlichen Ecke einen halbrunden Stiegenturm. Schorler stellt das Ganze mit einer Mauer umgeben dar.

Doberaner Hof

1585 zeichnete Schorler den stattlichen Gebäudekomplex des Doberaner Hofes. Kurz zuvor – 1584 – war ein viele Jahre beim Reichskammergericht in Speyer zwischen Rostock und den Herzögen von Mecklenburg wegen dieses Hofes anhängiger, die Erbverträge von 1573 und 1584 überdauernder Prozeß zu ungunsten der Stadt entschieden worden. Seitdem 1552 auf Befehl Herzog Johann Albrechts das Kloster Doberan sowie der zu ihm gehörige Rostocker Hof aufgehoben und fürstlich vereinnahmt worden war, hatten sich die Gemüter beider Parteien immer wieder an diesem Streit-

objekt entzündet. Für Rostock bedeutete die Inbesitznahme durch die Landesfürsten ein Schlag, denn es ging um mehr als um einige Wirtschaftsgebäude. Warum also so viel Streit, Geldausgaben, Engagement wegen dieses ehemaligen Klosterhofes? Es ging um eine Reihe von Privilegien, die seit dem 13. Jahrhundert mit dem Hof verbunden waren. Fast dreihundert Jahre war der erstmals 1263 als »Domus monachorum de Doberan« erwähnte Hof Eigentum der Zisterziensermönche von Doberan gewesen. 1280 erlaubte der Bischof von Schwerin den Mönchen, in ihrer städtischen Niederlassung ein Gebäude für den Gottesdienst zu errichten. Weitere Gebäude entstanden. Aus »Klein Doberan«, so wird der Hof 1315 in den Quellen genannt, entstand der »Doberaner Hof«, eine mit allem versehene, gut ausgestattete Wirtschaftseinrichtung des Doberaner Klosters, eine Niederlassung mit wichtigen Privilegien, denn der Hof besaß die Immunität und das Asylrecht. Wer sich als Verfolgter hierher flüchtete, war zunächst dem Zugriff des städtischen Frons entkommen. Von den üblichen Pflichten und Leistungen, die sich mit der bürgerlichen Existenz in der Stadt verbanden, war der Hof befreit, hatte lediglich zum Zahlungstermin Martini im November eines jeden Jahres eine bestimmte, ihn nicht sehr belastende Geldsumme zu zahlen, die die Einnahmen aus dem ihm zugestandenen Recht des Bierschenkens weit übertroffen haben dürften. Gerade dieses Recht war es, das der Stadt so am Herzen lag, wurde hier doch auch »Kniesenack« geschenkt, ein Starkbier aus Gerste, das in Güstrow gebraut wurde. Als der Hof an die Herzöge ging, übertrugen diese den Bewohnern einen Teil der Rechte, darunter das des Bier- und Kniesenackschenkens. Abgesehen von einigen Mißbräuchen beim Schankbetrieb beunruhigten die Stadt die finanziellen Einbußen. Insgesamt bedeutete der nun herzogliche Besitz eine Festigung der fürstlichen Position in Rostock. Das Zeichen der neuen Besitzer, das fünfteilige mecklenburgische von Lukas Cranach geschaffene Wappen, befand sich im Feld über dem Haupteingangstor und wurde von Schorler nicht übersehen. Der ganze Gebäudekomplex des Hofes erstreckte sich zwischen dem Fraterhaus und dem Kloster St. Johannis und war größer, als Schorler ihn darstellen konnte. Vor allem von dem Hauptgebäude mit dem gotischen Zinnengiebel geht der imposante Eindruck des Hofes aus. Die gewaltige Dachhöhe wird durch hohe Schornsteine noch betont. Schorler zeich-

DOBARANISCHE HOFF

net sie in der Draufsicht. Aus der von Hollar geschaffenen Vogelschaudarstellung von Rostock ist ersichtlich, daß der gotische Giebel die Ecke von Buchbinderstraße/Rostocker Heide bildete und von der Rostocker Heide aus betrachtet wird. Auch dieser Eckkomplex des Doberaner Hofes ist von Schorler in einer Fläche wiedergegeben worden, die zwei Teile bildet. Als es in der zweiten Hälfte des 16. Jahrhunderts für die studentische Jugend aufkam, sich in der Fechtkunst unterweisen zu lassen, erteilte ein akademischer Fechtmeister im Doberaner Hof Fechtunterricht.

Giebelhäuser am Hopfenmarkt

Zum Bild des mittelalterlichen Rostock gehörte das in norddeutscher Backsteinarchitektur errichtete Giebelhaus, Querhäuser gab es nur wenige. Schorler überliefert es uns vom großen Kaufmannshaus bis hin zur Bude der kleinen Handwerker und Arbeiter, von der reich geschmückten Schaufront bis hin zum schlichten Backsteingiebel. Wir sehen allerdings nur das äußere Erscheinungsbild. Dieses weist trotz vieler Unterschiede im Detail, wie verschiedenen Giebelarten, eine merkbare typologische Geschlossenheit auf. Es sind alles schmale, hohe, von Vertikalen geprägte Häuser. Ihre Funktion und die damalige Bautechnik bestimmten ihr Ansehen und ihre Struktur. Hinter allen Giebeln existierte ein Raumprogramm, das dem Arbeiten, Wohnen und Lagern gerecht zu werden hatte. Demzufolge entwickelte sich, von kleinen Varianten abgesehen, ein einheitlicher Grundriß. Wenig Platz an den Straßen zwang zu schmalen, aber tiefen Grundstücken. Die Häuser nahmen die gesamte Grundstücksbreite ein. Es waren durchweg Dielen-Giebelhäuser. Eine mächtige, fast das ganze Erdgeschoß einnehmende Diele stellte den Hauptraum dar. Man erreichte sie vom Hauseingang durch einen kleinen Flur, an dem sich links und rechts mit den Fenstern zur Straße das Kontor und eine Stube befanden. In der durch zwei Geschosse reichenden fünf bis sechs Meter hohen Diele war stets eine Küche mit großem Rauchfang abgeteilt, eine Treppe führte zu Stuben und Kammern im Obergeschoß. Durch eine Luke in der Dielendecke gelangten die Waren und Vorräte, die Tonnen, Kisten, Ballen und Säcke mit Hilfe einer Seilwinde in die übereinander liegenden Lagerböden, die das ganze Dachgeschoß ausfüllten. Große Fenster erhellten die Diele von der Hofseite her. Der hintere Teil des Hauses war meistens halbseitig mit einem schmalen Anbau versehen, der Kemlade, die häufig als Altenteil genutzt wurde. Außerdem konnten sich hier Ställe, Schuppen und kleine Gärten befinden.

Die abgebildete Häuserzeile an der Nordseite des Hopfenmarktes läßt den Stilwandel von der Gotik zur Renaissance erkennen. Das linke Haus verkörpert das Typische des neuen Stils für die Rostocker Backsteinarchitektur in besonderer Weise. Den Menschen als das Maß aller Dinge betrachtend, strebte der vermögende Bürger der Renaissancezeit nach öffentlicher Präsentation seiner gesellschaftlichen Stellung und seiner Bildung. Dazu diente ihm auch das Gebäude, in dem er lebte und das er so ganz nach seinem eigenen Willen gestalten konnte. So finden wir bei Schorler reich verzierte Renaissance-Fassaden mit lateinischen Inschriften und Schmuckelementen, die der Antike, ihren Mythen und ihrer Geschichte, entnommen wurden. Neue Häuser entstanden jedoch selten. Die überwiegende Mehrheit erhielt nur ein neues Äußeres. Die mittelalterliche Grundstruktur, der hohe, schmale Giebel, der Grund- wie auch der Umriß des Gebäudes blieben erhalten. Die Fassade aber wurde im Stil der Renaissance mehr oder weniger stark verändert, wie es zum Beispiel die drei linken Häuser erkennen lassen.

Das Haus ganz links stellt teilweise einen Aus- oder Durchbau dar, der 1586 fertiggestellt wurde. Schorler zeichnete es bereits 1584, woraus sich wohl die Unvollständigkeit des Portals erklären läßt. Dem Grundregister zufolge gehörte das Haus dem Theologen und Universitätsprofessor Dr. Johannes Frederus, der zugleich mecklenburgischer Superintendent war. Von dessen Ableben 1604 berichtete Schorler in seiner Chronik. Die Fassade des Hauses ist zwar schmal und hoch, wird aber durch Gesimse und Friese zwischen den Stockwerken horizontal gegliedert. Die drei oberen Friese enthalten lateinische Inschriften. »Domus optima coclum«, »Das beste Haus ist der Himmel«, heißt es im oberen Fries, »Mundus perfidia plenus et invidia«, »Die Welt ist voller Unredlichkeit und Neid«, lautet die Inschrift in der Mitte und »Optime tu nostram Christe tuere Domum«, »Liebster Christus, schütze Du unser Haus«, heißt es darunter. Über dem mittleren Fenster des ersten Stockwerkes stehen die Namen »Johanis Frederus« und »Margar [etha] Chitrae [a]«.

DOMUS·OPTIMA COELUM
MUNDUS PERFIDIA PLENUS ET·INVIDIA
OPTIME·TU·NOSTRAM·CHRISTE·TUERE·DOMUM
EGO·SUM·VIA·VERITAS·ET VITA NEMO·VENI

Die großen Fenster sind von Halbsäulen flankiert. Über dem Portal befindet sich der Salvator Mundi, das Erlöserbild, und darüber ein Fries aus dorischen Metopen und Triglyphen mit Allegorien. Gestalten der griechischen Mythologie flankieren die kleinen Ziergiebel über den Fenstern des Obergeschosses. Die Giebelstufen sind mit Kreisvierteln ausgefüllt und mit Pyramiden verziert. Den Abschluß bildet eine Wetterfahne in Gestalt eines Schwanes. Rechts neben diesem Haus steht ein gotischer Giebel, der in Renaissancemanier zwischen den Geschossen mit drei Kachelfriesen verziert ist. Sie enthalten Passionsdarstellungen sowie ornamentale Schmuckelemente. Im Erdgeschoß ragt rechts ein flacher Vorbau, eine Utlucht, in die Straße. Es ist zu vermuten, daß es sich hier um das Pfarrhaus des Heiligengeisthospitals handelt. Der nun folgende schlichte Stufen- oder Staffelgiebel fällt nur durch seine Inschrift auf. Es ist ein christliches Wort, das Schorler wohl aus Platzmangel nur zum Teil vermerkte: »Ego sum via veritas et vita nemo venit«, »Ich bin der Weg, die Wahrheit und das Leben, niemand kommt« (zum Vater denn durch mich). Links ist auch bei diesem Haus eine Utlucht vorgebaut. Alle drei bisher genannten Häuser haben je zwei Kellerzugänge, die wie üblich zu Lagergewölben und auch Wohnkellern führten.

Die beiden rechten Giebel sind Beispiele für den Rostocker Zinnengiebel, eine nur hier gebräuchliche Sonderform, bei der der Staffelgiebel mit Zinnen, dem Zeichen der Wehrhaftigkeit, besonders eindrucksvoll verziert ist. Die Putzfelder über der Tür enthalten Rankenwerk und die Inschrift: »In deo spes mea 1583«, »In Gott ruht meine Hoffnung«.

Hospital zum Heiligen Geist

Das Hospital zum Heiligen Geist, neben dem Hospital St. Georg die älteste und am längsten existierende Stiftung – vom 13. bis in unser Jahrhundert hinein –, widmete sich der Pflege von Kranken, der Versorgung Armer, Alter, verlassener Kinder und Bedürftiger. Die Hospitäler waren jedoch weder Massenunterkünfte noch Obdachlosenasyle. Deshalb verfügten sie nur über eine beschränkte Aufnahmekapazität. Außer den genannten Hospitälern, von denen St. Georg sich ursprünglich hauptsächlich der Pflege von Aussätzigen annahm und deshalb außerhalb der Stadtmauern vor dem Steintor lag, gab es noch einige andere karitative Einrichtungen, mildtätige Stiftungen, wie beispielsweise die des Bürgermeisters Hans Bröker, der in seinem Testament 1582 das nach ihm benannte Armenhaus am Alten Markt stiftete, oder das als Lazarett bezeichnete Armendomizil am Heringstor. Gegenseitiger Beistand, Hilfe, Pflege, soziale Unterstützung – das alles war Angelegenheit der Familien, der genossenschaftlich organisierten Berufsgruppen, der religiösen Bruderschaften vor der Reformation, der Kirchen, der Klöster, unter denen sich besonders die Franziskanerklöster in ihrem Wirken der christlichen Nächstenliebe bewährten. Dem Menschen des Mittelalters, auch noch zu Schorlers Zeit, stand die tägliche Not von Bettlern, Waisen und Kranken, die ja überall auf den Straßen, dem Markt, vor den Kirchen anzutreffen waren, ständig vor Augen. Deshalb waren diese Schicksale tief im Bewußtsein der Menschen verwurzelt und an die Verpflichtung zur Hilfe gebunden. In Testamenten und Stiftungen wurde es von den Bürgern der Stadt als ungeschriebenes Gesetz erwartet, Hospitälern, Kirchen, Klöstern und anderen sozialtätigen Einrichtungen Geld zur Unterstützung zu vermachen. Gewiß konnten diese Gaben die Not nicht beseitigen, doch sollten sie nicht als gering eingeschätzt werden. In den Hospitälern leisteten Brüder und Schwestern, die sich in Bruderschaften zusammenfanden, die karitative Arbeit. Dafür durften sie das Recht auf Kost und Wohnung im Hospital beanspruchen. Sie waren somit im Besitz einer Präbende, die entweder käuflich erworben oder durch eine Gegenleistung fürs Hospital beansprucht werden konnte. Damit waren dann freie Wohnung und Versorgung, vor allem fürs Alter, abgesichert. Letztlich unterschieden sich die Insassen der Hospitäler nach Präbenern, etwa 20 bis 30 im Durchschnitt, und Armenhäuslern oder Stiftsinsassen. Die Hospitäler wurden von Hofmeistern geleitet. Sie standen unter der Oberaufsicht des Rates. Im Laufe der Zeit verfügten die Hospitäler über umfangreichen Grundbesitz. Dem Hospital zum Heiligen Geist gehörten im 17. Jahrhundert die Dörfer Barnstorf, Bramow, Groß Klein, Bentwisch.

Vicke Schorler zeichnet die Kirche des Hospitals zum Heiligen Geist vom Hopfenmarkt aus. Sie stand an der Südseite des Hospitalterrains, das sich zwischen dem Hopfenmarkt und der Faulen Grube hinzog. Diese schöne fünfschiffige Hospitalkirche brachte ebenso wie andere Kirchen dieses Ordens in ihrer Architektur den

HEILIGE GEIST

Gedanken der Nächstenliebe, Krankenpflege und Versorgung der Armen zum Ausdruck – sollen doch die fünf Schiffe an die fünf Hallen am Teich Bethesda bei Jerusalem erinnern, in dessen Wassern Kranke wundersame Heilung gefunden haben sollen. Außerdem symbolisieren diese Kirchen die Speisung einer vieltausendköpfigen Menge mit fünf Broten durch Jesus Christus.

Das alte Vorbild Bethesda lebte auch in der Wahl des Standortes für die mittelalterlichen Hospitäler fort, sie wurden mit Vorliebe an fließenden Gewässern und in der Nähe des Stadtrandes errichtet. Das Rostocker Heiligen-Geist-Hospital wurde erstmals 1260 urkundlich erwähnt. Aber 1264 zerstörte es der erste große, uns bekannte Stadtbrand. So überliefert uns die Schorlersche Zeichnung nicht das Bild des ersten Hospitals, das in der Altstadt gestanden hatte. Neu entstand es, auch finanziert aus päpstlich gewährten Ablaßgeldern, wenige Jahre später an der Faulen Grube, dem Mittel- und Neustadt trennenden Wasserlauf. Die Hospitalkirche, wie Schorler sie zeichnet, ist von unverkennbar spätgotischem Typus. Weshalb er das fünfachsige Gebäude mit den überdimensionalen verunstaltenden Fenstern ausstattete, ist nicht erklärlich. Fraglich bleibt auch, ob diese Darstellung der Realität entsprochen hat. Vor der Kirche befanden sich Regenbuden, von denen es später sechs gab. In ihnen lebten arme alleinstehende Frauen.

Giebelhäuser am Neuen Markt

An der Südseite des Neuen Marktes stellt uns Schorler ein besonders repräsentatives Gebäudeensemble vor. Es waren ursprünglich drei Giebelhäuser, die um 1550/60 mit Hilfe einer architektonischen und bildkünstlerischen Gestaltung zusammengefaßt wurden. Eine hohe Schildwand, im oberen Teil durch acht Spitzbogenblenden reich gegliedert, vereint zwei der Häuser. Das dritte ist mit einem der für Rostock seltenen Pfeilergiebel versehen, den Wimperge schmücken. Die Grundstruktur der Häuser ist zwar, besonders im oberen Teil, aufstrebend gotisch, die Horizontale wird jedoch stark betont. Das geschieht schon dadurch, daß alle Fenster und Bodenluken durchgehend die gleiche Gesimshöhe haben. Zwei Bildfriese durchziehen die ganze Front. Bemerkenswert ist die gesamte Fassadenmalerei, die in diesem Ausmaß für Rostock einmalig war. Die Toreinfahrt links sowie beide Hauseingänge sind mit gemusterten Bodenplatten gepflastert. Die vier niedrigen Vorbauten stellen hochgezogene Kellerhälse dar, die den Zugang in die Keller ermöglichen. Über dem Tor und den Portalen werden in den Putzfeldern allegorische Figuren sichtbar. Auf dem Fries, der Erd- und Obergeschoß trennt, sind zwischen aufmarschierten, in Reih und Glied stehenden Heeresteilen Szenen eines Kampfgetümmels zu sehen. Das obere Wohngeschoß fällt durch seine besonders großen Fenster auf. Die Mauerfläche zwischen diesen enthält Landsknechtsfiguren. Das mittlere Fenster zieren links das mecklenburgische und rechts das dänische Staatswappen. Der obere Fries zeigt verschiedene Arten höfischer Jagd im Netzgarten. Der Schildgiebel ist durch drei, der Pfeilergiebel durch vier Reihen von paarweise angeordneten Bodenluken durchbrochen, von denen jede in einem Kleeblattbogen mündet. Oben am Schildgiebel sind Sonne und Mond erkennbar. Rankenwerk und zahlreiche Porträts füllen jeden freien Platz aus. Das oberste abschließende Gesims zieren fünf Treppentürmchen nach der Art, wie sie als Firstabschluß beim einfachen Dreiecksgiebel in Rostock üblich waren. Eine Wetterfahne und ein Wetterhahn bilden den Abschluß.

Diese für Rostock einmalige Giebelgestaltung deutet darauf hin, daß es sich um ein besonderes Gebäude handelte. Es war, wie die Quellen besagen, eine Fürstenherberge. In Rostock gab es ja keine herzogliche Residenz, so daß die Landesherren wie auch andere hochgestellte Besucher bei ihrer Anwesenheit in der Stadt auf ein ihnen angemessenes Quartier angewiesen waren.

Aus Schorlers Chronik erfahren wir, daß die Häuser Stephan Gerdes gehörten, einem reichen Kaufmann, aus dessen weitläufiger Familie auch Ratsherren und Bürgermeister hervorgingen. Vom 26. bis 28. August 1605 hielt sich Herzog Karl von Mecklenburg zur Erbhuldigung in Rostock auf und danach, so notierte Schorler,

»ist der fürst und Ein Ehrbarer Rath zusammen kommen in herrn Stephan Gerdes haus und tafel gehalten und sich frolich gemachet. Es haben auch die studiosi sich auf den abendt mit einer herlichen music vor seiner fürstlichen gnaden losier vornehmen lassen, welches dem fürsten sehr wohl gefallen und den studiosi eine statliche verehrung gethan. Den 28. Augustii nach mittag wieder abgezogen nach Doberan.«

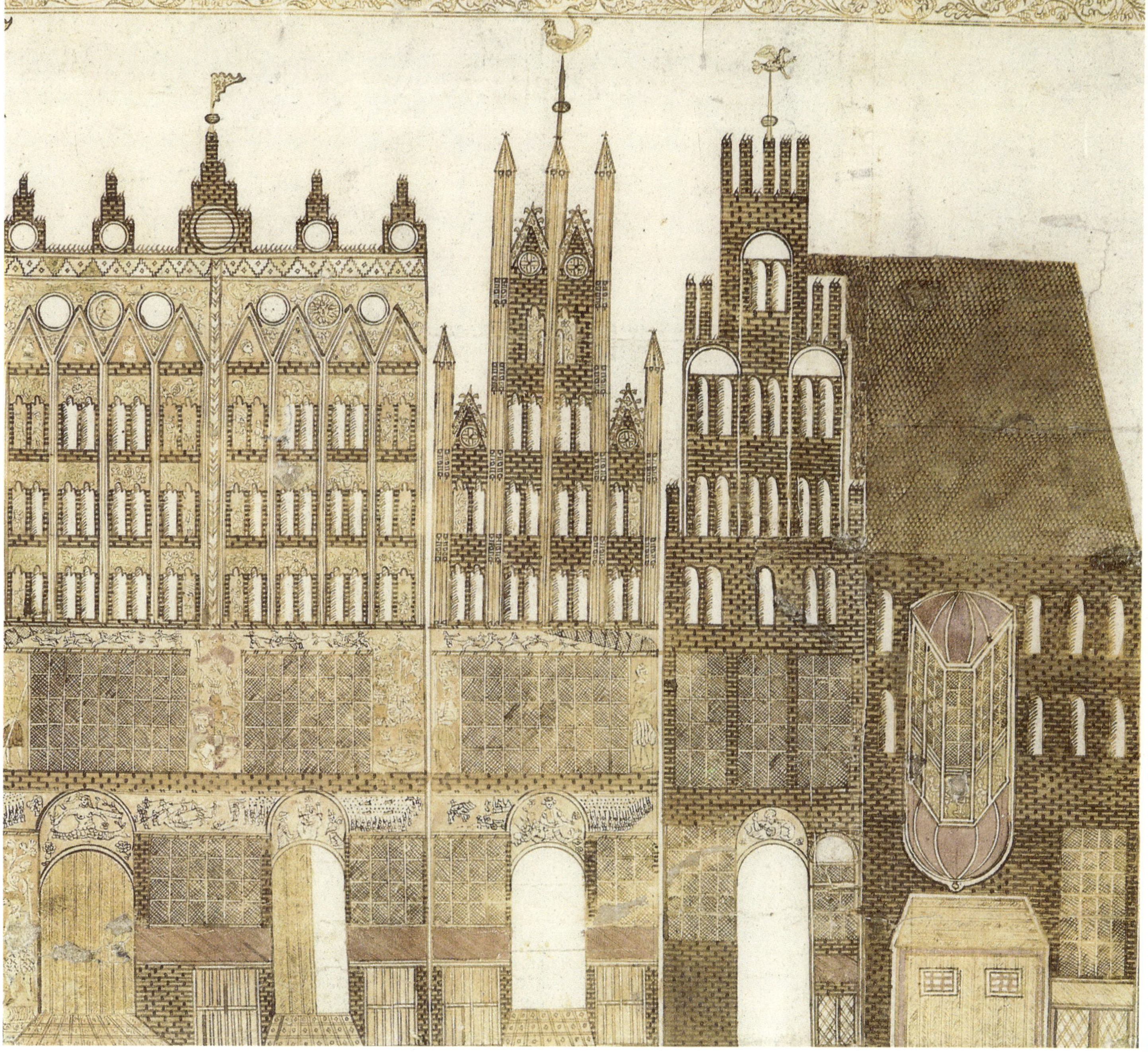

76

Daß aber auch ein anderes Quartier bezogen wurde, bezeugt eine Eintragung für das Jahr 1616:

»Den 11. Januarii ist hertzogk Hans Albrecht von Mecklenburg in die stadt Rostock kommen und eine nacht darin verharret und sein losier gehabt in Jürgen Röselers hause am markte, den 12. Januarii nach mittag ist er wieder aus Rostock gezogen nach Ribbenitz auf die jagt«.

Der Kaufmann Jürgen Röseler gehörte zu jenen Bürgern, die in der Rostocker Heide auf die Jagd gingen. Sicher war es die gemeinsame Jagdpassion, die den Herzog in dieses Haus führte. 1618 erfahren wir für den 26. Juni, daß eine niederländische Gesandtschaft, vom Hansetag in Lübeck kommend, Rostock besuchte und in »Herrn Stephan Gerdes wittiben hause« wohnte. Schließlich sei noch einmal ein herzoglicher Besuch zitiert:

»Anno 1619 den 24. Maii war den Montag nach Trinitatis, im pfingstmarckte, ist unser gnediger fürst und herr, hertzogk Hans Albrecht, mit seiner gemahlin, der Landgrävin zu Hessen, in die stadt Rostock den jahrmarckt zu besehen eingezogen und in herrn Stephan Gerdes hause seine losierung gehabt und den 26. nach mittag wieder nach Schwaan gezogen«.

Aus den fast ständigen Quartiernahmen der herzoglichen Familien in diesem Haus erklären sich auch das mecklenburgische und das dänische Wappen an der Straßenfront, denn Elisabeth, die Gemahlin Herzog Ulrichs, der seine Residenz in Güstrow hatte, war eine dänische Prinzessin.

Das Giebelhaus an der rechten Seite stand an der Ecke Neuer Markt/Steinstraße. Es befand sich also in Wirklichkeit nicht rechts, sondern links von dem Fürstenlogis. Schorler zeichnete auch hier seitenverkehrt. Der Zinnengiebel am Markt ist schlicht gehalten. Im Feld über der Tür erscheint das Brustbild eines Mannes. Die Seite zur Steinstraße ziert ein großer Erker. Darunter steht ein Budenanbau, nebenan befinden sich Zugänge zu den Kellern. An dieser Stelle sei darauf verwiesen, daß es im mittelalterlichen Rostock drei Kategorien von Wohnungen gab: das Haus, die Bude, den Keller. Schorler nennt sie immer wieder in seiner Chronik. So berichtet er vom Brand in einem Haus oder einer Bude. Die Begriffsinhalte sind für ihn klar, und er verwendet sie entsprechend. Als Haus bezeichnete man das stattliche Giebelhaus mit einer Straßenfront von acht bis zehn Metern Breite. Unter Bude war das kleine, schmale Giebelhaus mit einer Frontbreite von sechs bis sieben Metern oder das an größere Gebäude angebaute niedrige Traufenhaus mit Pultdach zu verstehen. Die Räumlichkeiten solcher Buden bestanden aus Wohnraum, Alkoven, Diele oder Flur, einer Herdecke im Erdgeschoß und – soweit vorhanden – aus Stube und Kammer im Obergeschoß.

Weiter gab es die Kellerbude, eine auf einen Kellerzugang auf der Straße aufgemauerte, halb in der Erde liegende Behausung. Bei den Kellern handelte es sich um heizbare Wohnkeller, auch Dönskeller genannt. Da Schorler nicht maßstäblich zeichnete, lassen sich Hausbuden nur vermuten. Wir sehen sie vor allem im Bereich am Strand.

St. Johannis

Schorler zeichnet von diesem vor der Reformation größten und bedeutendsten der Rostocker Klöster wie auch von den Klöstern zum Heiligen Kreuz und St. Katharinen nur die Kirche als dominierendes Bauwerk. St. Johannis – schon 1256 nachweisbar – war ein durch zahlreiche Schenkungen reich gewordenes Kloster und galt als Stätte, an der Wissenschaft und Kultur gepflegt wurden. Die Johanniskirche zierten viele Kunstwerke, darunter befand sich der kostbare Dreikönigsaltar. Das Kloster besaß eine wertvolle Bibliothek. Dominikaner lehrten als Professoren an der Universität. 1531 erlebte das Kloster die Reformation unter dem Prior Cornelius van Sneek, einem in verantwortungsvollen Funktionen für den Orden tätigen Mann, Ketzermeister und einer der leidenschaftlichsten Gegner der Reformation. Er verließ 1533 Rostock und starb bald darauf, andere Dominikanermönche blieben, obwohl sie weder ihre Ordenstracht tragen noch katholischen Gottesdienst abhalten durften. In den siebziger Jahren, als Schorler die Arbeit an der »Abcontrafactur« begann, starb der letzte hiesige Dominikaner. Ein großer Teil der Klostergebäude stand seit 1566 nicht mehr. Die Bestrafung der Stadt durch die siegreichen Herzöge geschah u. a. durch einen zerstörerischen Eingriff seitens Herzog Johann Albrechts, der neben dem Steintor und einem Teil der Stadtmauer auch Gebäude des benachbarten Klosters abreißen ließ, um die Steine für den beabsichtigten Festungsbau vor dem Steintor zu verwenden. In den verbliebenen Gebäuden waren die Klosterbibliothek, die Schule, ein Mittagstisch für Studenten und der Versammlungsraum des Geistlichen Ministeriums

E VND HENSESTADT

S·IOHANNES·KIRCH

untergebracht. St. Johannis blieb dennoch mit Lehre und Bildung verbunden. 1534 wurden hier die bisherigen Kirchspielschulen zu einer allgemeinen Stadtschule vereinigt, ein entscheidendes Ereignis in der Entwicklung des Rostocker Schulwesens. 1580 erfolgte die Einrichtung der Großen Stadtschule, einer Lateinschule. Ihr erster Rektor war Nathan Chytraeus, Bruder des berühmten Gelehrten David Chytraeus.

Das Geistliche Ministerium wurde seit 1573 nach den Bestimmungen des Erbvertrages zwischen der Stadt und den Herzögen gebildet. Es vereinigte unter einem Superintendenten als Direktor die Rostocker Geistlichen als leitendes Organ in religiösen Angelegenheiten. Von 1589 bis 1613 stand Oswald Schlee (Sledanus) dem Ministerium vor. Sein Sohn Christian Schlee, Professor der Theologie, widmete sich dramatischen Aufführungen. So berichtet Schorler, am 7., 11. und 12. Juni 1605 habe Magister Christian Schlee eine Komödie von Susanna in der St. Johanniskirche aufführen lassen. Ende des 16. und in den ersten Jahrzehnten des 17. Jahrhunderts wurden derartige zur Belehrung und Erbauung geschriebene Stücke gern in der Johanniskirche aufgeführt. Sie führten mitunter zu heftigen Tumulten, Schorler berichtet:

»1620, den 2. Martii und welche tage hernach haben die studiosi eine comedia vom Jacob, wie er zu seinem sohn Joseph in Egypten gezogen, in Sanct Johanniskirche agirt, darüber die kirche und die gestühle darin also zugericht worden, das nicht leicht mehr comedien zu agiren werden zugelassen und vergönnt werden.«

Diese den Schulkomödien und Fastnachtspielen verwandten Stücke – sie wurden zur Fastnachtzeit und zum Pfingstmarkt gespielt – setzten die seit Beginn des 16. Jahrhunderts in Rostock zu beobachtende Tradition dramatischer Spektakel fort. In den ersten Jahrzehnten des 17. Jahrhunderts kamen dann englische Berufsschauspieler in die Stadt, in der zweiten Hälfte jenes Jahrhunderts auch deutsche Truppen. Das Geistliche Ministerium wachte streng über jede »mögliche Verderbnis« der Sitten durch diese Theateraufführungen.

Vicke Schorler zeichnete die Johanniskirche zu Beginn der achtziger Jahre. Vermutlich hatte er damals noch nicht die enge persönliche Beziehung zu St. Johannis wie in späteren Jahren, als seine Schwiegereltern und seine Frau hier beerdigt waren und er der Landfahrer-Krämerkompanie angehörte, deren Zentrum St. Johannis war. Die lange Zeit geschlossene Kirche wurde 1578 nach gründlicher Renovierung wieder für den Gottesdienst genutzt und war den Rostockern zugänglich. Wir nehmen an, daß hier die tief wirkende Begegnung des jungen Schorler mit dem berühmten Dreikönigsaltar erfolgte, die ihn zu eigenem Gestalten angeregt haben mag.

Die Klosterkirche war weit größer als Schorler sie zeichnete, ihr Chor – niedriger als die Halle – reichte bis nahe an die Steinstraße heran (auch hier ist zu beachten, daß die von Süden gesehene Kirche den Chor rechts zeigen müßte). Unter einem kleinen Schutzdach sehen wir am Chor eine Kreuzigungsgruppe, auch »Kalvarienberg« genannt, die noch aus vorreformatorischer Zeit stammte. Der Dachreiter befand sich nicht in der Mitte des Satteldaches, das die dreischiffige Halle deckte, sondern am Ende. Weil Schorler das Schiff verkürzte, zwang ihn wohl sein Gefühl für Proportionen dazu, den Dachreiter in die Mitte zu setzen. Aus den Steinen der an der Steinstraße eingestürzten Friedhofsmauer von St. Johannis entstand das Rostocker Ballhaus. Um Studenten und jungen Bürgern die Möglichkeit zu den in vielen europäischen Städten beliebt gewordenen Ballspielen – eine Art Tennis – in eigens dafür errichteten Ballhäusern zu schaffen, ergreift Abraham de Capella die Initiative. Schorler berichtet:

»Anno 1623, den 17. Septembris ist durch einen frembden man, ein Franzos oder Schotte, ein ballhaus vor dem schieswall zu bauen angefangen worden, von welchem fast die gantze seiten nach dem südenwerts die kirchmauer an St. Johanniskirchofe ist niedergebrochen [...]

Dieser Versuch scheiterte, erst 1624 war das Ballhaus fertig und konnte unter seinem ersten Ballmeister Johann Küper von den Rostockern genutzt werden.

Das Steintor

Das Steintor war eines der sieben Landtore, die Rostock zur Zeit Schorlers neben 13 Strand- und 2 Bruchtoren in seinem Mauerring besaß. Unter all denen gehörte es neben dem Kröpeliner Tor zu den wichtigsten, vermittelte es doch den gesamten Verkehr mit dem Süden in Richtung Schwaan, Bützow und Güstrow bis nach Schwerin. Außer den Reisenden passierten es die Bürger, um in ihre Gärten und auf die Wiesen vor dem Tor zu gelangen.

80

Auch mancher Straftäter verließ auf seinem letzten Gang durch dieses Tor die Stadt. Über die Richtstätte vor dem Steintor vermerkte Schorler am 12. Juli 1621, daß

»bei der Reipfschlägerbahn angefangen worden, ein gerichtsbergk in die höhe zu machen, darauf die missethäter mit dem schwerdt auf selben gerichtet worden.«

Der Steintor-Neubau, um den es sich hier handelt, entstand in den Jahren 1574 bis 1577 nach den dramatischen Auseinandersetzungen der Stadt mit den mecklenburgischen Herzögen, die das alte 1270 erbaute Tor 1566 hatten schleifen lassen. Das war eine Zeit, in der der Schutz vor Feuerwaffen längst nicht allein auf Türmen und Toren im Mauerring lag. Vorgelagerte Wälle, Gräben und Bastionen verstärkten in vielen Städten die Befestigungsanlagen. So auch in Rostock. Hier gehörte das Steintorgebiet seit jeher zu den Schwerpunkten der Verteidigung. Daher hatten Rat und Gemeinde bereits in den Jahren 1526 bis 1532 einen mächtigen Wehrturm mit über sechs Meter dicken Mauern, Zwinger genannt, vor dem alten Steintor errichten lassen. Seine Existenz sollte sich auf den Neubau auswirken. Man errichtete ihn zwar groß und wuchtig, aber nicht mehr so hoch wie den Vorgängerbau. Der Verteidigungswert des neuen Steintores war gegenüber dem Zwinger relativ gering, aber zusammen mit ihm und den anderen Wehranlagen wie Vortor, Wall, Graben und Zingel von großer Bedeutung. Schorler nahm Veränderungen in diesem Bereich interessiert zur Kenntnis und notierte für den 29. April 1611, daß

»[...] die neue gemauerte brücke vor dem Steintor zu bauen angefangen [...] und vor dem winter noch fertig worden, das man darüber hat aus und ein fahren und gehen können. Zum gebeude dieser brücken haben die bürger zweimal von dem hause zu jeder zeit drei gulden contribuiren müssen und von den buden den halben und kellern den vierden theil.«

Diese Mitteilung ist besonders interessant, weil sie nicht nur auf die materielle Beteiligung der Bürger an Verkehrs- und Verteidigungsbauten der Stadt, sondern anhand der unterschiedlichen Besteuerung von Häusern, Buden und Kellern auch auf ihre soziale Differenzierung aufmerksam macht. Den weiteren Ausbau der Steintoranlage betreffend notierte Schorler unter dem 13. April 1618:

»[...] ist das eusserste thor bei dem Rosengarten vor dem Steinthor zu bauen angefangen und ist den 9. Maii gefertiget worden, den vor diesem hatte daselbst kein thor gestanden, sondern es war nur ein holtzener schlagkbaum daselbst hingesetzt.«

Schließlich vermerkte er am 30. Oktober 1623 die Beseitigung eines nicht seltenen Sturmschadens, daß

»der thurm auf dem Steinthor, welcher von dem donnerwetter beschedigt worden, mit schieferstein zu beschlagen gefertiget worden, daran der schieferdecker fast den gantzen sommer die stellung drümhehr gehat, aber nicht alle wege dran gearbeitet.«

Die äußere Gestaltung des Steintores entsprach ganz dem Stil der Zeit. Die fast schmucklose Feldseite, aus rohen Ziegeln gebaut, wirkte mit Schießscharten und Fallgitter nach außen sehr wehrhaft. Ihr Repräsentationsbedürfnis brachten die Reichen und Mächtigen des Rates auf der Stadtseite zur Geltung. Damit verbanden sich hier – wie auch beim Kröpeliner Tor – Wehrhaftigkeit und Repräsentation miteinander. Diese Fassade, die Schorler zeichnete, zieren Elemente der niederländischen Backsteinrenaissance. Zu erkennen ist auch der Sockel aus Feldsteinen. Neben der einschiffigen Durchfahrt sind links und rechts Doppelpilaster angebracht. Die Front über der Tordurchfahrt schmückt eine sich über die ganze Breite des Gebäudes ausdehnende Ädikula. Von dieser war Schorler so beeindruckt, daß er sie sehr detailliert mit Wappen und lesbaren Inschriften ins Bild brachte und dabei das beidseitig noch vorhandene Mauerwerk ignorierte. Die drei von Löwen flankierten Wappen stellen von links nach rechts den mecklenburgischen Stierkopf, den schreitenden Rostocker Greif im dreigeteilten Schild und den steigenden Greif dar. Sie entsprechen, wenn auch farblich und zeichnerisch ungenau, den drei Siegeln, die die Stadt bis ins 17. Jahrhundert einträchtig nebeneinander gebrauchte: das große Stadtsiegel, das hansische Signet und das Sekretsiegel. Erstmalig erschien in Rostock an diesem Tor heraldischer Schmuck – mit den beiden Löwen als Schildhalter, dem Wappenhelm und den zehn bunten Fähnchen.

Zu den Elementen der Gestaltung gehören auch die Inschriften. Sie lauten in den beiden Kartuschen: links »Wer Godt vertrawt hat wohl gebawt« und rechts »Durch stilsein und hoffen werdet ihr sterck«. Die große Inschrift, die die ganze Breite der Ädikula beansprucht, ist dem städtischen Frieden gewidmet. Schorler überliefert sie mit den Worten: »Dominus confortet seras portarum et benedicat [...] Filiis tuis intra te concordia, publica felicitas perpetua.« Die darunter befindlichen Zeilen »Gemeiner Fried ein schoner stand, dadurch erhelt man stadt und land« wurden vermutlich von Schorler in seine Abbildung zusätzlich eingefügt. Die Zahl 15 // 76 links und rechts einer Männerbüste im Dreiecksgiebel ist die einzige Jahresangabe in der gesamten Bildrolle, die auf eine Bauzeit hinweist. Diese Jahreszahl und die Ausführlichkeit, mit der Schorler das Steintor zeichnet, lassen erkennen, wie sehr ihn dieser Renaissancebau beeindruckte. Der mächtige zweiteilige Turmhelm über dem mit drei kleinen Giebeln geschmückten Hauptgesims war um 1582, diese Jahreszahl steht in der Windfahne, unten mit Ziegeln und oben anscheinend mit Schindeln gedeckt. Auf die spätere Eindeckung mit Schiefer verwies Schorler, wie schon erwähnt, in seiner Chronik.

Der Torturm enthielt im Erdgeschoß Stuben für die Wache und den Torschreiber. Hinzu kam die Zollbude. Im ersten Obergeschoß befanden sich Geschützkammern sowie die Türen zu den Wehrgängen und im zweiten einige Gefängniszellen.

Die Bauleute, die für den Steintor-Neubau verantwortlich waren, lassen sich – für das 16. Jahrhundert in Rostock noch eine Seltenheit – exakt nachweisen: Archivquellen wie die Rechnungsbücher der Kämmerei vermerken den Baumeister Antonius Wahrholt, den Bildhauer Hans Borgloh, den Meister der Zimmerleute Hinrich Kate und den für die Erdarbeiten zuständigen Wallmeister Otto. Die beiden Wohnhäuser standen an der Ostseite der Steinstraße.

Auf dem Neuen Markt

Der Neue Markt, von alters her auch Mittelmarkt und manchmal Großer Markt genannt, war der zentrale Schauplatz hansestädtischen Lebens. Umgeben von prächtigen Bürgerhäusern, dem Rathaus und der benachbarten Marienkirche, stellte er den imposantesten Platz Rostocks dar. Er diente unterschiedlichen kommunalen Zwecken: Hier standen die Bürger und Einwohner, wenn sie sich die Bursprake des Rates anhörten, drängte sich die Menge am Gerichtstag um Richterbank und Kaak, traf man sich mit Kind und Kegel, um an den Vergnügungen des alljährlich seit 1390 stattfindenden Pfingstmarktes teilzuhaben. Sieben Straßen führten auf den Marktplatz, dessen Pflasterung seit 1423 nachweisbar ist.

Schorler vermittelt uns das Bild eines gewöhnlichen Markttages mit seinem geschäftigen Treiben. Haken, Krämer, Handwerker und Landleute bieten ihre Waren an. Ein Pferdegespann mit Sprossenwagen bringt landwirtschaftliche Produkte, Schweine werden zu Markte getrieben und ganze Speckseiten herangeschafft. Im Vordergrund bespringt ein Eber gerade eine Sau. In großen Rahmengestellen hängen gedörrte Fische. Links daneben werden Steinkrüge, Stielpfannen und die in dieser Gegend so beliebten Grapen feilgeboten. Das waren kugelförmige Metalltöpfe mit zwei Henkeln und drei Füßen zum Aufstellen im Herdfeuer. In ihnen wurde der begehrte »Grapenbraden«, ein gesottenes Fleischgericht, zubereitet. Hinter dem Kaak bietet ein Pantoffler Holzschuhe an, und auf einem Tisch liegen ein Hut, Schnallen sowie andere Tand- und Kurzwaren. Ganz rechts im Bild zerkleinert ein Knochenhauer die von Kütern geschlachteten und in größeren Teilen gelieferten Tiere. Darüber geht ein Rattenfänger auf den Wasserborn zu. Er wirbt auf derb-komische Art für sein Gewerbe. Auf seinem Kopf sitzt eine vermutlich gezähmte Ratte. An der Stange über seiner Schulter hängen am Schwanz aufgeknüpfte erlegte Ratten, und auf einer als Werbeplakat dienenden Fahne ist ebenfalls ein solches Tier zu sehen. Kinder sind von diesem Aufzug angelockt und laufen hinterher. Mit Stöcken werden streunende, aufdringliche Hunde und Katzen von den Fleisch- und Fischständen vertrieben.

Man hat daran zu denken, daß über alles Treiben der Marktvogt wachte und seines Amtes waltete. Im Auftrage des Rates hatte er vor allem den Marktfrieden, den Schutz der Käufer vor schlechter Ware, vor falschem Maß und Gewicht zu sichern.

Rechts im Bild steht der Mittelstädter Born. Er befand sich in der Nähe der noch heute vorhandenen Ratsapotheke. Schorler zeichnete ihn, wie auch den Kaak und das Markttreiben, von der Einmündung der Blutstraße aus (Kröpeliner Straße) mit Blickrichtung auf die Steinstraße. Der Born erhielt sein Wasser durch hölzerne Rohrleitungen, die »Pipen«. Das unter Gefälledruck stehende Wasser floß aus südlich der Stadt gelegenen Teichen in den Born. Hier wurde es geschöpft oder durch weitere »Pipen« und »Dweerpipen« in einzelne Straßen zu den »Posten«, den Pumpen, geleitet. Der Brunnen war ziemlich groß. Sein Durchmesser betrug knapp 5 Meter, seine Tiefe etwa 2,4 Meter. Das von Schorler gezeichnete Brunnenhaus schützte ihn vor Verunreinigung. Wir sehen Frauen am Born und ein Pferdegespann mit Wasserschlitten. Das war eine Möglichkeit, mit Tonnen und Kübeln das Wasser in die

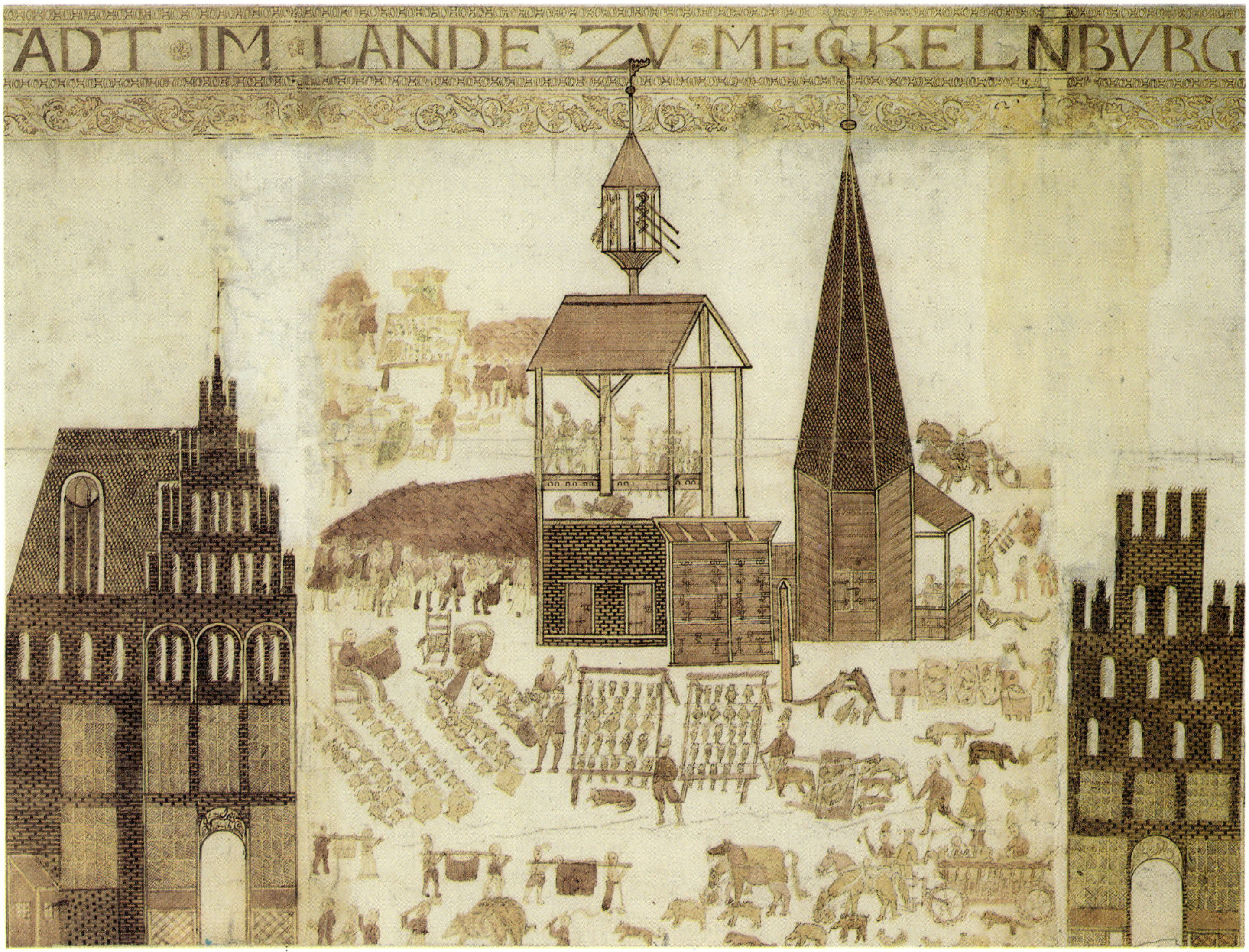
ADT IM LANDE ZV MECKELNBVRG

Haushalte zu schaffen. Die Errichtung, Nutzung und Wartung der Borne lag in der Hand von Borngesellschaften. Borne waren lebenswichtig; und so berichtet Schorler in seiner Chronik über ihre Erneuerungen:

»Anno 1619 den 9. Septembris hat die neue wasserkunst erstmals auf dem marckte wasser geben.«

Und für das Jahr 1623 teilt er mit:

»den 16. Junii ist der neue wasserkuhm zum dem neuen wasser welches ist aus der Oberwarnow bis dahin geleitet, auf dem Mittelmarckte bei dem pranger aufzubauen angefangen und über drei monat hernach vorfertiget worden.«

Außer dem Rabenstein – hier wurden Verurteilte enthauptet – und dem Galgen gab es eine weitere, häufiger benutzte Stätte des Strafvollzugs, den Kaak oder Pranger. Der Fronmeister ahndete dort leichtere Vergehen. Der Pranger stand in der Nähe des Rathauses. Sein steinerner Unterbau enthielt vermutlich Zellen, in denen die Missetäter bis zur Vollstreckung des Urteils warten mußten. Auf dem über Stufen zu erreichenden Podium, Schauplatz der Bestrafung, wird gerade eine am Pfahl stehende Frau »gestrichen«. Ihr werden mit Ruten Hiebe versetzt, es konnten zehn, zwanzig oder mehr sein. Einige Übeltäter stecken in Fußeisen, den »Stöcken«, und sind der öffentlichen Verhöhnung preisgegeben. Viel Volk hat sich versammelt, um dem nervenkitzelnden Schauspiel zuzusehen, das gleichzeitig andere ermahnen sollte. Das Dach des Kaaks krönt eine Laterne. Schwerter und Ketten als Zeichen der vollen städtischen Gerichtsbarkeit – Rostock besaß sie seit 1358 – ragen aus ihr heraus.

Nach der Rostocker Polizeiordnung von 1576 sollte entsprechend den Rechtsnormen der Stadt, den »Willküren«, und der kaiserlichen Halsgerichtsordnung gestraft werden. Gemeint ist die Constitutio Criminalis Carolina Kaiser Karls V. von 1532, die als Strafgesetzbuch in allen Reichslanden, allerdings mit Einschränkungen, galt. Am Pranger wurden vor allem Fluchen und Lästern, Diebstahl und Hehlerei, Huren und Kuppelei sowie Delikte in Handel und Gewerbe bestraft. Für den Berufsstand Schorlers zum Beispiel enthält die genannte Rostocker Polizeiordnung folgende Bestimmung:

»Dan es sollen alle kramer ihre kramwahren bey guten ellen und unstrafbaren gewichten verkaufen, auch sollen die wahren dermassen geschaffen sein, das sie keiner mit billigkeit tadlen noch strafen müge. Thete jemand aber hiewider, demselbigen sollen die ellen und gewichte genommen, an den pranger genagelt und er dazu in ernste strafe genommen werden.«

Über andere Vergehen und deren Betrafung berichtet uns Schorler, der mehrfach das Geschehen notierte.

»Anno 1608 ist der kaak oder pranger auf dem marckte neu mit steinen aufgebauet worden und ist den 2. Dezembris, nachdem er gefertiget, ein junge erstmals daran gestrichen worden, mit namen Hans Rosenthal, ein Rostocker kindt.«

Für das Jahr 1614 erwähnt er nochmals den Bau eines neuen Prangers – 1618 berichtet er von zwei Fällen:

»den 20. Julii ist ein weib am kack gestrichen worden, welches die beiden jungen, die den 6. Julii auf dem finkenblocke gestrichen worden, aufgehalten und ihnen ihre dieberei gestercket und was sie also gestolen ihnen verkaufet. Darnach ist sie zum Steinthor hinaus gebracht und der stadt verwiesen worden. [...] den 30. Julii ist ein weib am kack gestrichen worden, hurerei halber, so sie mit etlichen ehemännern getrieben, und verwiesen worden.«

Schließlich sei noch eine Eintragung von 1620 erwähnt, in der es heißt:

»den 24. Aprilis ist ein albern pauerknecht, welcher aber pferde gestohlen, gestrichen und der stadt verweiset worden.«

Solche, aber auch härtere Strafen wie Abschneiden von Ohr oder Zunge, Finger- oder Handabhacken trafen vor allem die ärmeren Menschen, während die Vermögenden, wenn sie sich gegen Recht und Ordnung vergangen hatten, nachweislich mit leichteren Bußen rechnen konnten.

Bei dem roten Pfahl zwischen Kaak und Born kann es sich um den alten Finkenblock gehandelt haben, an dem zu Schorlers Zeit allerdings selten gestraft wurde. Ein solcher Fall aus dem Jahre 1618 sei zum Abschluß zitiert:

»den 6. Julii, auf einen Montagk, seint zwei kleine jungens ungefehr von zehen jahren auf dem finkenblocke gesteupfet worden, welches vor diesen in langen vielen jahren nicht war geschehen, derowegen ein grosser zulauf von volcke gewesen. Dies kleinen jungens hatten nach ihrer grösse viele diebstäele begangen, von silbern leffeln, zinnern und kupfern gefässen aus den heusern, leinen [...], den leuten die gewaschen, vor den thüren weggenommen und sonsten viele kleines dinges genommen, die nach ihrer empfangenen strafe zum Mühlenthor hinaus verweiset worden seien.«

Das Giebelhaus links im Bild stand an der Ostseite der Steinstraße, Ecke Neuer Markt. Seitlich ist eine Bude angebaut. Auffallend ist der hohe Schornstein. Das rechte Haus befand sich ebenfalls am Markt, Ecke Wasserstraße.

Das Rathaus

Einen vorrangigen Platz unter den repräsentativen Profanbauten der mittelalterlichen Stadt nahmen die Rathäuser ein. Sie waren Wahrzeichen städtischer Selbstregierung und städtebürgerlichen Wohlstandes. Das Rostocker Rathaus ist dafür ein typisches Beispiel. Schorler zeichnete es neben den Kirchen als das dominierende Gebäude der Stadt. Er erreichte diesen Eindruck durch die Verwendung seiner perspektivischen Elemente, die Wiedergabe vieler Details und den Einsatz von Farben. Betont wurde die Bedeutung des Rathauses auch, indem er es in direkten Zusammenhang zum Neuen Markt brachte. Er zeichnete alles spiegelbildlich, um die Reihenfolge der Häuser an der Ostseite des Marktes zu wahren. Bei näherer Betrachtung muß man das zwar berücksichtigen, aber der Gesamteindruck wird dadurch nicht geschmälert.

Das Rathaus zur Zeit Schorlers war ein Gebäude, das über Jahrhunderte seine Größe und Gestalt angenommen hatte. Hinter der Schildwand verbergen sich drei Gebäude. Die beiden ältesten sind freistehende langgestreckte Doppelhäuser, also die Ursprungsgebäude des Rathauses aus der Zeit um 1230 (1+2), das »Neue Haus« kam als drittes um 1300 an der Südseite dazu (3). Auch die Schildwand durchlief Entwicklungsstadien. Im 15. Jahrhundert erhielt sie das von Schorler überlieferte Aussehen. Für diesen Zeitraum ist auch die Errichtung der spätgotischen, die ganze Breite des Rathauses einnehmenden Laube (4) anzusetzen. Schließlich erfolgte zwischen 1499 und 1515 an der noch freien Nordseite der sogenannte Ratsstubenanbau (5).

Diese ständige Erweiterung des Rathauses erklärt sich aus dem Wachstum und dem wirtschaftlichen Aufstieg der Stadt, der bis zum Ende des 15. Jahrhunderts anhielt. Das zunehmende städtische Vermögen, vor allem an Grundbesitz, eine wachsende Finanzwirtschaft mit Steuern, Abgaben und Zöllen, die Beherrschung des städtischen Lebens mittels vieler rätlicher Verordnungen, die Aufsicht über die Ämter, die Organisation der Verteidigung, die Gerichtsbarkeit, die Verwaltung der Münze und die Sicherung aller erworbenen Rechte und Privilegien brachten die Ausdehnung des Verwaltungsapparates mit sich. Dem mußte sich das Haus des Rates, »Domus consuli«, wie es 1279 in urkundlichen Quellen genannt wurde, anpassen. Zur Zeit Schorlers war der Rat ein Repräsentativorgan der Stadtkommune, das sich durch ein jahrhundertelang beanspruchtes Selbstergänzungsrecht allein in den Händen reicher Familien befand, die ihr Vermögen dem Handel verdankten. Diese Ratsoligarchie bestimmte die Politik der Stadt nach innen wie nach außen. Die 18 bis 24 Mitglieder des Rates versahen ihr Amt unbesoldet, wurden auf Lebenszeit berufen, wechselten sich aber in der Amtsführung nach regelmäßigem Turnus ab, denn sie brauchten als Kaufleute auch Zeit für ihre Handelsgeschäfte. Das große Haus wäre jedoch mit den Räumen, die die städtische Verwaltung benötigte, längst nicht ausgefüllt gewesen, wenn es nicht, wie im Mittelalter üblich, auch als Handelshaus gedient hätte. Im »Kophus«, eine Bezeichnung aus dem 15. Jahrhundert, hatten Kaufleute und Handwerker in der großen Rathaushalle ihre Stände. Der Rat verpachtete diese erstrangig an jene Gewerbe, die hoch angesehen und zahlungskräftig waren und mit wertvollen Gütern oder stark kontrollierten Produkten, beispielsweise Lebensmitteln, handelten. Sie befanden sich damit unmittelbar unter Aufsicht und Schutz der städtischen Obrigkeit. Zur Zeit Schorlers hatten vor allem die Gewandschneider (Tuchhändler), Pelzer, Gerber, Wollenweber, Goldschmiede und Buchhändler im Rathaus ihre Verkaufsstände. In den seitlich gelegenen Scharren boten Bäcker und Fleischer ihre Waren an. Wein und Bier lagerten in den großen Kellergewölben. Einen Teil nutzte der Rat zur Aufbewahrung seiner Weinvorräte. Die anderen Kellerräume vermietete er für den öffentlichen Ausschank. Ausgeschenkt wurde neben Rostocker Bier auch solches aus Bützow und Barth. Unter den Weinen dominierten der Rheinwein, Malvasier aus Griechenland, Madeira aus Portugal und verschiedene Landweine. So manches Faß Rebensaft verschenkte der Rat an Fürsten und Herren, an deren Huld ihm gelegen war, so manches genoß er selbst. Damit ist bereits angedeutet, daß das mittelalterliche Rathaus auch dem Vergnügen Raum bot. Der Festsaal im oberen Stockwerk diente Empfängen und festlichen Gelagen, auch Fastnachtsspiele wurden aufgeführt, und Possenreißer traten auf. »Theatrum«, in Hinsicht auf das »Beschauen« von Waren und Vorführungen, nannte man das Rathaus daher auch.

Schorler zeichnete es in seiner spätgotischen Architektur. Die siebentürmige Schauwand überragt die Bauten der Umgebung. Auf dem höheren Turm in der Mitte weht eine Flagge mit den Rostocker Farben und

DAS RADT HAVS

RADTSCHAREN

der Jahreszahl 1584. Ein Kleeblattfries am oberen Gesims, Kreisrosetten und Rundbogenblenden, die in Wirklichkeit jedoch spitz zuliefen, zieren die Schauwand. Der in den Marktplatz hineinragende Laubenvorbau ist im Traufenbereich des Pultdaches mit 17 Türmchen und dazwischenstehenden wimpergartigen kleinen Giebeln geschmückt. Darunter öffnet sich das Obergeschoß der Laube zum Markt hin mit sieben dreigeteilten Fenstern. Nach Schorlers Darstellung war diese Front zu seiner Zeit offenbar reich mit Architekturelementen der Renaissance geschmückt. Stürze und Gesimse der Fenster sind mit mecklenburgischen und städtischen Wappen, Bildnis-Medaillons und Ornamenten versehen. Auch der Ober- und Untergeschoß trennende Ornamentfries entspricht dem Baustil der Renaissance.

Eigenartig ist, daß Schorler nur drei der sieben Fenster, die beiden linken und das rechte, als verglast wiedergab. Es kann hier nur vermutet werden, daß es sich bei den übrigen um absichtlich offen gelassene Fenster oder um eine Art Loggia handelte. Möglich wäre gewesen, daß von hier aus der worthabende Bürgermeister die Bursraken den vor dem Rathaus versammelten Bürgern vorlas. Diese Bürgersprachen hatten jedoch nichts mit einem demokratischen Mitbestimmungsrecht der Gemeinde oder gar einer Rechenschaftslegung des Rates zu tun. Sie waren als Gebote und Verbote des Rates gefaßt und verkündeten zweimal jährlich vor allem Verordnungen des Rates und die Steuern sowie die Namen der in den Rat kooptierten neuen Ratsherren.

Den sieben Fenstern entsprechen im Erdgeschoß die sieben Arkadenbögen des Laubenganges. In diesem befanden sich die Treppenabgänge in die Keller des Rathauses. Zeitweilig gab es auch ein paar Verkaufsstände; wichtig war vor allem die Nische mit der Sitzbank des Richters, der hier, »im Lichte des Tages«, das Urteil des Gerichts über Straftäter verkündete. Für Schwerverbrecher gab es im Kellergewölbe unter dem Pflaster des von Schorler gezeichneten Durchgangs fünf dunkle kleine Gefängniszellen und eine Folterkammer, die nur durch schmale Schlitze Zuluft bekamen. Für leichte Vergehen wurden die Delinquenten in ein größeres Kellerverlies unter dem Laubengang gesperrt, das auch Finkenbauer oder Brummbärloch hieß. Schorler erwähnte es im Zusammenhang mit der Arretierung des Rostocker Buchdruckers Joachim Fueß, genannt Pedanus, der eine anonyme Schmähschrift verlegt hatte. Unter dem Datum des 17. November 1611 schrieb Schorler:

»Auf einen Sontagk hat Ein Ehrbar Rath der universität ihren typographum Joachimum Pedanum in das finkenbauer unter dem rahthauß einsetzen lassen, darumb das er ein pasquill oder einen unrechtmessigen bericht [. . .] unter einem unbekannten frömden namen und orte gedruckt, welchen autoren er hat müssen offenbahren, das es sei magister Johannes Simonius, ein professor dieser universität, gewesen[. . .]«

Am nördlichen, in Schorlers Abbildung rechten Arkadenpfeiler ist ein Plakat zu sehen. Es handelt sich hier um die wohl älteste Wiedergabe eines profanen Werbeplakats im norddeutschen Raum. Abgebildet sind zwei Fechterpaare, die für eine Vorführung mit dem daruntergesetzten Plakattext: »Wer dise Riterliche Kunst wil Sehen Der Kome auf den Zimerhoff« werben. Gemeint ist der städtische Bauhof, der stadtseitig an der Mauer zwischen Steintor und Schwaanschem Tor lag. Die beiden grünen Kränze an den Pfeilern waren die Zeichen frischen Ausschanks, mit denen der Ratskellermeister für seinen Absatz warb.

Der Ratsstubenanbau an der Nordseite des Rathauses fällt besonders durch den breiten Durchgang mit dem vorderen und hinteren Torbogen auf. Er diente der Verbindung zwischen Neuem Markt und einem Straßenzug, der bis in die Altstadt jenseits der Grube führte. Im Durchgang hatten Brotscharren ihren angestammten Platz und gleich dahinter im Freien die Fleischscharren der Knochenhauer. Hinter den Fenstern des ersten Obergeschosses befand sich die Ratsstube. Noch zur Zeit Schorlers erhielt sie 1605 eine reichgeschnitzte eichene Täfelung. Hier erledigte »Ein Ehrbarer Rat« unter dem Vorsitz des worthabenden Bürgermeisters die ihm obliegenden Geschäfte »zum Wohle der Gemeinde«, wie er kundtat, in Wahrheit jedoch im Interesse der Reichen, der Kaufleute, Schiffer, Brauer und Grundbesitzer, denn städtische Politik war, wie allgemein in Hansestädten, auch in Rostock stets Kaufmannspolitik.

Hinter der Ratsstube lagen das Ratsarchiv und eine schmale Hörkammer, die dem intensiven Verhören von Angeklagten diente. In den darüberliegenden Geschossen hatten die verschiedenen Ratsämter wie Kämmerei, Weinamt, Stadtkassen und andere ihre Räume. Das Haus links im Bild stand an der Südseite des Rathauses in Richtung Wasserstraße.

88

St. Marien

Breit und wuchtig, dennoch hoch aufragend, das ist Rostocks größtes sakrales Bauwerk, die Marienkirche. Schorler zeichnete sie mit aller Beflissenheit. Haupt- und Querschiffe sowie der Chor und die Kapellen an der Nord- und Südseite der kreuzförmigen Basilika sind mit Kupfer gedeckt. In Schorlers Zeichnung haben sie deshalb einen rotblauen Farbton.

Er zeichnet die Kirche von Süden, das Turmmassiv bringt er mit der Westfront ins Bild. Auf der nördlichen, dem Betrachter abgewandten Seite der Kirche befand sich die Kapelle des Krämeramtes, für deren Unterhaltung jeder Krämer ein Kapellengeld zu zahlen hatte, auch Schorler.

Peter Lindenbergs Chronik enthält u. a. einen 1596 gedruckten Memorialvers, der aussagt, daß die sieben Portale der Kirche zu den sieben Wahrzeichen der Stadt gehörten. Vicke Schorler zeichnet nicht alle. Natürlich konnte er sie von seinem gewählten Standort aus auch nicht alle sehen und erfassen, aber andererseits stellte er das Turmwächterhäuschen dar, das von Süden her nicht zu sehen war in seiner luftigen Höhe. Das konnte er nur – und insofern bleibt er seiner Bildlogik treu –, indem er das Turmmassiv mit seiner Westfront abbildete.

In seinen Chronikaufzeichnungen sind Passagen über St. Marien oder »Unser lieben Frauen Kirchen« zu finden. Man erfährt, daß 1607 hier Heinrich Knubbert und Dorothea Nettelbladt wegen ihrer Unzucht und ihres Ehebruchs öffentlich Buße tun mußten. Von Diebstählen ist die Rede, der »Gotteskasten« wird geschickt aufgebrochen, und die Kollektengelder von Hochzeiten und Beerdigungen wandern in Diebestaschen. Am 23. Mai 1606 kommt es zu einem Brand, der nicht unerheblichen Schaden verursacht. Fast zwei Jahre hatte Tischlermeister Hans Brandenburg mit seinen Leuten an der Renovierung der kleinen Orgel gearbeitet. Kurz vor der Fertigstellung, als vor Pfingsten das Gerüst abgebaut werden sollte, entsteht der Brand, »und solches soll durch die schnidikers (Tischler), welcke unvleisige aufsicht des feuers über dem leimen, verursacht worden sein.«

1621 veränderte man die 1472 von Hans Dürninger geschaffene (astronomische) Uhr, so daß sie nun jede viertel Stunde schlug, sowohl am Turm als auch in der Kirche.

Sicherlich kannte Schorler St. Marien und ihre Schätze genau, das bronzene Taufbecken, den Rochusaltar, das 1620 wieder fertiggestellte Triumphkreuz, die schöne 1574 geschaffene Renaissancekanzel, die Erbbegräbnisse mit ihren Epitaphen, wo so mancher seine letzte Ruhe fand, dessen Tod er in seiner Chronik registrierte. Sehr oft zeichnet Schorler die um den 24. Februar stattfindenden Ratswahlen mit auf. Im Anschluß an diese Abstimmungen, bei denen es nicht um einen demokratischen Wahlakt, sondern um die vom Rat seit altersher praktizierte Selbstergänzung ging, erfolgte die Amtseinführung im Rathaus und in der Marienkirche. Die Ratsherren gingen gemeinsam zum Gottesdienst in die Kirche und sogar, bevor der Rat zweimal jede Woche zu seinen Sitzungen zusammenkam, nahmen die Ratsherren an Predigten in St. Marien teil. Es ergab sich auch, daß Rat und Hundertmänner, die Bürgervertretung, sich aus besonderem Anlaß zur Beratung in der Marienkirche einfanden. Waren hohe Gäste in der Stadt – zu ihnen zählten die herzoglichen Familien –, dann besuchten sie die Gottesdienste von St. Marien. Wie die Wahlen zum Rat waren auch die Predigerwahlen an den Pfarrkirchen wichtige Ereignisse für das öffentliche Leben; Schorler verfolgte sie aufmerksam. Die vom Rat vorgeschlagenen Geistlichen wurden von der Gemeinde gewählt. Der Rat besaß zwar das Patronatsrecht an den vier Pfarrkirchen, doch erforderte das oberbischöfliche Recht die landesherrliche Bestätigung der gewählten Pastoren. Am 4. Dezember des Jahres 1612 wurde Hermann Schlorff zum Diakon an St. Marien berufen. Es hat mit diesem Geistlichen eine besondere Bewandtnis, weil sein Tod – nach Schorler – im Zusammenhang mit einem Ereignis steht, das im Leben jener Zeit leider keine Ausnahme bildete: die Verfolgung von Menschen als »Hexen« und »Zauberer«. Bisher bestand keine Gelegenheit, auf den Hexenglauben hinzuweisen, der als allgegenwärtiger Aberglaube auch in Schorlers Chronik reflektiert wird. Seit Mitte des 16. Jahrhunderts nahmen auch in Rostock die Verurteilungen wegen des Straftatbestandes schadenbringender Zauberei und Buhlschaft mit dem Teufel zu. 1584 mußten hier vom Sommer bis zum Herbst 17 Frauen und ein Mann den Tod auf dem Scheiterhaufen sterben, weil sie der »Hexerei« verdächtig waren. Um diese Zeit wirkte in Rostock der Juraprofessor Johann Jakob Gödelmann (1559-1611). Er hielt Vorlesungen über die Peinliche Halsgerichtsordnung Karls V.

90

(1532), stellte diese später zu einem Buch zusammen, das 1591 in Frankfurt unter dem Titel »Tractatus de magis, beneficis et lamiis« erschien. Ein Jahr danach kam es auch in der deutschen Übersetzung heraus. Gödelmann meldete als einer der ganz Wenigen Bedenken gegen den Hexenglauben an, wenn auch noch nicht grundsätzlich, so sprach er sich doch gegen die übliche Verfolgungspraxis aus.

Hermann Schlorff, der Prediger von St. Marien, war nicht lange in seinem Amt. Bereits am 24. Januar des Jahres 1614 starb er, »welcher von der alten Thamar war bezaubert worden«, so erfahren wir es von Schorler. Ausführlich berichtet er über den Fall der Frau Thamar. Nach Schorler hatte Schlorff in seinem Amt Schwierigkeiten, die man auf eine alte Frau namens Thamar zurückführte. Diese Frau war wohlhabend und eine fleißige Kirchengängerin, stand mit Ratsfamilien und Geistlichen in Kontakt, galt aber als Zauberin. Das Gerücht wollte es: Die alte Thamar hat den Prediger behext. An jenem Sonntag zu Beginn des Januar saß sie in seiner Predigt unter der Kanzel, der Geistliche predigte gegen einige abergläubische Bräuche, worauf die alte Frau angeblich »dem prediger heftig und schrecklich gefluchet und solches ohne alle scheu, das es viele leute, so neben und bei ihr gesessen, angehöret.« Nach der Predigt zerrten junge Burschen und Kinder die Frau hinaus auf den Friedhof von St. Marien, warfen mit Steinen nach ihr, schleiften sie umher und stießen sie mit Füßen, daß sie wie tot liegenblieb. Niemand bemühte sich weiter um sie. Am Nachmittag holten die Knechte des Frons sie und brachten sie auf einer Trage in ihre Wohnung bei St. Katharinen in der Altstadt. Sie wurde bewacht und am 20. Januar auf die Fronerei gebracht. Dort starb sie am 29. Januar fünf Tage nach Schlorffs Tod. Schorler weiß:

»[...] und ist die rede gegangen, sie sei von dem satan im gefengniß erwurget worden. Ist hernach von dem fronmeister bei abendzeiten ausgefuhret und bei dem St. Jurgen, etliche wolten sagen, bei dem galgen, begraben worden[...]«

Die alte Frau Thamar starb auf der Folter. Man pflegte einen solchen Tod als vom Teufel herbeigeführt zu bezeichnen. Für Schorler und die anderen war die Frömmigkeit der Alten nur Tarnung ihrer Zauberei, und er meint »nachdem sie von der obrigkeit nicht beizeit ist gestrafet worden, haben entlich die kinder müssen zur löblichen strafe ziehen, sie sei aber dem gerichte gottes befohlen.« Zu bemerken ist, daß aus anderen Quellen Beschwerden über die Roheit der Rostocker Jugendlichen und Kinder um diese Zeit bekannt sind.

Zwanzig Jahre lang war St. Marien die Wirkungsstätte des bedeutendsten der Rostocker Kantoren, Daniel Friederici. 1618 trat der 1584 in Kleineichstedt Geborene in den Dienst Rostocks, 1638 starb er hier an der Pest. Durch praktische Musikausübung, aber auch durch eigene Kompositionen hat dieser kreative Musiker viel für die Musikentwicklung, weit über Rostock hinausgehend, geleistet.

Das von Schorler gezeichnete Turmwächterhäuschen am Turm von St. Marien, aus dem sich ein Rauchfähnchen kräuselt, war seit 1623 sogar mit zwei Türmern besetzt, die wochenweise abwechselnd den Dienst versahen. Montags, mittwochs und sonnabends hatten sie mit Trompeten um 10 Uhr zu Tische zu blasen, abends und morgens einen Psalm zu spielen und nachts die vollen Stunden anzublasen. Hinzu kamen weitere Aufgaben, für die sie jährlich 13 Gulden, Holz und Kohlen erhielten. Einen kleinen Hinweis auf unerfreuliche Zustände erhalten wir in Schorlers Bild durch die offenen Kirchenportale. Vom Anfang des 17. Jahrhunderts ist bekannt, daß es Klagen an den Rat gab über die Benutzung der Kirche als Durchgang von Süden nach Norden. Lasten, Bauholz, Waren trug man ungeniert durch das Gotteshaus, vermutlich weil das Gelände des Kirchhofes durch Schmutz, umherlaufende Schweine, tollende Kinder schlecht- oder unpassierbar war.

Die Waage

Das Gebäude der Waage – auch Stadtwaage genannt – entstand erst um 1580, war also, als Schorler es zeichnete, noch ein Neubau. Städtische Waagen aber gab es schon viel früher, sie sind bereits am Ende des 13. Jahrhunderts nachweisbar. Der Standort für das Waage-Gebäude war sehr günstig gewählt. Es befand sich auf der Kreuzung von Vogelsang, Großer Mönchen- und Krämerstraße. Die Straße Am Schilde, wo Schorler später mit seiner Familie wohnte, mündete fast gegenüber der Stadtwaage in die Krämerstraße ein. Von hier war es nicht weit zum Hafen und auch nicht zum Markt. Das freistehende Gebäude konnte bequem aus allen Richtungen erreicht werden. Schorler zeichnete die Waage als einfachen Fachwerkbau, in dessen Un-

92

tergeschoß Frachtwagen durch zwei Toreinfahrten ins Innere gelangen konnten. An dem Haus sind geschnitzte Giebelverzierungen und ein ebenfalls geschnitzter Zierfries bemerkenswert. In ähnlicher Weise begegnete uns das Motiv des Achtsterns bereits am Ziegelhof von St. Jakobi und am Vortor des Kröpeliner Tores. Auch die allegorischen Figuren in den Feldern über den beiden Toren fallen auf. Eine Figur ist die Justitia, die römische Göttin der Gerechtigkeit. Die zweite könnte als eine Vegetationsgottheit gedeutet werden, vielleicht als Flora. An diesem Ort sollten neben anderen Waren ja vor allem Naturprodukte verschiedener Art gewogen werden. Beide Allegorien stehen damit in engem Zusammenhang zur Aufgabe der Stadtwaage.

Der Giebel der Waage war der Krämerstraße zugekehrt und die Seitenfronten der Großen Mönchenstraße. Schorler brachte das Gebäude in eine Fläche, um es umfassend zeigen zu können. Im Wirtschaftsgefüge der Stadt war die Stadtwaage wichtig, denn es bestand die Pflicht, alle ein- und ausgehenden Waren dort mit den für die Stadt verbindlichen Gewichten wiegen zu lassen. Erst dann durften sie verschifft, abtransportiert oder verkauft werden. Für Recht und Ordnung im Handel war das eine Voraussetzung, die der Rat der Stadt als Stadtobrigkeit im Interesse der Stadt und ihrer Bürger gewährleisten mußte. Die Stadtwaage war städtisches Eigentum. Der Rat verpachtete sie an Wäger. Diese hatten die Wiegegebühren einzunehmen und sicher zu verwahren. Selbstverständlich verpflichtete der Rat auch den Wäger als Amtsperson eidlich zur gewissenhaften, ehrlichen und redlichen Arbeit. Die Unterhaltungskosten für die Waage wurden aus städtischen Einnahmen bezahlt.

Links im Hintergrund der Waage ist ein Wasserpost zu sehen; er stand in der Großen Mönchenstraße. Eine Frau trägt an einem Tragholz Wassereimer. Die alte, schon 1261 nachweisbare Krämerstraße – Domäne von Schorlers Berufs- und Standesgenossen – erweckt den Eindruck von gediegenem Wohlstand. An einigen Häusern gibt es Utluchten, und Verzierungen im Stil der Renaissance treten auf. Hier scheint man mit der Zeit mitgegangen zu sein. Daran erinnert besonders das rechte Haus, dessen Giebelgestaltung dem Zeitgeschmack angepaßt wurde – sogar der sitzende Löwe auf der Spitze fehlt nicht. An dem Haus neben der Waage sind Töpfe auf eine Stange gereiht, hier wohl Kennzeichen für Topfhandel.

St. Katharinen

St. Katharinen war ein altehrwürdiges Minoriten- oder Franziskanerkloster, das nach der Vertreibung der Mönche 1534 im Zuge der Reformation zur Unterbringung alter Menschen bestimmt wurde. Denn mit der Säkularisierung des kirchlichen Besitzes hatte sich die Stadt um Arme und Sieche zu kümmern. An zwei Stellen seiner Chronik berichtet Vicke Schorler von einem mitteilenswerten Ereignis im Zusammenhang mit St. Katharinen.

»Anno 1623, den 21. Aprilis ist das closter Sanct Catharinen zu einem weisen oder armenkinder aufenthalt eingerichtet und zu bauen angefangen, und weil die alten personen, arme leut, haben sollen ausgeschaffet und an andere orter gebracht werden, so haben die verordneten vorweser der hospitalien zum St. Jurgen und zum Heiligen Geist ein jeder von den selbigen armen 20 personen annehmen müssen, und seint zu vorwesern des neuen weisenhauses in St. Catharinencloster aus der burgerschaft vier, von Einem Erbarn Raht, und vier von den Hundertmännern verordent und erwehlet worden [. . . .]«

Die Insassen sollten also auf die beiden Hospitäler der Stadt verteilt werden. Doch dauerte es noch über ein Jahr, ehe Schorler notieren konnte:

»Anno 1624 auf Johannis baptiste [24. Juni] ist der anfang gemacht mit einnehmung der kinder in das neue weisenhaus zu St. Catharinen und seint vorerst aus allen vier kirchspielen etliche ausgenommen und zum ersten 52 kinder an jungen und megdeleins darin gethan worden, und haben darauf die armen kinder sowol die alten von den thüren den leuten zum überdruß abgeschafft werden sollen, es hat aber dahin wegen der grossen teuerung im korn und der vielen armen nicht gebracht werden können.«

Wir erfahren: der Bettelei von Kindern und Armen an den Türen der Leute konnte mit diesem Schritt kein Riegel vorgeschoben werden. Zu viele Menschen lebten in Armut, waren doch die Zeiten schlecht. Teuerungen führten zu Lebensmittelknappheit. War der Hunger zu groß, mußte der Rat Unruhen in den zahlenmäßig starken unteren Schichten befürchten.

Das einige Jahre zuvor im Michaeliskloster eingerichtete Kornhaus diente zur Aufbewahrung der Vorräte an Korn und Brotgetreide. Im Sommer und Herbst 1624 grassierte die Pest. Nach Aussagen des Ratssekretärs Daniel Brune wurden im Jahre 1625 722 Personen ihr Opfer, es handelte sich vor allem um schlecht ernährte Menschen und Kinder. Von den vornehmen

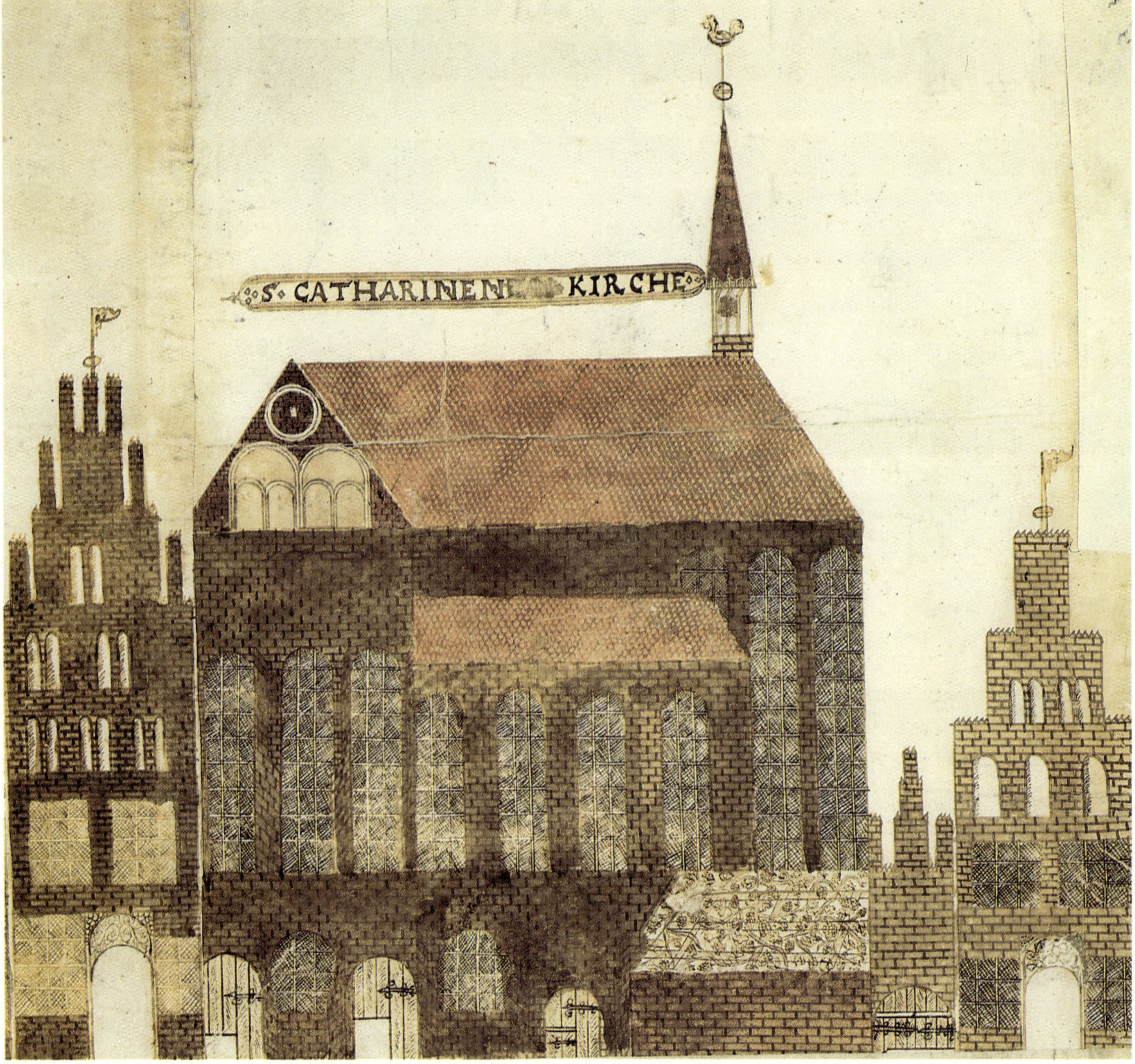
S· CATHARINEN KIRCHE

Ständen, zu denen Universitätsprofessoren, Ratsmitglieder und Angestellte des Geistlichen Ministeriums gehörten, starb niemand. So schildert Brune die Situation. Groß war das Elend in der Stadt, obwohl diese Epidemie weitaus weniger Opfer forderte als 1565 oder die Seuchen des 15. Jahrhunderts. Zu Tod und Krankheit kam, daß der Verkehr mit Rostock, daß Handel und Austausch unterbrochen waren, da die Stadt gemieden wurde. Die wirtschaftliche Lage verschlechterte sich.

Das Katharinenkloster setzte, wenn auch auf andere Weise, nach der Reformation die von den Franziskanermönchen geübte Sorge um Kranke und Arme fort. Die ersten Mönche dieses Bettelmönchordens sind schon um 1240 in der Stadt nachzuweisen, knapp zwanzig Jahre nach dem Tod des heiligen Franziskus von Assisi (gest. 1226), auf den sich der Orden zurückführt. Die Kirche bestand schon 1259/60. Vicke Schorlers Zeichnung ermöglicht eine konkrete Vorstellung dieses Gebäudes. Sein Bild ist umso wertvoller, da die Kirche – wie auch der Großteil des Klosterkomplexes – durch den in der Altstadt ausgebrochenen und dort hauptsächlich wütenden großen Brand des Jahres 1677 zerstört wurde. Wie alle Klöster des Ordens lag auch das Rostocker in unmittelbarer Nähe des Stadtrandes. In der zweiten Hälfte des 13. Jahrhunderts war es vermutlich im wesentlichen fertig erbaut. 1288 ist ein Ziegelhof fürs Kloster tätig gewesen, dessen Grund und Boden Jahrzehnte später wieder als Acker genutzt wurde. Die Franziskaner waren in der Bevölkerung gern gesehen. Sie lebten in Armut, pflegten Kranke. Als die Ideen Luthers sich in den Hansestädten auszubreiten begannen, machten sich nicht selten Franziskanermönche zu ihren Verkündern und Fürsprechern, so auch in Rostock.

Der Rostocker Franziskaner Stephan Kempe ging nach Hamburg und arbeitete dort für die Reformation. Valentin Korte, ein Franziskaner, predigte außer Joachim Slüter seit 1528 lutherisch in der Stadt. Zur Zeit der Reformation lebten rund achtzig Mönche im Katharinenkloster. Die Kirche wurde auch nach der Umwandlung in ein Armenhaus gottesdienstlich betreut. Bis 1574 hielten hier die Prediger von St. Petri Gottesdienst, dann übernahm der in Rostock gebürtige Nicolaus Gryse (1543–1614) das Predigtamt an St. Katharinen. Er nahm sich auch in seiner »Historia von der Lehre, Levende und Dode Joachimi Slüters« der Darstellung der Reformation in Rostock an und beschrieb das Leben des Reformators Joachim Slüter.

Schorler zeichnete die dreischiffige Hallenkirche von Süden. Wie alle Kirchen dieser Art ist auch sie turmlos. Seine Zeichnung weicht dahingehend ab, daß das Ziegeldach nicht alle drei Schiffe gleichermaßen deckt. Unter dem kleinen Dachreiter befindet sich der polygonale Chor, dessen Rundung Schorler durch die besondere Fensterzeichnung anzudeuten versucht. Er schneidet nämlich ein Fenster an. Den Westgiebel der Kirche setzt er frontal ins Bild und zwar in der Art, wie wir es von Kinderzeichnungen kennen. Der Giebel hat zwei Portale und drei Fenster. Ein dreieckiger Ziergiebel, wohl aus dunkleren, wahrscheinlich glasierten Steinen, ist der einzige Schmuck der sonst schlichten Ordenskirche.

Bemerkenswert ist ein Weingarten an der Kirche, der in einem von Mauern umgebenen Geviert angelegt ist. Die Weinstöcke ranken an quergelegten Latten, nicht an senkrechten Stöcken. Zwar ist aus den gärtnerischen Aufzeichnungen Professor Peter Laurembergs bekannt, daß in einigen Gärten der Stadt Wein gezogen wurde, doch konnte über die Existenz eines Weingartens an St. Katharinen bisher nichts in Erfahrung gebracht werden.

St. Petri, Alter Markt

Zwei der vier großen Pfarrkirchen Rostocks befinden sich in der Altstadt, dem ältesten Stadtkern. St. Petri ist in besonderem Maße mit der Reformation in der Stadt verbunden, hier wirkte Joachim Slüter. Seit 1523 predigte er in dieser Kirche im lutherischen, also reformatorischen Geiste, sein Wort wurde begierig von den hier lebenden Menschen aufgenommen. Sie waren Schiffer, Seeleute, Handwerker, Knechte und Mägde, gehörten also zu den unteren Bevölkerungsschichten. Hier nahm die Reformation ihren Ausgang, auch wenn noch eine Reihe von Jahren vergehen mußte, ehe der Rostocker Rat 1531 mit der Ordnung über die Religionsangelegenheiten die Einführung der Reformation offiziell machte.

Der Reformator Joachim Slüter starb bereits 1532, erst vierzig Jahre alt. Dieser Mann war beim Volk sehr beliebt, und die Umstände seines Todes nährten jahrzehntelang die Legende, daß er einem Verbrechen der

S·PETERS·KIRCHE

katholischen Gegner zum Opfer gefallen war. 1623 gedenkt Schorler des Jahres 1523 und schreibt:

»Nachdem anno 1523 gottes reines, seligmachendes wort und lutterische lehre durch den hern magistrum Joachimum Schlüterum in dieser stadt zum ersten zu predigen in St. Peterskirchen angefangen, welches in diesem jahr einhundert jahr, [...] ist [...] beschlossen, einen besonderen tag und also ein festivium jubileum anzustellen. Weil sie aber nicht gewust, auf welchen tag der herr Sclüterus seine erste luterische predigt alhier gethan, da selbige auch aus keinen historicis oder cronicis oder sonsten erfahren mügen, also haben die pastores ein monat zuvor solches in allen kirchen angezeiget, da jemandt vorhanden, der die zeit des anfangs von seinen voreltern gehert oder in ihren büchern geschrieben finden, das dieselbigen einem ehrwürdigen ministerio solches solten andeuten. Demnach sich aber niemandt gefunden, der den eigentlichen tag hette anzeigen können, so ist derowegen der [...] 17. Augustii darzu angesetzet, an welchem tage vor mittage in allen kirchen herlich musiciret [...]«

In den Gottesdiensten aller Kirchen wurde dieser Tag festlich begangen. Als Vicke Schorler die Petrikirche zeichnete, lagen die Anfänge der Reformation in Rostock fünfzig Jahre zurück. Bei seinem Gang um die Kirche wird er auf Slüters Grabplatte gestoßen sein und die hohen Linden betrachtet haben, die in seiner Zeichnung vom Kirchhof herüberschauen und unter denen Slüter den Armen gepredigt haben soll, wenn die Kirche sie nicht alle fassen konnte. Wegen der Grabplatte hatte Slüters Frau Catharina Jele sich an die Kirchenvorsteher von St. Petri mit der Bitte um finanzielle Unterstützung wenden müssen.

Schorler zeichnet die Kirche vom Alten Markt aus, die Turmseite allerdings ist von Westen gesehen. St. Petri und St. Nikolai besaßen die höchsten Türme der Rostocker Kirchen. Der Turm von St. Petri diente mit seinen 117 Metern Höhe jahrhundertelang als Landmarke. Die Kirchturmspitze, die Schorler vor sich sah, war erst 1575/78 aufgebracht und mit Kupfer gedeckt worden. Dreißig Jahre hatte der Turm als Stumpf gestanden, 1543 war er durch einen Blitzschlag zerstört worden. Der Wiederaufbau kostete 838 Gulden, das Geld kam aus dem Stadtsäckel, aus privaten Spenden und testamentarischen Verfügungen, die Rostocker wollten ihren Petrikirchturm wieder über der Stadt sehen. Zerstörungen dieser Art kamen nicht selten vor, und immer wieder wurden die zerstörten Gebäude in jener Zeit, auch wenn es mitunter zäher Ausdauer und mehrerer Jahre des Sparens bedurfte, wieder aufgebaut. Mehrfach berichtet Schorler in der Chronik von Gewittern und ihren Folgen. Am 23. April 1610 schlug wiederum ein Blitz in den Petrikirchturm ein. Man konnte das Feuer aber schnell löschen, und zwar mit Milch. Die Frage ist, woher man so schnell und ausreichend Milch zur Verfügung hatte, und außerdem soll es stark geregnet haben. Die Schiffe der Kirche sind mit Ziegeln gedeckt, auch das Schutzdach über dem »Kalvarienberg« am Chorende ist rot gezeichnet und folglich mit Ziegeln gedeckt gewesen. Die Treppentürmchen fehlen ebenfalls nicht. In St. Petri fand der 1582 gestorbene Bürgermeister Hans Bröker seine letzte Ruhestätte. Er hatte das Armenhaus am Alten Markt gestiftet, das aus zwei Buden, drei Kellern und einem Garten bestand und über etwas Kapital aus derselben Stiftung verfügte. 1588 schuf Rudolf Stockmann aus Antwerpen die schöne Kanzel aus Sandstein im Stil der Hochrenaissance in der Petrikirche.

Ebenfalls am Alten Markt befand sich eine Einrichtung der Universität, das Juristenkolleg, ein zweites Gebäude der Juristenfakultät lag in der Altschmiedestraße. Das Gebäude war einst mit großer Wahrscheinlichkeit das altstädtische Rathaus gewesen. Bei Schorlers Vorliebe für alles, was mit der Universität verbunden war, konnte er dieses Gebäude nicht ignorieren. So haben wir ihm die Abbildung des Juristenkollegs zu verdanken. Es ist ein Querhaus mit drei kleinen Zinnengiebeln und einem Satteldach. Unten im Haus befand sich ein Bierkeller, zu dem drei überdachte Türen führen. Strebepfeiler stützen das Erdgeschoß, Kleeblattfriese heben die Geschosse voneinander ab. Der Fachwerkbau daneben ist eine Bude, die sogenannte »Tasche«. Die Chance zu einer erzählerischen Einlage im Bild läßt Schorler sich nicht entgehen an dieser Stelle, und so hält er ein recht typisches Ereignis fest: Menschen gehen vom Kolleg in Richtung Kirche. Es ist ein feierlicher Zug, Pedelle tragen die Zepter der Universität, einige Männer spielen Blasinstrumente, Kinder und Frauen sind dabei, alle gekleidet nach der Mode der Zeit. Wir haben einen Kirchgang nach einer Promotion vor uns, an die sich bei Akademikern oft die Eheschließung anschloß. Von beidem erzählt Schorler in seiner Chronik recht häufig. Unter anderem hatte beispielsweise am 1. September 1606 Friedrich Corfey seine juristische Promotion und »auch seine hochzeit gehalten mit weilandt herr Stephan Dobbins, ratsherrn, hinterlassen witwen«, und bald darauf promo-

COLEGIVM·IVRIS

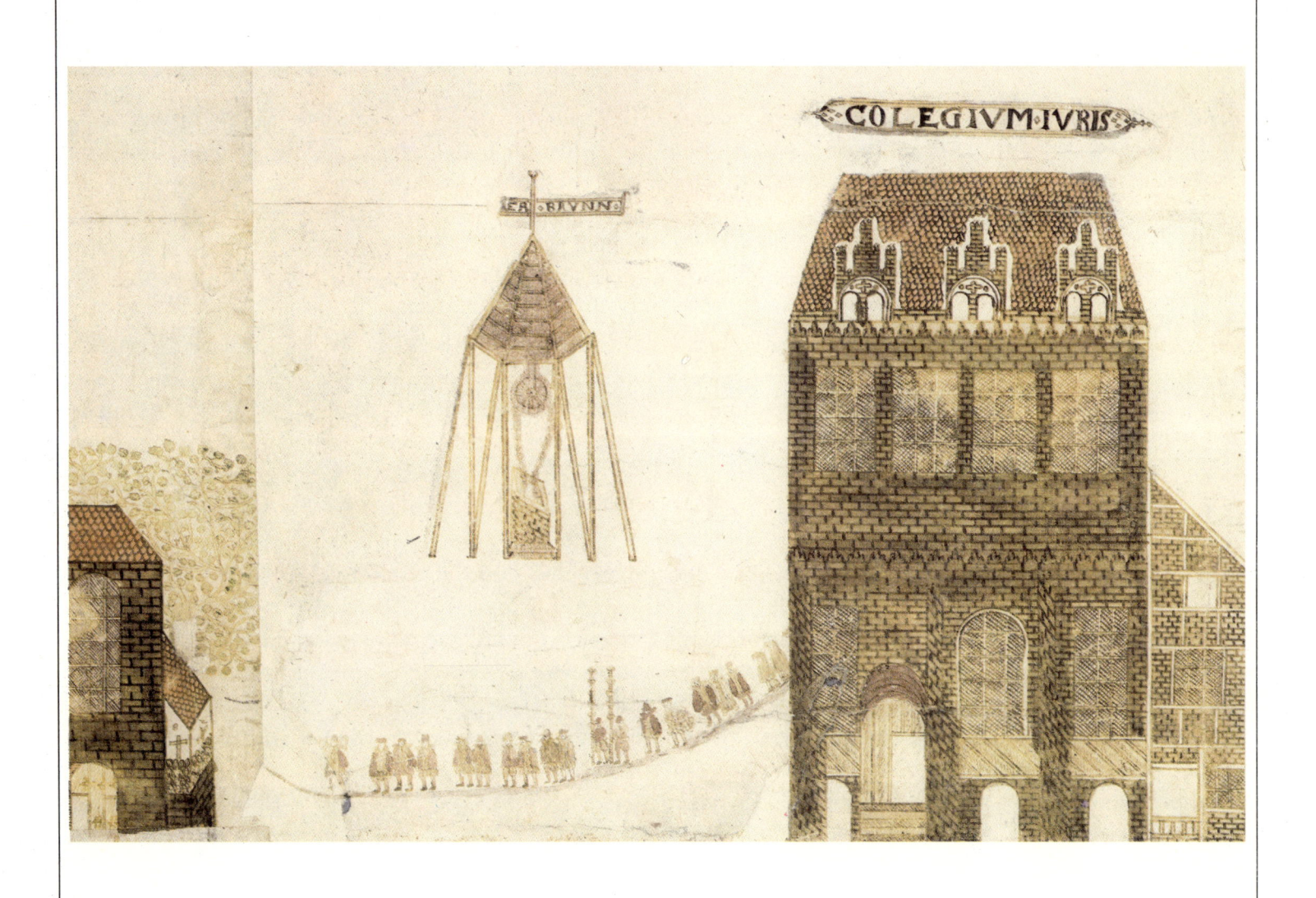

vierte der Mediziner Bernhard Oldermann und verheiratete sich ebenfalls mit einer Witwe, der Tochter Oswald Schlees, den wir schon im Zusammenhang mit dem Johanniskloster kennenlernten.

Auf dem Alten Markt konnte Schorler den Ketten- oder Ziehbrunnen nicht übersehen, der dort stand und für die Wasserversorgung der Altstadt sehr wichtig war. Von diesen öffentlichen Wasserentnahmestellen konnten die Bewohner, meist arme Leute, die nicht einer Borngesellschaft angehörten, ihren Wasserbedarf decken. Beschwerlich war es, das Wasser in Eimern an Tragehölzern in die Behausungen zu schleppen. Diese Brunnen wurden »Sot« genannt. Deutlich zu erkennen sind die Ziehvorrichtung und das Brunnendach.

St. Nikolai

Zum Kirchspiel von St. Nikolai, der vierten der Rostocker Pfarrkirchen und mit der Petrikirche gemeinsam die älteste, gehörte die Altstadtbevölkerung. Seefahrende Leute, Fischer, Knechte, Mägde, Handwerker lebten hier. St. Nikolaus galt als der Schutzpatron all derer, die auf dem Meer ihr Auskommen suchten und sich ihm anvertrauten. Wollenweber, Bruchfischer, Gerber, Müller bildeten relativ starke Handwerksämter und waren um St. Nikolai ansässig, weil sie hier die für sie günstigsten Arbeitsbedingungen vorfanden. Sie unterhielten mehrere Altäre in der Kirche, noch 1566 existierten insgesamt achtzehn. St. Nikolai war wohl das ärmste Kirchspiel. 1535 gab es Aktionen des Sechzigerausschusses (Bürgerausschuß), die das Ziel verfolgten, Kleinodien, Silber und Gold aus den Kirchen und Kisten zu verkaufen. Damit sollten Landsknechte bezahlt werden, die Rostock zur Unterstützung Lübecks und Jürgen Wollenwebers in der »Grafenfehde« stellte. St. Nikolai blieb deshalb nicht mehr viel, und 1565 verkaufte man weitere Gegenstände, um Geld für die Bezahlung des für den Turm notwendigen Kupferdaches zu erhalten. 1622 verkauften die Kirchenvorsteher schließlich den Ziegelhof der Kirche an die Stadt.

In seiner Chronik erzählt Vicke Schorler von St. Nikolai fast ausschließlich im Zusammenhang mit Schäden am Turm und seiner Wiederinstandsetzung. Immerhin hatte der Turm von St. Nikolai eine Höhe, die sich mit der des Petrikirchturms durchaus messen konnte, und jener war 117 Meter hoch. In den Jahren von etwa 1617 bis 1620 erfolgten umfangreiche Reparaturen an der Turmspitze. Ein Gewitter unterbrach 1619 das Baugeschehen, schwerer Schaden entstand. Schorler schreibt, daß am 11. März der Stadtzimmermeister Albrecht begonnen habe, den Turm aufzurichten. Am 27. Mai morgens zwischen 5 und 6 Uhr sind Knopf und Hahn aufgesetzt worden, und am 10. Juli war das Werk vollendet. Doch wieder geschah ein unglücklicher Zwischenfall.

»Anno 1619 den 8. Augustii, auf einen Sontagabendt, um acht uhren, ist ein groß donnerwetter gewesen, und hat das wetter oben bei den spitzen in Sanct Nicolaus thurm und bis auf das mauerwerk [...] herabgeschlagen [...] und ist dem thurm dadurch großer schaden wiederfahren [...] Anno 1619 den 30. Augustii ist ein neuer balcken [...] gelegt worden, darbey alle zimmer und mauerleute haben arbeiten müssen.«

Schließlich wurden die Reparaturen fertig, doch die vier Giebelchen, die Schorlers Zeichnung noch zeigt, wurden nicht wieder hergerichtet. Wie auf St. Marien taten nach der Reformation auch auf St. Nikolai Türmer ihren Dienst.

Schorler zeichnet die Kirche von der Altschmiedestraße aus. Zu beachten ist, daß er dem Betrachter die Nordseite der Kirche präsentiert, nicht wie zu erwarten die Südseite. Die nördliche Kirchenfront war interessanter für ihn, denn hier befanden sich das sogenannte Oktogon und die Gerberkapelle, während die Südseite glatt war. Der quadratische Turm mit Friesen, den vier genannten Schildgiebeln und der Sonnenuhr zeigt seine Süd- und Westseite. St. Nikolai ist eine typische norddeutsche Hallenkirche.

Der Chor wurde später als die Halle errichtet, er liegt höher als das Langhaus, so daß sich der auch von Schorler festgehaltene Schwibbogen ergab. In dem Geviert über dem Schwibbogen war eine gemalte Kreuzigungsszene zu sehen, die später durch ein Bild des Schutzheiligen Nikolaus abgelöst wurde.

Schorler vergißt nicht, die Schmiede anzudeuten, die sich am Schwibbogen jahrhundertelang, bis ins 20. Jahrhundert hinein, befand. Er weist durch ein Pferd auf sie hin. In dieser Gegend um St. Nikolai hatten sich viele Schmiede niedergelassen. Sie bildeten eines der größten Handwerksämter der Stadt, gehörten zu den traditionsreichen und politisch bedeutenden vier Gewerken und lebten vorwiegend in der (Alt-) Schmiedestraße.

S. NICOLAVS KIRCHE

Hafen, Strandtore und Türme an der Wasserseite

Rostocks Wasserseite war ebenfalls geschützt durch den die ganze Stadt umgebenden Mauergürtel. Doch sah die Befestigung am Strande wesentlich anders aus als die landseitige. Dreizehn Strandtore, eigentlich in die Mauer eingelassene Pforten, ermöglichten den Zugang zur Warnow. Einige dieser Mauerpforten blieben in ihrer ursprünglichen Gestalt erhalten. Schorler bildet diesen Typ durch das Heringstor, das Badstübertor und das Koßfeldertor ab. Andere wurden im 15. Jahrhundert zu Torhäusern mit Staffelgiebeln erweitert, so das Burgwalltor, Mönchentor, Wokrentertor, oder erhielten wie das Fischertor und das Grapengießertor mehr eine Turmform. Genutzt wurden sie meistens als Wohnung für im Dienst der Stadt stehende und im Strand- und Hafenbereich tätige Aufsichtspersonen. Unter den Strandtoren fällt das Mönchentor auf durch seine im Stil der Zeit gestaltete Fassade, die zur Stadtseite weist. Die ganze Gebäudepartie am Strand, wie sie jetzt erläutert wird, ist von Schorler vom Innern der Stadt aus gesehen, nicht von der Flußseite her. Aus verschiedenen Gründen vernachlässigte die Stadt lange Zeit trotz angestellter Überlegungen die Sicherung ihrer Wasserseite. Das Bündnis der Hansestädte mit den Generalstaaten 1616 zwang sie endlich – wie auch andere Städte – zu einem konsequenten Durchdenken ihrer Verteidigungskapazität, die dem erreichten Stand des Geschützwesens und überhaupt der Militär- und Belagerungstechnik am Anfang des 17. Jahrhunderts nicht entsprach. Die Arbeiten allerdings schleppten sich nur langsam hin, erst 1626 wurden sie forcierter betrieben, doch schließlich wurde die Stadt vom Dreißigjährigen Krieg eingeholt.

Die Warnow bis hin nach Warnemünde, wo sie Rostocks Seehafen bildete, war die Lebensader der Stadt. Die Vertiefung der Fahrrinne erforderte immer wieder umfangreiche und kostspielige Baggerarbeiten, da sie von allen möglichen Gegenständen frei gehalten werden mußte, Bollwerk und andere Hafenanlagen waren ständig in Ordnung zu halten. Vicke Schorler vermittelt in der »Abcontrafactur« einen Eindruck vom Rostocker Hafen, der sich als Handelshafen vom Beginn des Bollwerks am Schnickmanntor und bis zu seinem Ende in Höhe des Mönchentores hinzog. In diesem Bereich zeichnet er häufiger Schiffe, doch findet sich im Gegensatz zu solchen Szenen wie Markttreiben oder Doktorandenzug keine Darstellung, mit der er versucht hätte, das Treiben und die Arbeiten im Hafen festzuhalten. Wichtige Produktionsstätten und technische Einrichtungen gibt er aber wieder. Im Jahre 1586, als Schorler seine Arbeit beendet, läßt sich für den Rostocker Hafen eine Frequenz von 369 Schiffen ermitteln, die in einem erstmalig angelegten Seebriefregister verzeichnet ist. Es sind Schiffe, die ein Zertifikat Rostocks beanspruchten, durch das ihnen vom dänischen Reich bei der Passage des Sundes Zollprivilegien gewährt wurden. Nach dem Rezeß von Hansestädten in Odense im Jahre 1560 waren alle Schiffer, die den Sund passieren wollten, verpflichtet, sich durch Seebriefe zu legitimieren. Diese wurden in ihren Heimatstädten vom Rat ausgestellt. Stellt man sich vor, daß die Schiffe, die die Ostsee befuhren, noch dazuzuzählen sind, bekommt man ein Bild von der Vielzahl der Schiffe, die im Rostocker Hafen anzutreffen waren. Immerhin läßt sich auf der Grundlage dieses bis 1605 reichenden Registers feststellen, daß von 1586 bis 1605 415 verschiedene Rostocker Schiffer 8 092 Fahrten, vornehmlich durch den Sund, unternahmen. Die Werftplätze der Lastadie, in Höhe des Grapengießertores etwa, deutet Schorler lediglich an. Nach der Polizeiordnung der Stadt aus dem Jahre 1576 war der Bau von Schiffen auf der Lastadie nur Rostocker Bürgern gestattet.

Das *Fischertor* ist das erste Strandtor in der Befestigungslinie an der Warnow. Während am Bramower Tor und am Bussebart Zinnen die Stadtmauer zieren, versah man sie hier nur mit Schießscharten. Wie das folgende Grapengießertor ist das Fischertor ein turmähnliches Strandtor. Als Besonderheit weist es ein ungewöhnliches Querdach auf, einen recht weiten Torbogen und Zierfriese. Das Fischertor stand am Ende der Fischerstraße, in der die »Sträter« oder Straßenfischer ansässig waren. Außerdem gab es die »Bröker« oder Bruchfischer, die auf dem Fischerbruch lebten. Die Rostocker Fischer bildeten zwei Ämter. Der Fischereihafen lag fast vor der Haustür, und die in den Anfangsjahrzehnten des 17. Jahrhunderts geschaffene Fischerbastion befand sich in unmittelbarer Nähe. Schon 1608 beschloß der Rat den Bau dieses Verteidigungswerkes, das die Wasserseite der Stadt in Höhe des Blauen Turmes sichern sollte. Aber die Verwirklichung dieses und anderer Projekte dauerte noch einige Zeit. So lange mußte das einfache hölzerne, achteckige *Blockhaus* aus-

102

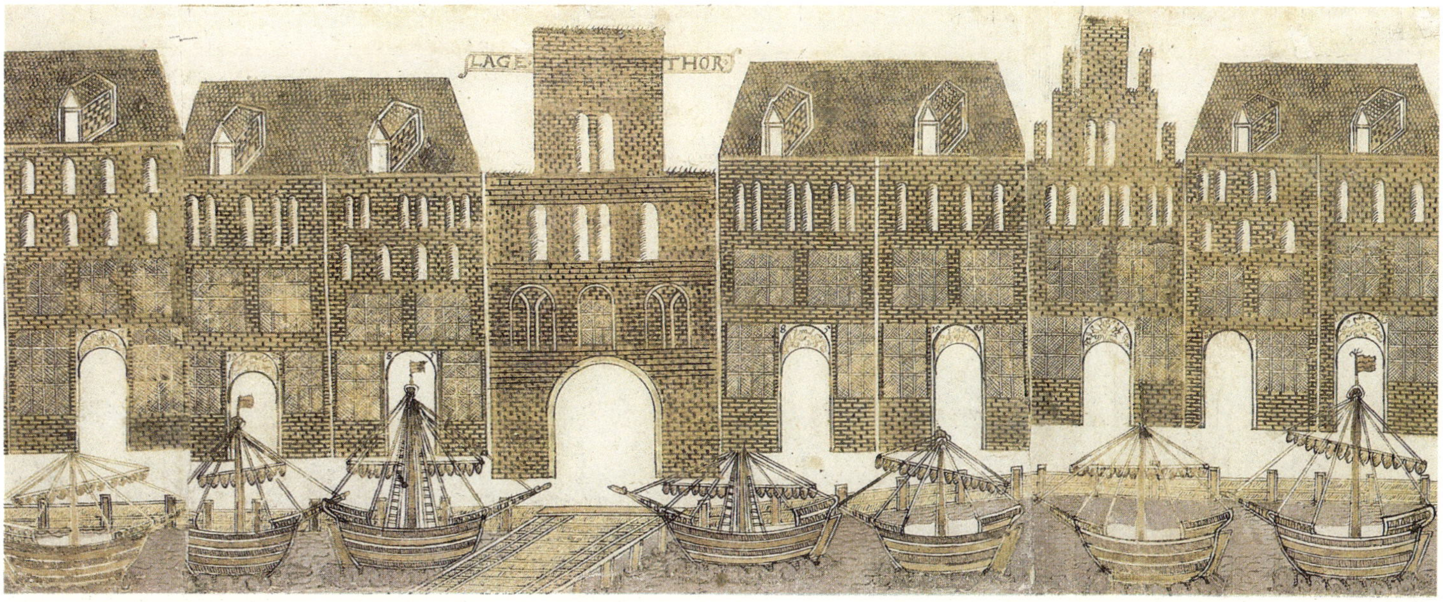
LAGE THOR

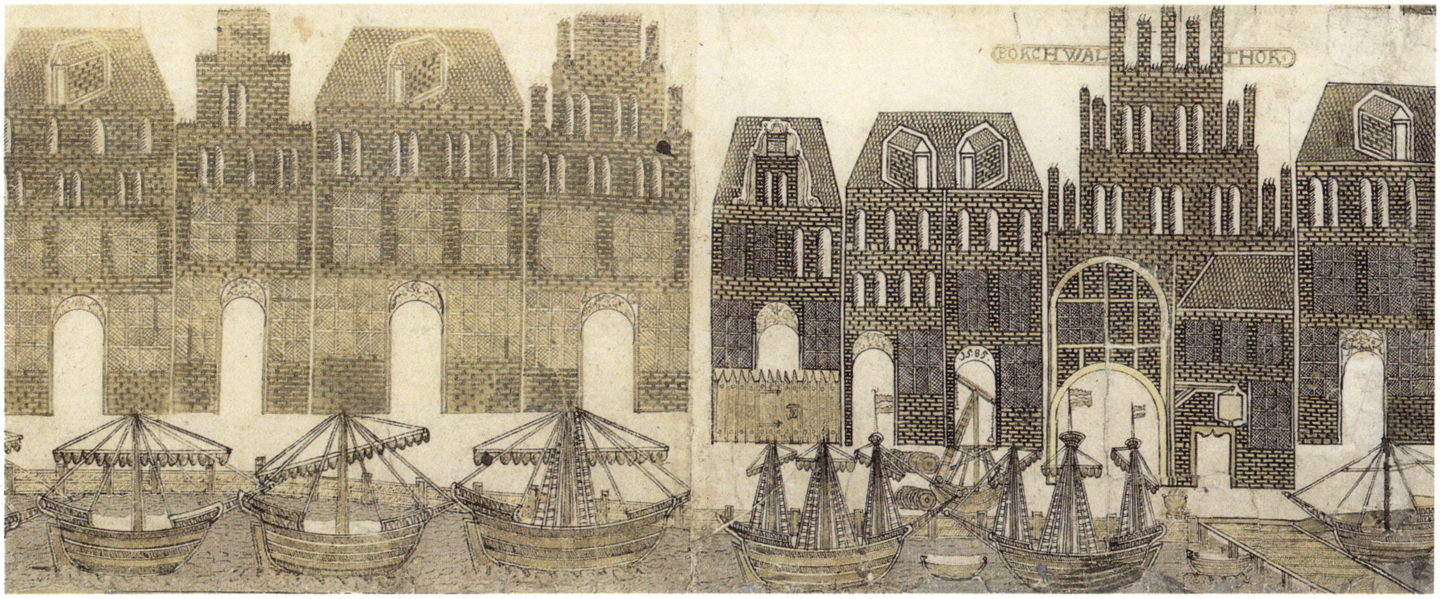
BORCHWAL THOR

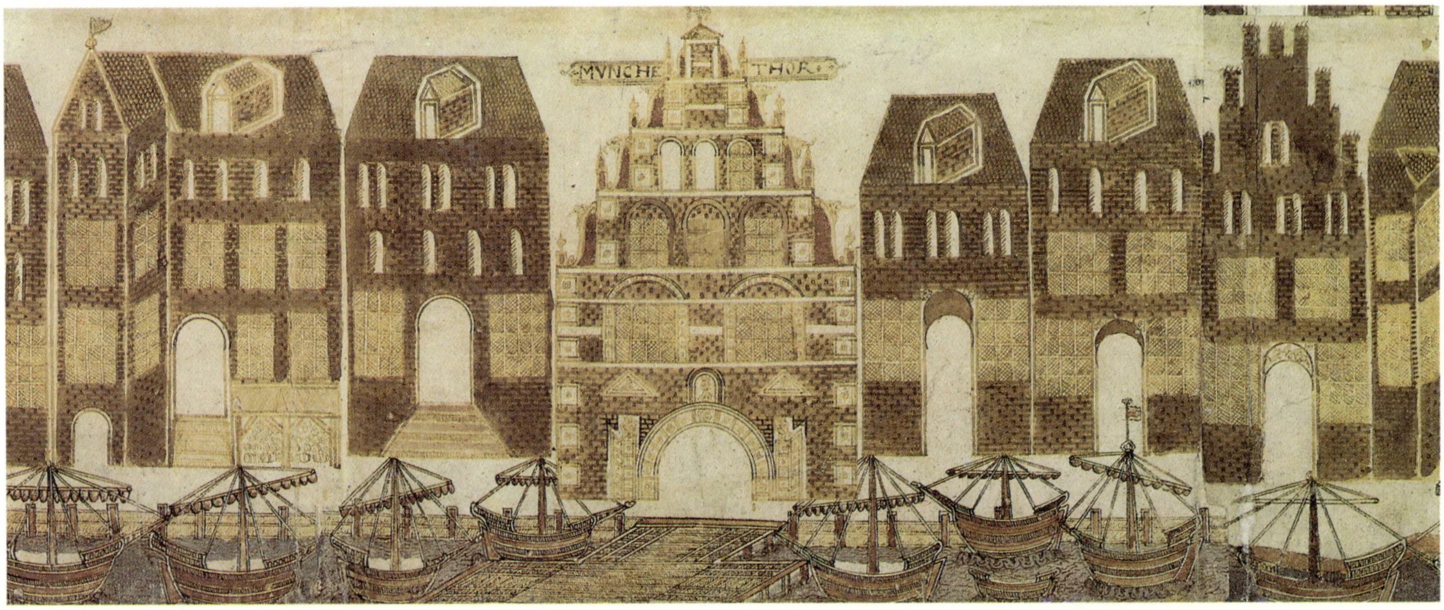
MVNCHE THOR

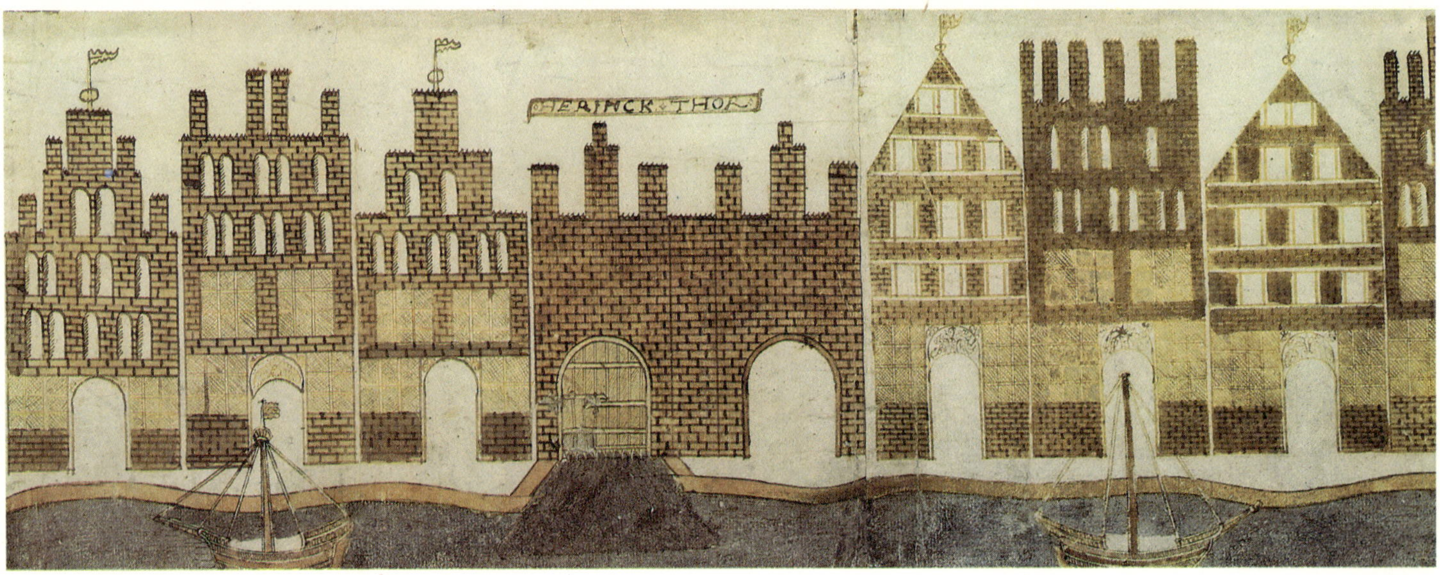
HERINCK THOR

reichen. Schorler stellt es neben das Fischertor. Das Haus stand zwischen diesem und dem Bramower Tor in größerer Nähe zum Wasser und gehörte nicht direkt zum Mauerring. Auch darauf weist Schorler hin. Das Blockhaus hatte die Aufgabe, den ungeschützten Ausfluß des Wallgrabens in die Unterwarnow zu sichern. Der *Kaiserturm*, einer der in die Stadtmauer integrierten Wehrtürme, hatte eine recht eigenartige Konstruktion. Schorler versucht, sie exakt zu Papier zu bringen. Der Unterbau des Turmes – Pfeiler, die Bogen bilden – wirkt wie über die Mauer gestülpt. Der Oberbau ist achteckig, gestützt durch ein Fachwerkgerüst. Die Spitze des »Kaiser« – wie der Volksmund ihn bezeichnete – ragt hoch auf und ist mit Schindeln oder Schiefer gedeckt.

Dem *Teerhof*, vor dem Grapengießertor auf dem Strand gelegen, wendet Schorler sich dann intensiver zu. Er zeichnet ein großes stabiles Fachwerkhaus, das als Lagerhaus für Teer genutzt wurde. Teer war nötig für den Schiffbau und für Reparaturen. Außerdem tränkten die Fischer ihre Netze mit Teer. Deshalb lag der Teerhof in der Nähe der Schiffbauplätze und auch des Fischereihafens. Teerhäuser waren in allen Hafenstädten vorhanden. In Schorlers Zeichnung deutet aber nichts darauf hin, daß das Rostocker außer zum Lagern des Teeres auch zum Teerkochen genutzt wurde. Das Feuermachen auf den Schiffen im Hafen – wenn auch nur zur Essenzubereitung – war wegen der Brandgefahr strengstens verboten. Es gab besondere Kochhäuser, ebenfalls für den Teer. Schorler zeigt nur eine einfache Kochstelle vor dem Burgwalltor dicht am Wasser, wo Teer von den Handwerkern benötigt wurde und die Brandgefahr gering war. Die Aufsicht über den Hof hatten die Teerwracker. Teerhaken – Kleinhändler – vertrieben den Teer in der Stadt.

Das *Grapengießertor* neben dem Teerhof ist ein turmartiges Strandtor, das dem Fischertor ähnlich ist.

Das *Lagertor* wird von Schorler als schlichtes Ziegeltor gezeichnet. Nach einem Bericht in seiner Chronik brannte das Tor in der Nacht zum 6. Januar 1608 ab. Der Strandvogt Tilo Erkmann, ein alter Mann, hatte das Tor voller Holz gestapelt, das er im Sommer gesammelt hatte und im Winter zu gutem Preis verkaufen wollte. Durch seine Fahrlässigkeit kam es zum Brand. Es gab zwei Tote, mehrere Verletzte und hohen Schaden. Der Strandvogt kam mit dem Leben davon. Am 4. Juli begann man den Wiederaufbau des Lagertores.

Interessant gestaltet sich das Geschehen am Strande vor dem *Burgwalltor*. Eine der Anlegebrücken ist zu sehen. Schiffe, die beladen oder gelöscht werden sollen, liegen dort, und in unmittelbarer Nähe des Wassers ragt ein sehr einfacher Hebelkran auf. Auf einem Holzgerüst ruht der zweiarmige Hebel, an dessen Enden Ketten hängen, die zum Befestigen der Lasten auf der einen und von Gewichten auf der anderen Seite bestimmt sind. Denn es handelt sich um den Hebelkrantyp, der mit Hilfe von Gegengewichten das Verladen erleichterte. Inwieweit dieser Kran sich auch drehen konnte, ist nicht eindeutig zu erkennen. Doch können wir davon ausgehen, daß der Kran aus dem Jahre 1585 nicht nur horizontal, sondern auch vertikal zu bewegen war. Links ist eine Leiter zu erkennen, am Boden unter ihr liegen Gewichte. Ein Gewichtträger hatte hinaufzusteigen und die Gewichte an dem einen Hebelarm anzubringen, so daß der Kran funktionstüchtig wurde. Ein kleinerer Kran von gleicher Konstruktion ist ein Stück weiter am Strand zu finden. Die Primitivität dieser Hilfsmittel mag überraschen, doch scheint Rostock in dieser Hinsicht keine Ausnahme gewesen zu sein. Vorwiegend wurden die Schiffe durch menschliche Muskelkraft be- und entladen. Es gab allerdings – wie aus einer Miniatur vom Weinmarkt in Brügge zu Beginn des 16. Jahrhunderts hervorgeht – schon besser konstruierte Kräne als diesen von Schorler viele Jahrzehnte später gezeichneten. In seiner Chronik hielt er fest:

»Anno 1622 den 18. Septembris ist der neue krahn bei dem strande vor dem Borchwallthor zu richten angefangen durch meister Thomas Albrechten, der stadt zimmermeister, welcher auch St. Nicolaus thurm und spitze erbauet. Und obwol den sommer uber in der Rostocker heide fast alle holtz gezimmert und zurechte gemacht, so ist doch gleichwol mit dem aufrichten, decken und ausmauren der gantze herbst bis in den angehenden winter mit hingegangen.«

Vermutlich handelte es sich um eine größere und kompliziertere Konstruktion, wie sie auf Wenzel Hollars Kupferradierung von Rostock zu erkennen ist. Die Radierung wurde zwar erst 1657 veröffentlicht, ging aber auf eine Vorlage von 1625 zurück. Das Burgwalltor hatte zu Schorlers Zeit einen gotischen Giebel mit der für Rostock typischen Zinnenbekrönung. Die Tordurchfahrt war seitlich verschoben. An das Tor war eine Zoll- oder Zeicheneinnehmerbude angebaut. Die Tür des Zollhauses zeigt den sogenannten Eselsrücken, eine gotische Form, die nur an dieser Stelle in Schorlers Bildrolle festzustellen ist.

Das *Mönchentor* präsentiert sich mit seiner Stadtseite in reicher Renaissancearchitektur. Es ist die Ausnahme unter den bescheidenen Strandtoren. Die Giebelstufen sind mit Voluten und kleinen Pyramiden geschmückt, Quader, Gesimse und die Portale wurden nach niederländischen Vorbildern gestaltet, die Ausgang des 16. Jahrhunderts auch anregend auf die Rostocker Bautätigkeit wirkten. Daß dieses Gebäude zu Rostock gehört, unterstreicht Schorler durch den Greifen, der auf dem Zwerchhaus des Giebelabschlusses stolziert. Das Tor wurde zu Beginn der achtziger Jahre umgestaltet. 1581 arbeitete daran der 1577 aus Antwerpen gekommene Steinhauer Rudolf Stockmann. Mit großer Wahrscheinlichkeit ist er maßgeblich an den Bildhauerarbeiten beteiligt gewesen. 1588 schuf er die Kanzel von St. Petri, und vermutlich stammt auch die der Jakobikirche von ihm.

Im *Heringstor* ist der Prototyp der einfachen Mauerpforte am Strande zu sehen. Es lag unmittelbar neben der Einmündung der Grube in die Warnow auf der Altstadtseite. Dieser Arm der Oberwarnow bildete eine natürliche Grenze zwischen Alt- und Mittelstadt. Die Bezeichnung „Heringstor" steht unzweifelhaft in Beziehung zu dieser Fischart. Wahrscheinlich befanden sich in Nähe des Tores Heringshäuser. In diesen Gebäuden, über die es in Rostock schon Ausgang des 13. Jahrhunderts Aufzeichnungen gibt, wuschen und konservierten die Heringswracker oder -wäscher das wertvolle Nahrungsmittel. 1293 nennen die Quellen nahe der Warnow in der Altstadt ein Heringshaus. Es ist anzunehmen, daß es in Nähe des Tores stand. In späteren Zeiten gab es mehrere städtische Heringshäuser innerhalb der Stadt, aber auch private, die außerhalb lagen.

Der Handel mit Heringen war für die Stadt lange Zeit ein einträgliches Geschäft. Diese Fische wurden u. a. vor der südschwedischen Küste bei Schonen gefangen, die dort anzutreffenden Heringsschwärme waren von der Art, daß – wie Olaf Magnus noch im 16. Jahrhundert berichtet –, Streitäxte und Hellebarden in ihnen stecken blieben. Schon 1251 sicherte ein königlich-dänisches Privileg den Rostocker Kaufleuten Sicherheit für den Handel in Schonen zu. Für die Böttcher der Stadt bedeutete die Herstellung von Heringstonnen – neben der von Biertonnen – eine Existenzgrundlage. In Schorlers Chronik findet sich eine Bemerkung über einen geheimnisvollen Hering:

»Anno 1587, im November, ist in Norwegen zu Solterör nicht weit von Mahrstrande auf dem heringfange ein wunderbarlicher hering gefangen worden, mit schwartzen unbekanten buchstaben auf beiden seiten, darüber sich viele gemacht, die ausdeutunge darauf zu finden, aber die rechte ausdeutunge befindet sich teglich genug mit abgang der herlichen gabe Gottes, des lieben heringes.«

Zu Schorlers Zeiten war es noch üblich, das Tor als Heringstor zu bezeichnen. Die Blütezeit des Heringsfanges neigte sich allerdings dem Ende zu. Später jedoch kam eine zweite Bezeichnung in Gebrauch: Lazarett-Tor, da in der Nähe des Tores, zwischen Grube und St. Katharinen, das sogenannte Lazarett lag. Um 1500 wahrscheinlich oder am Ende des 15. Jahrhunderts, als in Norddeutschland die Schwarzen Pocken grassierten, wurde es als dem Heiligen Lazarus geweihtes Pockenhaus errichtet und diente als Hospital. Nachweisbar ist es jedoch erst mit dem Jahre 1522, als der Bürgermeister Arnd Hasselbeck es als „Pockenhaus beim Heringstor" in seinem Testament bedachte.

Das Petritor

Die Landstraße aus Stralsund – ein wichtiger Verkehrsweg, der weiter führte nach Wismar und Lübeck – erreichte Rostock am Petritor. Zuvor mußte man eine hölzerne Brücke benutzen, um die hier etwa 50 Meter breite Warnow zu überqueren. Diese Brücke war eine Stätte des Strafvollzugs. Hier wurden die von der Peinlichen Halsgerichtsordnung Kaiser Karls V. (1532) für Kindesmord festgeschriebenen Strafen vollzogen. Der Artikel 131 der Carolina sah vor, Frauen, die ihre Kinder getötet hatten, mit Hund, Hahn, Schlange und einer Katze anstatt eines Affen in einen Sack zu stecken und zu ertränken. Im 17. Jahrhundert wurde diese grausame Art des Tötens abgelöst durch den Tod mit dem Schwert.

In Schorlers Chronik finden sich Beispiele. Für den 9. März 1622 notiert er:

» . . . ist eine warterfrau, die ihr eigen kindt erwurget hatte, unter St. Petersbrücken in einem sacke ertrenckt, welche hernach von den medicinal professores anathomirt worden.«

Wir erfahren aber auch, daß Kindesmörderinnen mit dem Schwert gerichtet wurden.

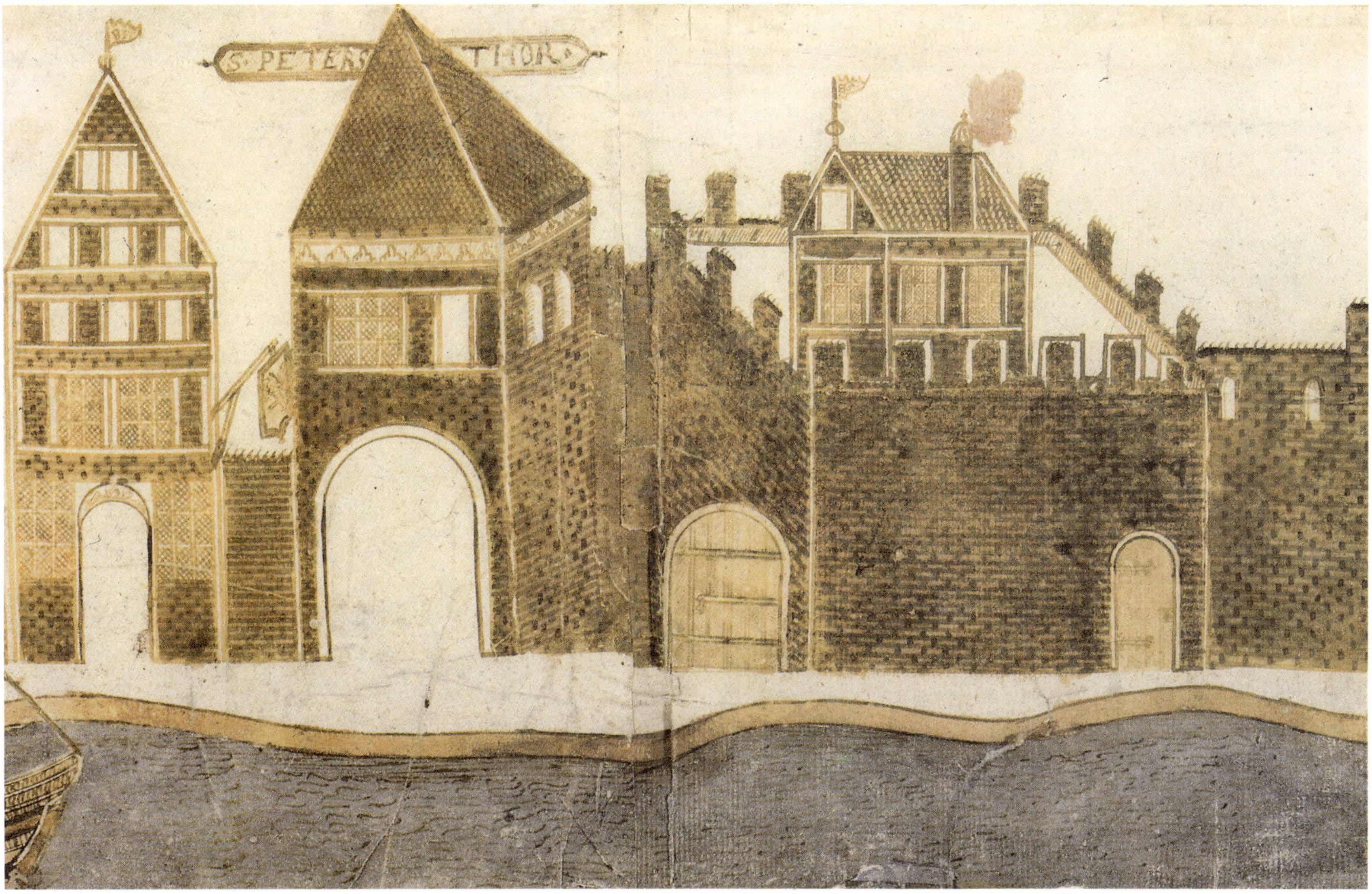
S·PETERS THOR

»Anno 1621 den 12. Martti ist eine magd [...] eines kindes niedergekommen, welches sie alsovort in das Wasser der gruben geworfen und ertrencket [...] hernach den 2. Maii mit dem schwerdt gerichtet worden.«

Das Petritor war nach dem Kuhtor und dem Kröpeliner Tor das zwar älteste der Rostocker Stadttore, jedoch weitaus schlichter als das hohe Kröpeliner Tor oder das im Renaissancestil neu errichtete Steintor. Schorler hat es als spätgotisches Tor vom Typ des Haustores festgehalten. In Wirklichkeit war es aber nicht so hoch und schmal, wie auf dem Bild dargestellt. Auch dieses Tor wurde im oberen Stockwerk wie die Tore am Strande bewohnt. Dicht neben dem Petritor stand, im Bild links zu sehen, eine Zollbude, die es auch an anderen Stadttoren gab. Eine gut sichtbar ausgehängte Fahne oder ein Wappenschild mit dem Rostokker Greifen weist sie als städtische Einrichtung aus und unterstreicht ihre Bedeutung. Hier saß ein Zeichen-Einnehmer, ein zur städtischen Akzise gehörender unterer Beamter. Seine Aufgabe war es, sich für Waren, die mit der Verbrauchersteuer belegt worden waren, bereits ausgestellte Akzisezettel vorzeigen zu lassen, diese entgegenzunehmen oder Waren der Akzisebude zuzuleiten, nicht aber Akzise zu erheben.

Zwischen Tor und Stadtmauer hat Schorler das seltsame Gebilde der Flöh- oder Fliehburg festgehalten. Das Gebäude steht in einem Mauergeviert nahe der Bergkuppe zwischen Petritor und Petrikirche. Dieses Haus galt als Wohnung des Reformators Joachim Slüter, war aber nicht Eigentum der Kirche. Mit einer Burg hatte es nichts gemein, dennoch mögen die Geschlossenheit des Anwesens, der von der Mauer gegebene Schutz und die massive Bauweise ihm in den Augen der Rostocker den Charakter einer Burg verliehen haben.

Die Stadtmauer am Petritor und an der Petrikirche muß zu Beginn des 16. Jahrhunderts recht baufällig gewesen sein, denn sie stürzte mehrmals ein und wurde ausgebessert. Schorler teilte in seiner Chronik mit, daß 1608 am Friedhof ein großes Stück Mauer in die Gärten stürzte, die sich innerhalb des Hanges befanden, und daß das Loch mit Brettern geschlossen wurde. Erst 1617 hatte man es wieder mit Steinen zugemauert.

Dieser Teil der Stadtbegrenzung weist auch nicht die tiefroten Backsteine der ältesten Bauphase auf, sondern die gelb-braunen jüngerer Zeiten. Außerdem ist die Mauer abgestuft und hat Schießscharten.

Der Gerberbruch

Schorlers Zeichnung des Gerberbruchs – gesehen von der Warnow aus – gibt ein Rätsel auf. Ob diese Darstellung völlig mit der Realität übereinstimmte, muß unbeantwortet bleiben. Kernstück des von ihm gezeichneten Gerberbruchs sind acht gestaffelte hohe Häuser. Symmetrisch verlaufen sie in zwei Viererreihen links und rechts vom Gerbertor. Sie besitzen große Ähnlichkeit mit den Warnemünder Häusern, entsprechen dem dort gezeigten Haustyp in Fachwerkbauweise. Es handelt sich wohl um jene Gebäude, die im 17. Jahrhundert – und es mag auch schon zu Schorlers Zeit so gewesen sein – beidseitig von dem Wassergraben – dem Gerberbruch – im Gelände vor dem Gerbertor standen. Die Warnow bildete in dem Abschnitt etwa von der Höhe der Petrikirche bis zum Mühlendamm einige Deltaarme, deren Verlauf schon früh reguliert wurde. Sie machten das Gebiet zwischen Stadtmauer und Fluß besonders unterhalb der Nikolaikirche zur Bruchlandschaft. Die Brüche wurden nach den Kütern (Schlachtern), Gerbern und Fischern benannt, die auf Grund der natürlichen Gegebenheiten hier ihre Arbeits- und Wohnstätten hatten. Sie befanden sich auf uraltem Siedlungsgebiet, denn schon vor der deutschen Besiedlung existierte hier eine wendische Niederlassung. Durch zwei Bruchtore war der Zugang zur Stadt möglich. Eins davon – das Gerbertor – war ein kleines Bauwerk mit spätgotischen Architekturdetails wie Zinnen und Friesen, die auch von anderen Beispielen her bekannt sind. Die Stadtmauer am Gerbertor, wie Schorler sie wiedergibt, ist aus dem tiefroten Backstein erbaut, der für die ältesten Bauphasen charakteristisch war. Hier lassen sich auch Schießscharten erkennen. Es ist durchaus zu vermuten, daß die Ausbuchtung des Wasserlaufs in Richtung auf das Gerbertor eine Andeutung des Gerberbruchs sein soll.

Die Gerber vor dem Gerbertor, am Gerberbruch, waren Lohgerber. Um 1583 zählte ihr Amt – von altersher war es eins der stärksten Handwerksämter in der Stadt – etwa zwanzig Amtsbrüder. In den ersten Jahrzehnten des 17. Jahrhunderts nahm die Stärke des Amtes noch zu, und wahrscheinlich ist damit die größere Anzahl von Gebäuden am Bruch zu erklären, wie sie auf dem Vogelschaubild Wenzel Hollars festzustellen ist. Die Lohgerber fanden hier alles, was sie für ihr Handwerk benötigten, die Häute konnten von den

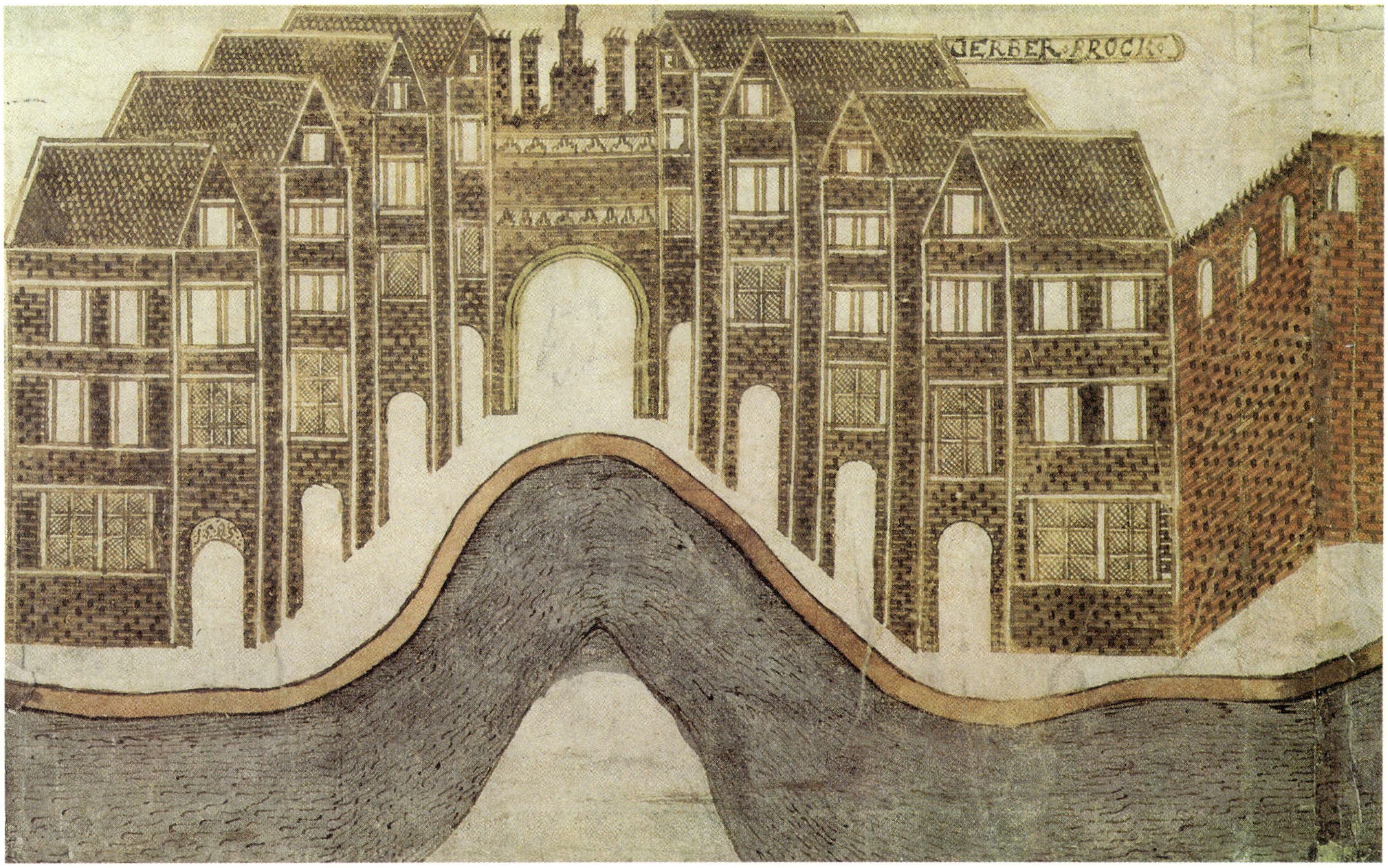
GERBER BROCK

benachbarten Kütern beschafft werden. Eichenrinde wurde vermutlich in der naheliegenden Walkmühle zu Lohe vermahlen, Wasser war ausreichend vorhanden und Platz für die »Gergruben« (Gerbergruben), in denen das Leder bis zu drei Jahren garen mußte, ebenfalls.

Vor dem Mühlentor

Mit dem Mühlentor schloß Schorler die Darstellung der Gebäude innerhalb des städtischen Mauerrings ab. Nun begann er wieder aus seiner ihm eigenen vogelschauartigen Sicht zu zeichnen, um nicht nur Dörfer und Städte, einschließlich Güstrow und Bützow, ins Bild zu bringen, sondern auch vorstädtisches Treiben. Aus diesem Grunde zeichnete er wohl das Mühlentor als einziges Tor nicht von der Stadt-, sondern von der Feldseite. Es ist ein fast quadratisches Turmtor, dessen Schmuck in zwei rundumlaufenden spätgotischen Friesen besteht. Über der Durchfahrt befindet sich ein hochgezogenes Fallgitter. Dieses Landtor wurde 1268 erstmals erwähnt und gehörte zu den ältesten. Seit 1570 war ihm eine Bastion vorgebaut. Links schließt sich die Stadtmauer an. In Wirklichkeit verläuft sie an dieser Stelle im schwachen Bogen, Schorler zeichnet sie aber mit einem scharfen Knick, um auf diese Weise den Anschluß zum Tor herzustellen. Hinter der Mauer blicken wir auf zwei Häuser, die wohl in der Nähe der Nikolaikirche, am Schwibbogen, standen. Rechts am Tor steht ein Wachthaus, in dem auch Torschreiber und Zolleinnehmer saßen.

Vor dem Tor herrscht reges Treiben. Über dem Mühlendamm, er ist im Bild unten und oben durch das Wasser der Oberwarnow begrenzt, gelangte man auf die Landstraße nach Laage und Güstrow. Ein mit Säcken beladenes schweres Fuhrwerk nähert sich dem Mühlentor. Ein Reiter lenkt das vierspännige Gefährt vom Sattel des linken Deichselpferdes aus. Als Zuggeschirr dient das für schwere Lasten vorgesehene Kummet. Das alles wurde von Schorler sehr genau beobachtet und realistisch wiedergegeben. Dahinter bewegt sich in gleicher Richtung sogar ein sechsspänniges Fuhrwerk, das ebenfalls vom Sattelpferd aus gelenkt wird. Es hat vermutlich agrarische Produkte geladen, man erkennt eine Gans, die auf dem Markt verkauft werden soll. Von der Stadt weg bewegt sich ein halboffener Reisewagen, eine Kutsche, mit mehreren Personen. Vorgespannt ist ein Dreierzug, eine Troika, wie es später hieß. Ein peitschenschwingender Kutscher hält die Pferde in Trab.

Das Reisen und die Beförderung von Handelsgut waren im 16. und 17. Jahrhundert noch recht beschwerlich. Es gab auf den Landstraßen weder Pflasterung noch Schotter. Achsen- und Radbrüche waren nicht selten. Nach anhaltenden Landregen blieben die Wagen im Morast stecken. Schlimmer als all das waren jedoch die Räubereien der Wegelagerer, die die Handelswege verunsicherten. Über ein in dieser Beziehung schreckliches Verbrechen berichtet Schorler für das Jahr 1611:

»den 1. Martii ist ein jubilirer von Hamburg zwischen Bützow und dem Neuen Closter von etlichen reubern überfallen und schendtlich ermordet worden, welcher über zwölftausend gulden werth an cleinodien und anderen teurebahren jubilierersachen bei sich gehabt, und solches gerauber, den todten uberseits geschleppet und die lade zerschlagen.«

Wegen all dieser Schwierigkeiten und Gefahren wurden daher, soweit es möglich war, auch die Wasserwege rege benutzt, um in das Landesinnere zu gelangen. Davon zeugen die vielen Flußboote, die Schorler abbildete.

Älter noch als das Gewerbe der Wind- war in Rostock das der Wassermüller, das schon früh ziemlich verbreitet war. Wassermühlen lagen an Gewässern vor dem Kröpeliner Tor, an der Grube, einem Wasserarm der Warnow zwischen Alt- und Mittelstadt, und vor allem am Mühlendamm. Er wurde bereits 1262 erwähnt. Hier, an der Oberwarnow, konnte das Wasser mit Stauwerken aufgehalten, der notwendige Wasserdruck über Schleusen erreicht und die erforderliche Wasserhöhe gesichert werden. Die Wassermühlen waren in der Regel Eigentum der Stadt oder vermögender Bürger, die sie an Müller verpachteten. Die damit verbundene Abhängigkeit der Pächter vom Eigentümer mag der Grund dafür gewesen sein, daß ein korporativer Zusammenschluß ziemlich spät erfolgte. 1584 war gerade die älteste Amtsrolle der Wassermüller, »Beliebunge und gesotte der müller-companschaft auffem Mühlendamm so aus der alten rolle de ann 1490 extrahiret«, erneuert worden.

Auf dem Bild sehen wir sechs Mühlen und dazwischen die unterschlächtigen Mühlenräder, die mit Schaufeln versehen waren. Im Rademacherhaus wur-

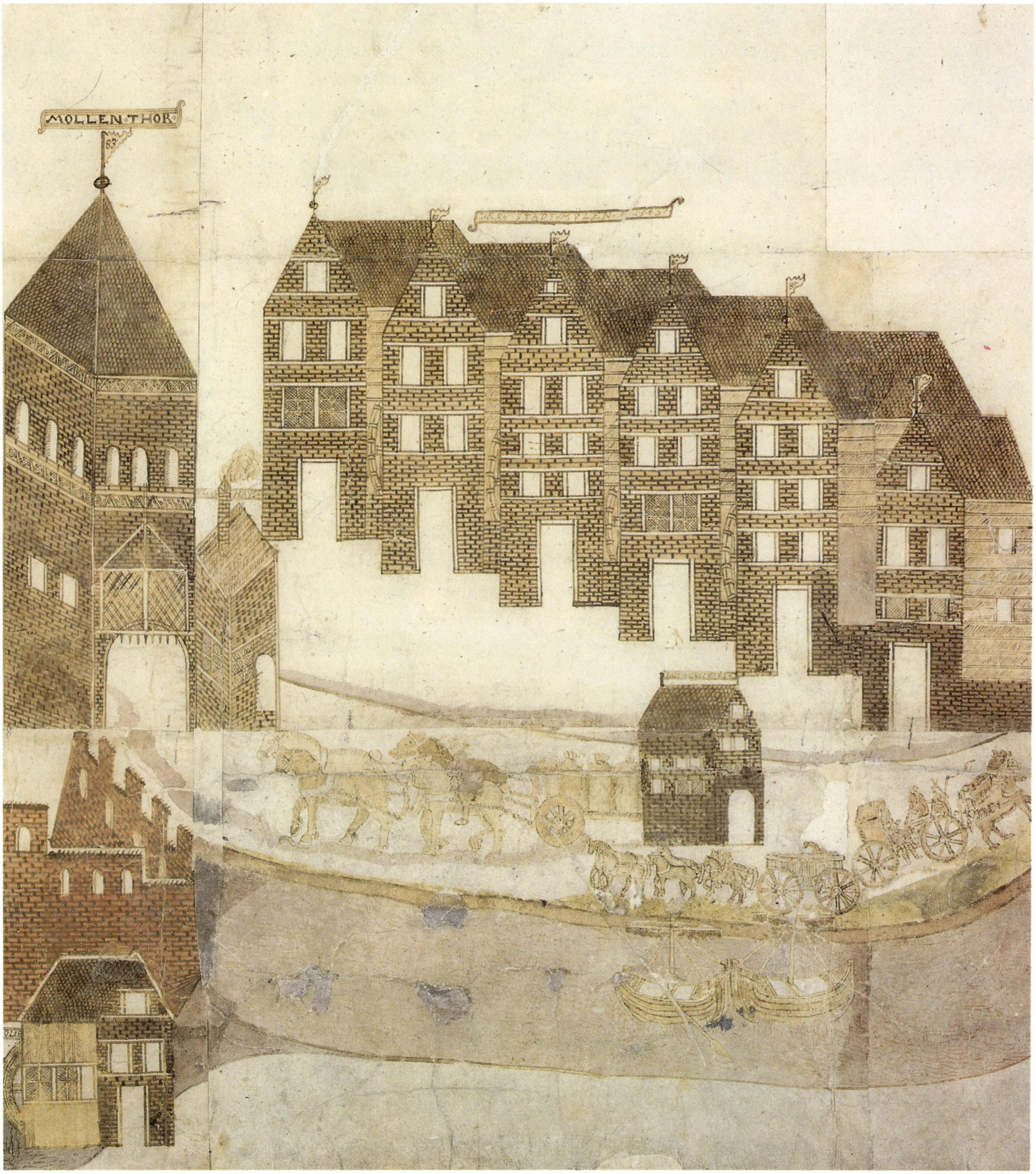

den die Räder, Speichen und Felgen für Fuhrwerke, Kutschen und Karren hergestellt. Der »Rademakere« arbeitete dem »Stellmakere« zu, der die Wagen herstellte. Die Bezeichnung Wagenbauer kam in dieser Zeit in Rostock nicht vor. Eine Amtsrolle der Rad- und Stellmacher ist für 1514 bezeugt.

Die Walkmühle links unten diente vermutlich der Verarbeitung textiler Wollstoffe zu Filz. Dazu wurde unter anderem auch ein Walkhammer benötigt, der hier mit Hilfe des Wasserrades seinen Antrieb erhielt. Filz- und Hutmacher, die »Hotfiltere«, waren in Rostock seit dem 15. Jahrhundert in einem Amt vereint.

An der Mühlendammzingel

Die Mühlendammzingel lag über den Mühlendamm hinweg auf der rechten Warnowseite etwa 600 Meter vom Mühlentor entfernt. Sie gehörte zu dem äußeren Befestigungsgürtel, der die Stadt landseitig umgab. Dieser bestand aus natürlichen Wasserläufen, Teichen, künstlichen Wassergräben, Wällen, Dornverhauen und an den Zugangswegen zur Stadt aus massiven Wehranlagen. Er diente als vorgeschobene Verteidigungslinie auch dem Schutz der Grundstücke, Gärten, Scheunen, Mühlen, Ziegelhöfe und dergleichen vor den Toren der Stadt.

Die Mühlentorzingel wurde aus einem Blockhaus, einem Wachthäuschen, Tor und Zugbrücke gebildet. Ein Erdwall mit Palisaden umgab sie. Vicke Schorler zeichnete sie als achteckiges Blockhaus aus Bohlen mit einem Schindeldach. Links daneben sind ein steinernes Tor und eine Fußgängerpforte zu sehen und rechts das kleine Wachthaus. Noch bis 1651 enthielt das Blockhaus leichte Geschütze, bronzene Falkonette und eiserne Götlinge. Im 18. Jahrhundert erinnerte an das kleine Festungswerk nur noch der Name. Bis 1797 gab es »auf dem Blockhaus« viele Jahrzehnte eine Krugwirtschaft. Die Müller nutzten sie als Versammlungslokal. Auf Schorlers Bild tragen mehrere Personen Geräte, die auf Feld- und Waldarbeit hinweisen. Einer hat außer seiner Axt einen erlegten Hasen über den Rücken gehängt.

Der Ziegelhof der Marienkirche lag auf der Stadtfeldmark in der Nähe der Mühlentorzingel an der Oberwarnow. Lange Zeit bezog die Kirche die Ziegelerde mit Prähmen von Schwaan aus ihren eigenen Tongruben. In Schorlers Zeichnung ist ein Gebäude mit Brennofen nicht erkennbar, wohl aber eine Trockenscheune im Hintergrund. Darunter, am Wasser gelegen, sieht man ein kleines Wäldchen. Personen, Hunde und Vögel beleben es. Oskar Gehrig nahm an, daß es sich um eine Falknerei handelte.

Gleich daneben blicken wir auf das Dorf Kessin, das in Wirklichkeit jedoch 4 km südöstlich von Rostock entfernt am rechten Ufer der Warnow liegt. Die Bezeichnung des 1170 erstmals urkundlich erwähnten Ortes geht auf das altslawische Kyzhin/Kyzzin zurück und wird als Fischerhüttenort gedeutet. Seit dem 13. Jahrhundert befand sich Kessin im Besitz von Rostocker Familien. Zur Zeit Schorlers – für 1566 im Kämmereiregister nachgewiesen – saßen hier sechs Bauern und vier Kossaten, die der Ratsfamilie Kerkhof rentenpflichtig waren. 1601 erwarb der Rostocker Bürgermeister Friedrich Hein (gest. 1604) das Besitzrecht an Kerkhofschen Gütern, auch an Kessin. Von 1684 bis 1781 war der Ort Eigentum des Klosters Ribnitz, wurde dann aber von Rostock zurückgekauft. Schorler zeichnete dieses Dorf, wie auch alle anderen, als eine Ansammlung von Häusern, ohne die Dorfanlage und Gehöfte darzustellen. Die Backsteinkirche mit dem Dachreiter entstand im 14. Jahrhundert, der Chor aus Feldsteinen geht sogar auf die Mitte des 13. Jahrhunderts zurück. Eine niedrige Feldsteinmauer mit einem gotischen Tor umgibt den Friedhof. Die Kirche enthält zwei wertvolle Schnitzfiguren, eine Sitzmadonna aus der Zeit um 1300 und eine Sitzfigur, die den Heiligen Godehard darstellt, aus der ersten Hälfte des 15. Jahrhunderts. Nach der Heiligsprechung des Bischofs Godehard von Hildesheim (1122–1138) war Kessin vom Schweriner Bischof als „villa sancti Godehardi" benannt worden. Dieser Name setzte sich jedoch nicht durch. Die Häuser des Gebietes wurden mit geringen Ausnahmen in der Bauweise des niederdeutschen Hallenhauses errichtet. Schorler stellt sie als Fachwerk-Ziegelbauten mit Stroh- oder Rohrdach dar. Unter einem Dach befanden sich die große Diele, der Stall, Stuben, Kammern und die Lucht, ein durch Fenster erhellter freier Raum in der Diele, in dem der große Eßtisch stand. Giebelzierden sind bei allen angedeutet. Mit dem großen ziegelgedeckten Haus neben der Friedhofsmauer könnte der Schulzenhof gemeint sein.

Auffallend ist, daß Schorler alle Dörfer zwischen Rostock und Bützow mit reichem Baumbestand versah.

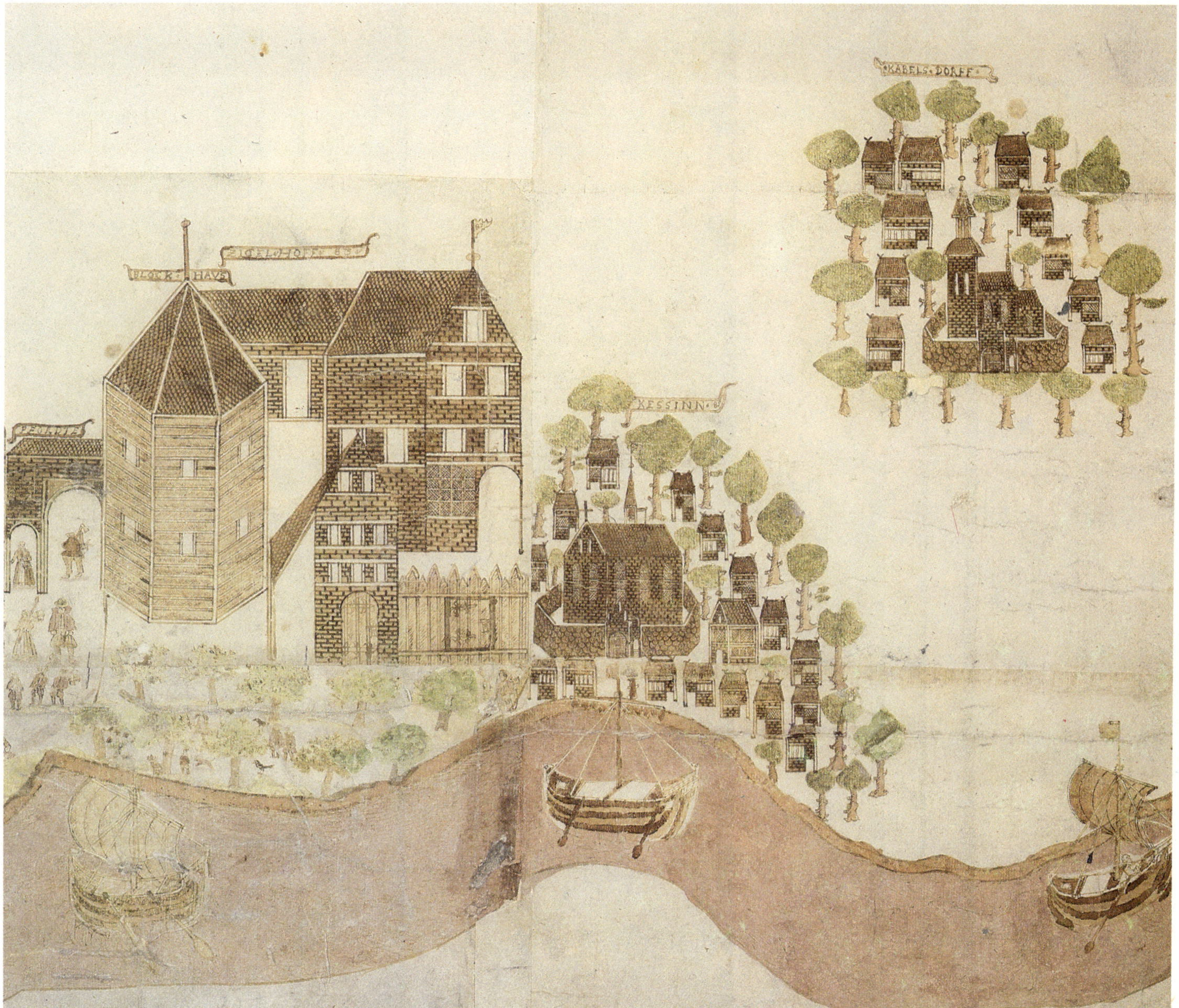
BLOCK HAUS
KABELS DORFF
KESSINN

CONTRAFFVNCK DEM STEDTLEIN SCHWAN

Oben rechts ist durch Schorler Kavelstorf ins Bild gebracht. Der Ort liegt 11 km südlich von Rostock. Ursprünglich hieß er nach der Familie Kabold, deren Angehörige ihn als Vasallen des Fürsten von Werle gründeten, Kabelsdorf und wurde 1320 erstmals erwähnt. Die Kirche ist eine der ältesten im Lande. Ihr Chor entstand um 1250, Langhaus und Turm aber sind etwas jünger. Den stumpfen, leicht geschwungenen Helm ziert eine hohe Laterne, die für Mecklenburg in dieser Form nicht typisch war.

Schwaan

Diese kleine mecklenburgische Landstadt zeichnete Schorler 1585. Ihr Name ist unbekannter Herkunft. Vermutet wird ein slawischer Personenname Sywan, aus dem Swan und dann Schwaan gebildet wurde. Der 16 Kilometer südlich von Rostock an der Warnow gelegene Ort wurde 1232 erstmals erwähnt und muß auch in dieser Zeit das Stadtrecht erhalten haben. Als „oppidum" ist er jedoch erst seit 1276 überliefert. Die Stadt gehörte anfangs den Fürsten zu Werle-Güstrow, gelangte 1301 an die Herrschaft Rostock und damit in die Hand der Fürsten zu Mecklenburg.

Schwaan war zur Zeit Schorlers eine offene Stadt. Ehemalige Wehranlagen – drei Stadttore soll sie einst gehabt haben – sind, bis auf das Brückentor, nicht mehr vorhanden. Die fast dreieckige Form der Stadt ist außerordentlich selten und folgt den geographischen Gegebenheiten. Sie wird von Schorler richtig festgehalten. Alle Wohnhäuser zeichnete er vereinfacht und schematisiert in Reihungen. Die Kirche am Markt, ein Backsteinbau mit hohen Kirchenfenstern und einem Turm mit pyramidenförmigem Dach, entstand in der Mitte des 13. Jahrhunderts. Das Schloß ist ein reichverzierter Renaissancebau. Zwei hohe Türme flankieren den mit Türmchen und Fialen geschmückten Hauptgiebel. Höfisches Leben herrschte hier aber nur noch zu Jagdzeiten, wenn die Herzöge mit ihrem Gefolge im Schloß Quartier nahmen. Zeitweilig war es auch ein herzoglicher Witwensitz. Wallenstein verbrachte den 24. und 25. Oktober 1628 im Schloß, und 1675 hatte sich der brandenburgische Kurfürst Friedrich Wilhelm I. für einige Wochen hier einquartiert, als er die mit Frankreich verbündeten Schweden durch Mecklenburg verfolgte. Der Verfall des kaum noch benutzten Schlosses führte 1718 zu seinem Abriß und der Errichtung eines Amtshauses an dieser Stelle.

An dem von Schorler gezeichneten Brückentor verbindet eine feste Holzbrücke beide Ufer der Warnow. Sie muß schon lange existiert haben, denn gemäß einer Urkunde von 1328 verkaufte der Fürst von Mecklenburg und Herr zu Rostock, Heinrich Borwin II. (1266–1328), dem Rostocker Ratsherrn Johann Rode (gest. um 1350) seine Fischereigerechtigkeit auf der Oberwarnow »inter murum Roztoch et pontem Zywan« – zwischen der Rostocker Stadtmauer und der Brücke zu Schwaan.

Eine besondere wirtschaftliche Beziehung gab es zwischen Rostockern und Schwaanern. Sie geht auf eine Sage zurück: weil die Schwaaner Bäcker der Stadt Rostock in einer Hungersnot durch Brotzufuhr Hilfe geleistet hatten, erhielten sie das Recht, jährlich am Gründonnerstag, dem Donnerstag vor Ostern, die Bannrechte der Rostocker Bäcker zu durchbrechen und ihr eigenes Backwerk auf dem Markt in Rostock zu verkaufen. Das geschah in der Tat noch bis zu Beginn unseres Jahrhunderts. Der Verkauf der »Schwaanschen Kuchen« vor Ostern in ihrer Stadt wurde stets von den Rostocker Bäckern unwillig hingenommen, aber für die kauffreudigen Rostocker Einwohner war es ein willkommenes Ereignis.

Güstrow

Diese Stadt erwähnt Schorler in seiner Chronik im Zusammenhang mit dem Ableben des Herzogs Ulrich.

»Anno 1603, den 14. Martii ist der hochlobliche furst und herr hertzogk Ulrich von Mecklenburg gestorben zu Güstrow, und ist die furstliche Leiche den 14. Aprilis in grosser solennitet und grosser vorsamlung vieler vornehmer hern und leuten zu Güstrow in das furstliche begrebnißgewölbe in einem zinnern sarcke zu ihrer ruhe niedergesetzt worden, die deutsche leichpredigt ist von doctor Lucas Backmeistero gehalten worden.«

Herzog Ulrich hatte Güstrow in der zweiten Hälfte des 16. Jahrhunderts als seine Residenzstadt wesentlich geprägt. Nachdem er 1555 im Zusammenhang mit Erbfolgestreitigkeiten gegenüber seinem älteren Bruder Johann Albrecht I. (reg. 1547–1576) in Schwerin eine Nutzungsteilung des mecklenburgischen Landes erreicht hatte, wählte er Güstrow zu seinem Sitz. Die Stadt war nicht groß und zählte nur an die 3000 Einwohner. Ihre Entstehung verdankte sie dem Fürsten Heinrich Borwin II., der 1226 im Tal der Nebel im Anschluß an das slawische Dorf Guzstrowe ein Kollegiatstift mit dem Dom und einer Stadt gründete. Sie ist 1228 mit der Erwähnung eines »cives de Guzstrowe« bezeugt. Gleichzeitig entstand am Südrand der Stadt eine erstmalig 1307 genannte landesherrliche Burg. Zu dem Zeitpunkt, als Herzog Ulrich die Stadt zu seiner Residenz machte, war sie gerade wieder aufgebaut worden. Drei Brände, besonders der von 1503, hatten Güstrow zu Beginn des 16. Jahrhunderts total verwüstet und fast alle Gebäude zerstört. Nur der Dom und die mittelalterliche zum Schloß ausgebaute Burg blieben dank ihrer Randlage verschont. Aber auch das Schloß sollte 1557 bis auf den Nordflügel ein Raub der Flammen werden. Der von Herzog Ulrich veranlaßte Neubau eines West- und eines Nordflügels erfolgte 1558–1563 nach Plänen des Baumeisters Franz Parr.

In diesem Überlieferungszustand zeichnete Schorler 1585 das Schloß und die Stadt. Wir sehen Güstrow von der Nordostseite aus. Links dominiert das Schloß. Der kleine querstehende Bau stellt den alten Nordflügel dar, der nach dem Brand noch erhalten geblieben ist. Den mit Türmchen verzierten Giebel klappte Schorler ins Bild. Es ist die einzige Darstellung dieses Traktes, denn ein Jahr nach Schorlers Wiedergabe brannte auch er ab. Herzog Ulrich ließ ihn zusammen mit einem Ostflügel 1587 bis 1594 durch seinen Hofbaumeister Philipp Brandin (gest. 1594) neu errichten. Den anschließenden West- und Südflügel zeichnete Schorler nicht – wie es richtig wäre – rechts vom Nordtrakt, sondern links von ihm. Außerdem umging er den Südflügel, um auch dessen Innenhofseite zeigen zu können.

Auch hier veranlaßten ihn wieder inhaltliche und bildkompositorische Überlegungen, von einer lagegetreuen Darstellung abzugehen. Beim Bau dieser beiden Schloßflügel wurden übrigens auch alte Steine des 1559 in Rostock abgetragenen Klosters Marienehe verwendet. Das Schloß ist ein verputzter dreigeschossiger Backsteinbau im Stil der Renaissance. Seine Fronten sind kräftig horizontal gegliedert. Eck- und Treppentürme mit unterschiedlichen Helmen, skurril gestaltete Schornsteine auf den Satteldächern sowie fialartige Türmchen auf den Giebeln zieren ihn. An der Hofseite des Südflügels münden die drei Arkadengänge der Galerie in einen großen runden Treppenturm. Der südlich gelegene Schloßgarten war an drei Seiten von einem Wassergraben umgeben, den auch Schorler ins Bild bringt.

1628/29 diente das Schloß Wallenstein, der zeitweilig im Besitz Mecklenburgs war, als Residenz. Nachdem die Linie der Herzöge von Mecklenburg-Güstrow 1695 ausstarb, stand das Schloß zunächst leer und verfiel. 1794/95 riß man den Ostflügel ab und verkürzte den Nordtrakt. Das Bauwerk diente verschiedensten Zwecken, bis es 1817 zum berüchtigten Landarbeitshaus wurde.

Auf dem Bild ist das Schloß mit dem gut 200 Meter entfernt stehenden Dom durch einen überdachten Gang verbunden. Er entstand vermutlich im Zusammenhang mit der Einrichtung des Doms als protestantische Hofkirche in den Jahren 1565 bis 1568, denn nach der Reformation war das Domkapitel 1552 aufgelöst worden.

Seit der Gründung des Kollegiatstiftes 1226 arbeitete man an der dreischiffigen, kreuzförmigen Pfeilerbasilika des Domes mehr als hundert Jahre. Im 15. Jahrhundert war das Bauwerk vollendet. Schorler zeichnete den tatsächlich sehr breiten Turm mit dem Walmdach von der Westseite. Das Kirchenschiff und der lange Chor sind von Süden dargestellt. In der Mitte der Stadt blicken wir auf das Rathaus und die Pfarrkirche St. Marien. Beide waren nach dem Stadtbrand von 1503 wieder aufgebaut worden. Die im Kern dreischiffige Basilika aus dem ersten Drittel des 14. Jahrhunderts wurde noch um zwei Schiffe erweitert. Der wuchtige Turm ist nach Schorler mit einer Helmpyramide gedeckt, das Rathaus durch einen auffallend hohen Turm gekennzeichnet. Es stand bis zum Ende des 18. Jahrhunderts. Hier wurde schon zur Zeit Schorlers das berühmte Güstrower Bier, »Kniesenack« geheißen, ausgeschenkt. Es schmeckte sehr gut, war aber – wie ihm nachgesagt wurde – »ein gewaltiger Kopfreißer«, der einen »gar danieder stößt«. Auf dem Markt zeichnete Schorler einen Ziehbrunnen und einen Wasserpfosten. Unten, nahe der Stadtmauer, ist eine weitere Kirche zu sehen. Sie gehörte zu dem 1509 von mecklenburgischen Herzögen gestifteten und 1550 wieder aufgelösten Franziskanerkloster. Auch hier ist Schorler der einzige, der sie uns überliefert. Kurz danach wurde sie nämlich abgerissen.

Die die Stadt umgebende Mauer enthielt zur Zeit Schorlers 22 Wieckhäuser und 4 Tore mit Zinnen. Als erstes fällt vorn das Mühlentor auf; links davon, nahe dem Schloß, steht das Gleviner Tor, im rechten Teil der

CONTRAFEVNCK DER FVESTLICHEN STADT CVSTRO...

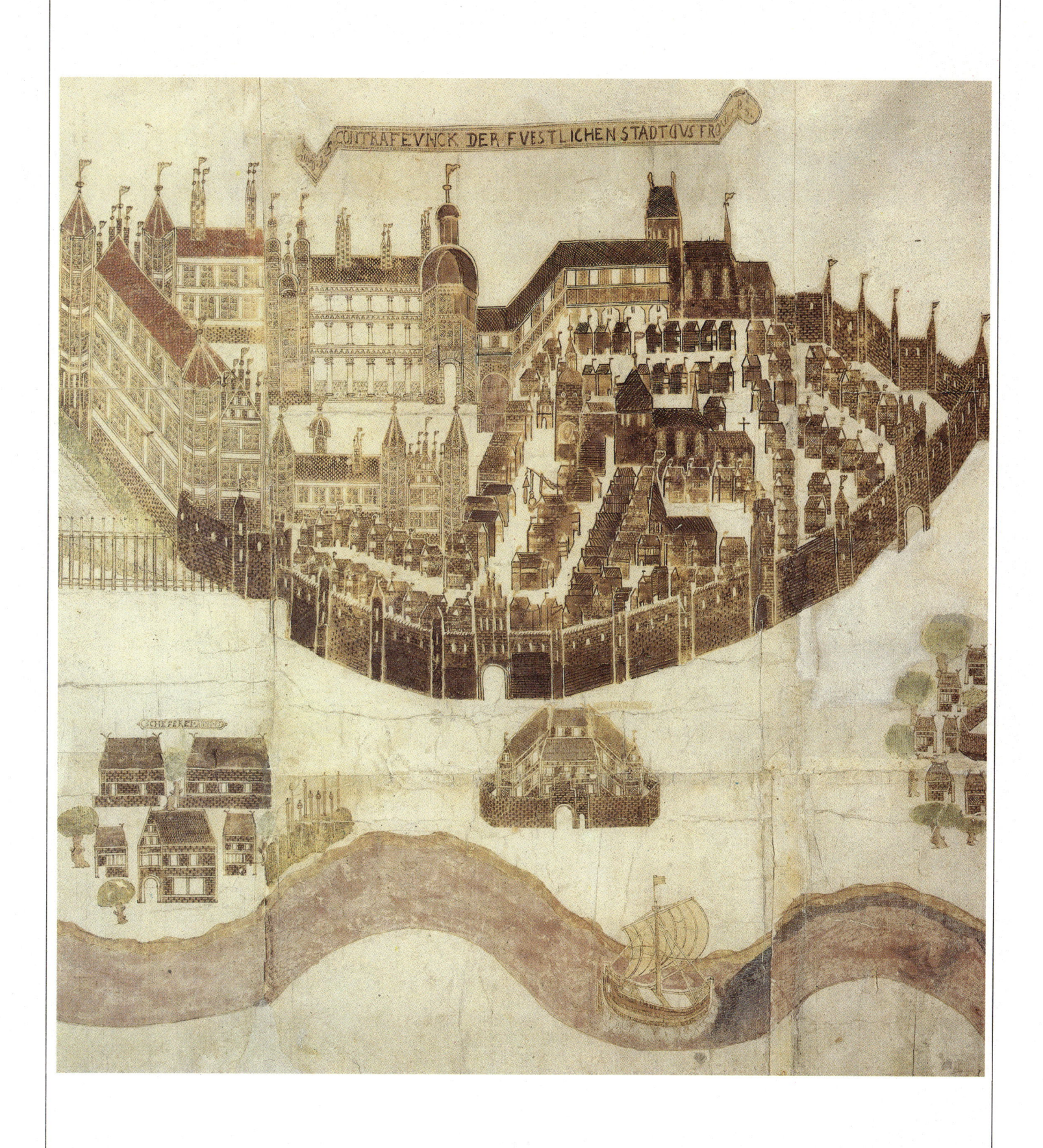

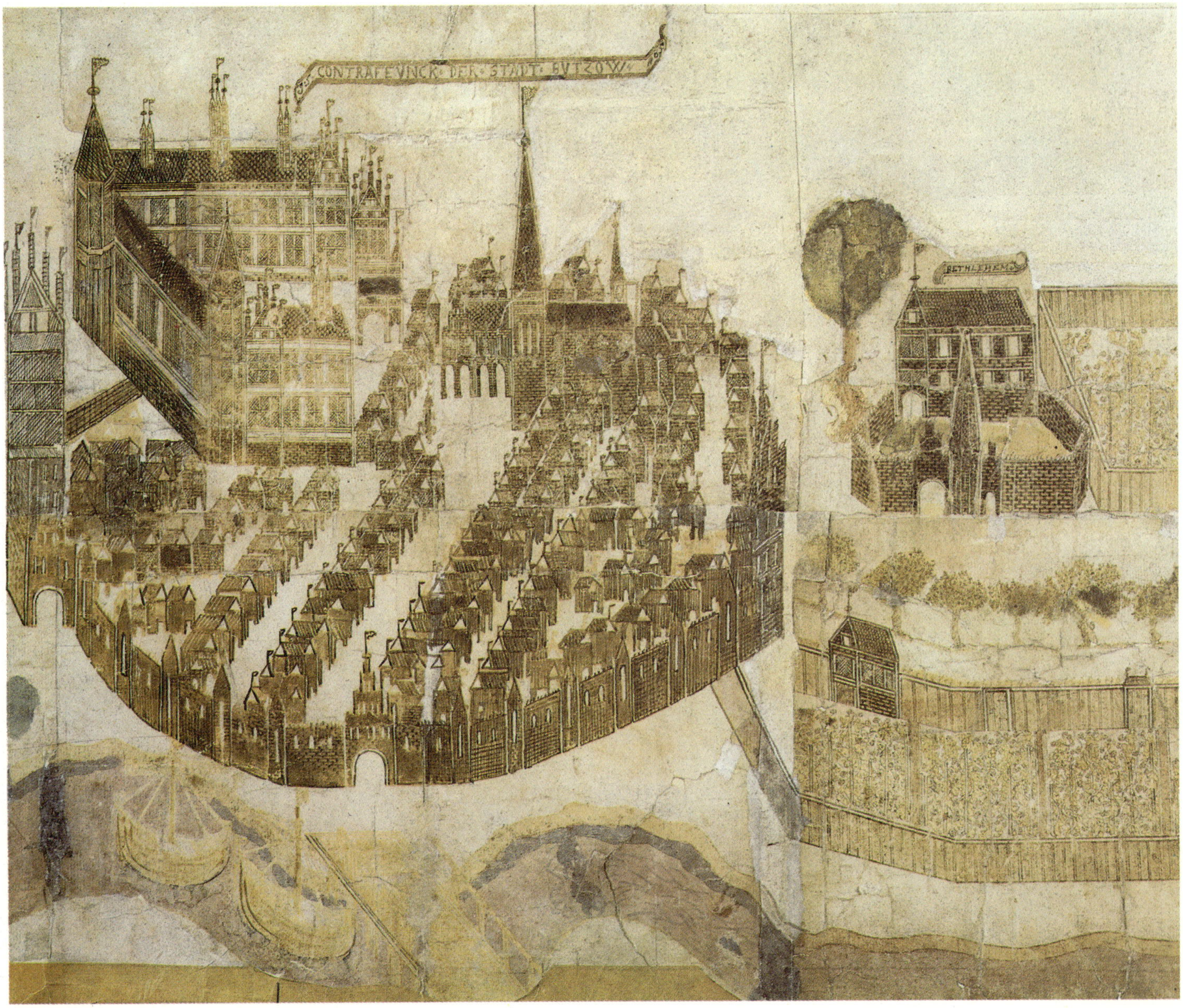
CONTRAFEVINCK · DER · STADT · BUTZOW
BETHLEHEM

Stadtmauer – vom Mühlentor aus gesehen – folgen das Schnoientor und dahinter das Hageböcker Tor.

Im Vordergrund, nahe am Fluß Nebel vor den Toren, zeichnete Schorler eine Schäferei. Dicht daneben befindet sich eine Richtstätte mit an Pfählen genagelten Schädeln, und weiter rechts ist das Hospital St. Jürgen abgebildet.

Bützow

Schorlers Bilderrolle endet bei Bützow, dem unweit der Warnow in Wiesen- und Sumpfgelände gelegenen Städtchen. 1577 zählte man 350 Haussteuer zahlende Bewohner und schätzungsweise etwa 1 500 Einwohner; 1602 war die Zahl der Häuser auf 336 zurückgegangen, und die Bevölkerungszahl dürfte nur noch wenig über 1 000 gelegen haben.

Schorler wußte um die Bedeutung der kleinen Stadt, wurde sie doch zur Stiftshauptstadt des Bistums Schwerin, dem 1171 vom Sachsen- und Bayernherzog Heinrich dem Löwen das Land Bützow als Stiftung übereignet worden war.

Häufig wurde Bützow als bischöfliche Residenz genutzt. Schon im 13. Jahrhundert entstand die Burg des Bischofs. Im 16. Jahrhundert wurde das alte Schloß im Renaissancestil erneuert und von Herzog Ulrich I. von Mecklenburg-Güstrow seit 1557 als Residenz genutzt, weil sein altes Schloß in Güstrow abgebrannt war und das neue erst in den neunziger Jahren des Jahrhunderts fertig wurde. Dieses Schloß, das von Schorler im Westen der Stadt dominierend ins Bild gebracht wurde, zeigte einen auffallenden Wehrturm und weist deutlich die Merkmale eines Renaissancebaus auf.

Eine Mauer umschließt das planvoll und regelmäßig angelegte Gemeinwesen mit seinen einfachen Häuschen. Drei Tore sind vorhanden: links das hohe Rühner Tor, im Vordergrund – eine Brücke über die Warnow ist zu überqueren – das Wolken-Tor und rechts das Rostocker Tor.

Am Marktplatz steht das Rathaus mit einer Arkaden-Laube, an der Ortsseite des Marktplatzes die Stiftskirche St. Elisabeth mit ihrem hohen Turmhelm, der »Bischofsmütze«. Auf dem Marktplatz ist ein Wasserpfosten zu erkennen. Interessant sind die Gegebenheiten vor dem Rostocker Tor. Das »Betlehem« genannte Anwesen war einst ein 1468/69 gestiftetes Jungfrauenkloster, das aber keine größere Bedeutung erlangte. Nach der Reformation wandelte es die Herzogin Elisabeth, Gemahlin Herzog Ulrichs I., in ein Armenhospital um. »Bethlehem« ist von einer Mauer umgeben, zwei gotische Portale führen auf den Hof. Es grenzt an einen Hopfengarten. Vor dem Hospital zieht sich eine Baumreihe hin. Im Vordergrund sind wieder Hopfengärten und – ähnlich wie in Rostock – Garten- oder Lusthäuser abgebildet. Sowohl eine alte als »pomerium episcopi« bezeichnete bischöfliche Baumgartenanlage als auch ein Hopfenwall sind aus früheren Jahrhunderten überliefert, so der Bischofsgarten schon Anfang des 14. Jahrhunderts.

ANNO·DOMINI·1586·AM TAGE·SANCT·IOHANNIS·DES TEVFFERS·HABEICH·VICKE SCHORLER·DIS·VORGEHEM DE·WERCK·GANTZ·VN GAR·VOLLENBRACHT

Schorlers In- und Beischriften in textlicher Originalfassung

Schorler versah seine Bildrolle nicht nur mit einem Titel und tatsächlich an Gebäuden vorhandenen Inschriften, sondern zur Information und Orientierung des Betrachters auch mit etlichen eigenen Beischriften. Er bediente sich dabei der Grundform aller lateinischen Schriften des Mittelalters, der römischen Kapitalschrift, die im 16. Jahrhundert auch von den Humanisten besonders für Büchertitel, Kapitelüberschriften, einzelne Wörter und Initialen benutzt wurde. Sie ist eine Majuskelschrift. Alle Buchstaben sind von zwei Linien begrenzt, also gleich hoch, wenn auch verschieden breit. Nur am Kollegium, Steintor und Rathaus finden wir lateinische Minuskel und deutsche Schrift. Alle noch lesbaren In- und Beischriften sind nachfolgend, für jede der neun Bildtafeln dieses Buches gesondert, in der Reihenfolge von links nach rechts wiedergegeben.

Tafel I

Zum Beginn der Arbeit an der Bildrolle	ANNO DOMINI 1578 AM TAGE SANCT JOHANNIS DES TEUFFERS HABE ICH VICKE SCHORLER DIS VOLGENDE WERCK ERSTLICH ANGEFANGEN ZU MACHENN
Vom Strande in Warnemünde bis zum Kröpeliner Tor	
Warnemünde	CONTRAFEUNCK DEM ROSTOCKER SCHIFF[LAG]ER WARNOMUNDE ANNO 1582
	DIE LEUCHTE 1582
	KIRCHE 82
	DIE VOGDEI 1582
Auf Windfahnen	82
Lütten Klein	LUTGEN KLEINE
Groß Klein	GROSSEN KLEINE
Marienehe	MARGINE 83
	KROCH ZU MARGINE 83
	CLOSTER ZU MARGINE
Bramow	BRAMOW
Kayenmühle	KOIE MOLLE
Köppelberg	KOPKEN BERCK
Wasserburg	WASSER BURCK
Auf d. r. Lusthaus	84
Sägemühle	SAGE MULE
Zingel	ZINGELL
St. Gertruden-Friedhof	S. GARDERUTEN KIRCHOF
Ziegelhof	ZIGEL HOFF 85
über dem Tor	Anno 1584

Tafel II

Beginn des Stadtinneren
Obere Reihe

Kröpeliner Tor	CREPELINISCHE THOR
Auf Windfahnen	83
Über der Tür des dritten Hauses, links von der Jacobikirche	V. D. M. I. AE. T. (VIDEAT DOMINUS ME IN AETERNUM TEMPUS)
Jacobikirche	S. JACOBS KIRCHE 1583
Kollegium	COLEGIUM
Über den zwei kleinen Türen	82
Über dem Haupteingang	Barbariae victrix armataque Gorgone Pallas
Auf dem Türbogen	1582
Windfahne am Nebenhaus	82

Untere Reihe

Bramower Tor	BRAMOVSCHE THOR
Auf Windfahnen	82, 1582
Bussebart/Blauer Turm	BUSSBAR/BLAUE TORM
Blockhaus	BLOCK HAUS ANNO 82
Fischertor	VISCHER THOR 82
Auf Windfahnen	82
Teerhof	THER HOFF 1582
Grapengießertor	GRAPENGISSER THOR 1582

Tafel III

Obere Reihe

Kloster zum Heiligen Kreuz	JUNGFRAUE[N] CLOSTER ZUM HEILIGEN CREUTZ
Über zwei Portalen	1582
Regentien	ADELERS BURCK
	NEUE HAUS
	D. DAVIDI CHITREI WONUNCK ANNO 1585
	EINHORN 1584
	ROTEN LEWEN
Brunnen	WASSER BURCK 84
Lektorium	LECTORIUM 84
Auf Windfahnen	83
Fraterkloster	FRATER CLOSTER 1582
Auf Windfahnen	1582
Doberaner Hof	DOBARANISCHE HOFF 1585
Auf Windfahnen	84

Untere Reihe

Auf Windfahnen	82
Badstüber Tor	BADTSTUBER THOR
Auf Windfahnen	82, 83

Tafel IV

Obere Reihe

Am Hopfenmarkt Südseite, 1. Haus links	DOMUS OPTIMA COELUM/ MUNDUS PERFIDIA PLENUS ET INVIDIA/OPTIME TU NOSTRAM CHRISTE TUERE DOMUM ANNO 84
	JOHANIS FREDERUS
	MARGAR[ETHA] CHITRAE[A]
3. Haus links	EGO SUM VIA VERITAS ET VITA NEMO VENI[T]
Auf Windfahnen	82
Zweites Haus links von der Heiligengeistkirche	IN DEO SPES MEA, 1583
Heiligengeistkirche	HEILIGE GEIST
Auf Windfahnen	1582, 82, 84
Fünftes Giebelhaus nach der Heiligengeistkirche, über der Tür	VERBUM DOMINI
Titel der Bildrolle	WARHAFTIGE ABCONTRAFACTUR DER HOCHLOBLICHEN UND WEITBERUMTEN ALTEN SEE- UND HENSESTADT ROSTOCK, HEUPTSTADT IM LANDE ZU MECKELNBURGK
Auf Windfahnen	85, 1584, 84

Untere Reihe

Über Haustüren	1585
Wokrenter Tor	WUCKRENTER THOR
Über Haustüren	1585
Auf Windfahnen	83

Tafel V

Obere Reihe

Auf Windfahnen	82
St. Johannis-Kirche	S. JOHANNIS KIRCH[E]
Steintor	STEIN THOR 1582
Im Giebel der Ädikula	1576
Inschriften i. d. Wappenkartuschen	Wer Godt vertraut, hat wol gebaut / Durch Stilsein und Hoffen werdet ihr Sterk
darunter	DOMIN[U]S CONFORTET SERAS PORTARUM ET BENEDICAT[...] FILIIS TUIS INTRA TE CONCORDIA PUBLICA FELICITAS PERPETUA
	Gemeiner Fried, ein schoner Stand, dadurch erhelt men Stadt und Lant
Auf Windfahnen	84
Rathaus	DAS RADT HAUS
Auf Windfahnen	84, Anno 1584
Plakat am Pfeiler	Wer dise Riterliche Kunst wil sehen Der kome auf den Zimerho[ff]
Brotscharren	BRODT SCHAREN, 83

Untere Reihe

Über Haustüren	85, 1585
Lagertor	LAGE THOR
Über Haustüren	85, 1585
Burgwalltor	BORCHWAL THOR
Über Haustüren	1585

Tafel VI

Obere Reihe

Auf Windfahnen	84
Marienkirche	UNSER LIEBEN FRAUENN KIRCHE
Unter dem Turmwärterhäuschen	1584
Auf Windfahnen	84
Über Haustüren	84
Stadtwaage	DIE WAGE
Auf Windfahnen	84
Am 2., 3. und 4. Haus rechts neben der	

Stadtwaage waren lateinische Inschriften vorhanden, von denen nur noch Bruchteile und Buchstaben erkennbar sind

Untere Reihe
Koßfelder Tor		KUFELL THOR
	Über Haustür	1585
Faules Tor, später Weintor		FAULE THOR
Mönchen-Tor		MUNCHE THOR
	Über Haustüren	1585

Tafel VII

Obere Reihe
St. Katharinen-Kirche		S. CATHARINEN-KIRCHE
	Auf Windfahnen	82, 83, 1582
St. Petrikirche		S. PETERS KIRCHE
Brunnen		[WASS]ER BRUNN
Juristenkolleg		COLEGIUM JURIS, 1582

Untere Reihe
Heringstor		HERINCK THOR
	Auf Windfahnen	83
Faules oder Altes Tor		FAULE THOR
	Auf Windfahnen	83
Wasserpforte		WASSER PFORDT, 82
Altes oder Wenden Tor		ALTE THOR, 82
	Auf Windfahnen	85
	Über Haustüren	1585
Petri-Tor		S. PETERS THOR
	Auf Windfahnen	85

TAFEL VIII

Obere Reihe
	Auf Windfahnen	84, 83, 1582, 82
St. Nikolai-Kirche		S. NICOLAUS KIRCHE, 1583
	Auf Windfahnen	83
Mühlentor		MOLLEN THOR

Untere Reihe
	Über Hauseingang	1585
	Auf Windfahnen	85
Kütertor		KITER BROCK
	Über Haustüren	1585
	Auf Windfahnen	85
Gerberbruch		GERBER BROCK
	Über Haustür	1585
		GERBER BROCK
Walkmühle		WALCKE MOLLE

Ende des Stadtinneren
Vom Mühlentor bis Güstrow/Bützow
Wachthaus		WACHT HAUS
Stadtmühlen		DER STADT MULEN, ANNO 1583
	Auf Windfahnen	83
Rademacherhaus		RADEMACHER HAUS
Pforte		PFORDTE
Blockhaus		BLOCK HAUS
Ziegelhof		ZIGEL HOFF, 83
	Windfahne	83

Tafel IX

Kessin	KESSINN, 85
Kavelstorf	KABELS DORFF, 85
Hohen Sprenz	HOHEN SPRENTZ, 85
Schwaan	CONTRAFEUNCK DEM STEDTLEIN SCHWAN, 85
Käselow	KAESELOW, ANNO 85
Schäferei	SCHEFEREI, ANNO 85
Güstrow	CONTRAFEUNCK DER FUESTLICHEN STADT GUSTROW, ANNO 1585
St. Jürgen	S. JURGEN
Lüssow	LISSOW, ANNO 85
Wolken-Hof	WOLCKEN HOFF
Bützow	CONTRAFEUNCK DER STADT BUTZOW, 1585
Bethlehem	BETHLEHEM, 85
Zum Abschluß der Arbeit an der Bildrolle	ANNO DOMINI 1586 AM TAGE SANCT JOHANNIS DES TEUFFERS HABE ICH VICKE SCHORLER DIS VORGEHEMDE WERCK GANTZ UN GAR VOLLENBRACHT

Quellen- und Literaturverzeichnis

Quellen des Stadtarchivs Rostock

Archivbibliothek
Rostocker Chronik des Vicke Schorler von 1583-1625, Originalhandschrift. Abschrift der Chronik des Dietrich vam Lohe 840 – 1583 von Vicke Schorler

Bildsammlung
Warhaftige Abcontrafactur der hochloblichen und weitberumten alten See- und Hensestadt Rostock, Heuptstadt im Lande zu Meckelnburgk, 1578 bis 1586.
Original, Kol. Federzeichnung des Vicke Schorler

Archivalien
Krämer-Kompanie, *Bücher des Amtes der Krämer*, 1562–1721
Brauerkompanie, *Suppliken an den Rat wegen Brauordnung*, 1563 bis 1697
Rat, *Münzgerechtigkeit*, Prägung von Rostocker Münzen und Aufstellung der Münzmeister, 1610–1646
Rat, Mittelstädter Hausbücher, 1549–1670
Rat, Witschopbuch, 1586–1592
Rat, Bürgerbuch, 1580–1597
Rat, Rats- und Bürgerprotokolle, 1620
Rat, *Testamente*,
  Marten Randow, 1572 Febr. 27
  Balthasar Otto, 1599 März 26
Kämmerei und Hospitäler, *Kämmereirechnungen*, 1622–1623
Stadtarchiv, *Familie Schorler*
Stadtarchiv, *Archivberichte*, 1890–1908

Literatur

BACHMANN, P. FRIEDRICH: *Die ältern mecklenburgischen Städteansichten.* – Sonderdruck aus den Jahrbüchern des Vereins für mecklenburgische Geschichte und Altertumskunde. Jahrgang LXXXVIII. – Rostock, 1924

BEITRÄGE ZUR GESCHICHTE DER STADT ROSTOCK, Hrsg. vom Verein für Rostocks Altertümer, Bd. 1–22. – Rostock, 1895–1941; Register zu Band 1–20 mit einer Zeittafel, bearbeitet von Wilhelm Heeß. – Rostock, 1938

BRAUNFELS, WOLFGANG: *Abendländische Klosterbaukunst.* –Köln, 1978

BRÄUER, HELMUT: *Stadtchroniken des 15. und 16. Jahrhunderts.* – In: Abhandlungen zur Handels- und Sozialgeschichte, Bd. 23, Hansische Studien VI. – Weimar, 1984

BÜHLOW, GOTTFRIED VON: *Wanderungen eines fahrenden Schülers durch Pommern und Mecklenburg.* – In: Baltische Studien, 30. Jg. – Stettin, 1880

BUETTNER, HORST; MEIßNER, GÜNTER: *Bürgerhäuser in Europa.* – Leipzig, 1980

COBERNUS, HANS: *Alte Stadtansichten.* Historische Darstellungen von Städten im Norden der DDR. – Rostock, 1975

CZOK, KARL: *Bürgerkämpfe und Chronistik im Spätmittelalter. Ein Beitrag zur Herausbildung der bürgerlichen Geschichtsschreibung.* – In: Zeitschrift für Geschichtswissenschaft, 11. Jg., Heft 3. – Berlin, 1963

DEHIO, GEORG: *Handbuch der deutschen Kunstdenkmäler. Die Bezirke Neubrandenburg, Rostock, Schwerin.* Bearb. von der Arbeitsstelle für Kunstgeschichte. – Berlin, 1968

DEHN, G.: *Das Rathaus zu Rostock.* – Rostock, 1926

DRAGENDORFF, ERNST: *Vicke Schorlers Darstellung der Stadt Rostock.* In: Beiträge zur Geschichte der Stadt Rostock, Bd. 4. – Rostock, 1907

DRAGENDORFF, ERNST: *Zwei Rostocker Chronisten.* – In: Beiträge zur Geschichte der Stadt Rostock, Bd. 9. – Rostock, 1915

DRAGENDORFF, ERNST: *Die Chronik des Dietrich vam Lohe 1529–1583.* In: Beiträge zur Geschichte der Stadt Rostock, Bd. 17. – Rostock, 1931

EWE, HERBERT: *Stralsunder Bilderhandschrift.* Historische Ansichten vorpommerscher Städte. – Rostock, 1979

GEHRIG, OSCAR: *Vicke Schorler „Warhaftige Abcontrafactur der hochloblichen und weitberumten alten See- und Hensestadt Rostock, Heuptstadt im Lande zu Meckelnburgk" 1578–1586.* – Rostock, 1939

GESCHICHTE DER UNIVERSITÄT ROSTOCK 1419–1969. Festschrift zur Fünfhundertfünfzig-Jahr-Feier d. Universität. Im Auftrag d. Rektors u. d. wiss. Rates verf. u. hrsg. v. d. Forschungsgruppe Universitätsgeschichte unter d. Leitg. v. Günter Heidorn, Gerhard Heitz u. a. (2 Bd.). – Berlin, 1969

GRYSE, NICOLAUS: *Spegel des Antichristlichen Pawestdoms und Lutherischen Christendoms. Historia von der Lere Leuende und Dode M. Joachimi Slüters.* – Rostock, 1593

JACOB, FRANK-DIETRICH: *Historische Stadtansichten.* – Leipzig, 1982

JACOBEIT, SIGRID; JACOBEIT, WOLFGANG: *Illustrierte Alltagsgeschichte des deutschen Volkes 1550–1810.* – Leipzig, Jena, Berlin, 1985

KASANOWSKI, ALFRED: *Die Münzstätte Marienehe bei Rostock.* – In: Numismatisches Arbeitsmaterial; Fachtagung Numismatik Rostock. – Rostock, 1977

KOPPMANN, KARL: *Geschichte der Stadt Rostock*, T. 1. – Rostock, 1887

KOPPMANN, KARL: *Übersicht über die Rostockische Historiographie.* – In: Beiträge zur Geschichte der Stadt Rostock, Bd. 1. – Rostock, 1895

KRAUSE, K.E.H.: *Die Chronik Rostocks.* – In: Hansische Geschichtsblätter, Jg. 14, Bd. 5. – Leipzig, 1885 (1886)

KUCZYNSKI, JÜRGEN: *Geschichte des Alltags des deutschen Volkes.* Bd. 1 – 1600–1650. – Berlin, 1980

LEXIKON DER KUNST IN FÜNF BÄNDEN. Leipzig, 1968–1970

LISCH, G.C.F.: *Die Landfahrer-Krämer-Compagnie zu Rostock und das Papagoienschießen dieser Compagnie.* – In: Jahrbücher des Vereins für mecklenburgische Geschichte und Altertumskunde, 7. Jg. – Schwerin, 1842

LISCH, G.C.F.: *Über die Rostocker Chroniken des 16. Jahrhunderts.* In: Jahrbücher des Vereins für mecklenburgische Geschichte und Altertumskunde, 8. Jg. – Schwerin, 1843

LORENZ, ADOLF FRIEDRICH: *Die Universitätsgebäude zu Rostock und ihre Geschichte.* – Rostock, 1919

MECKLENBURGISCHES WÖRTERBUCH (1942 ff.): Aus den Sammlungen Richard Wossidlos und aus den Ergänzungen und nach der Anlage Hermann Teucherts bearbeitet unter der Leitung von Jürgen Gundlach; bisher 6 Bände (1987 = 59. Lieferung). Berlin und Neumünster

OLECHNOWITZ, KARL FRIEDRICH: *Der Schiffbau der hansischen Spätzeit.* Eine Untersuchung zur Sozial- und Wirtschaftsgeschichte der Hanse. – Weimar, 1960

OLECHNOWITZ, KARL FRIEDRICH: *Rostock von der Stadtrechtsbestätigung im Jahre 1218 bis zur bürgerlich-demokratischen Revolution von 1848/49.* – Rostock, 1968

PAGEL, KARL: *Die Hanse.* Braunschweig, 1983

PLANITZ, HANS: *Die deutsche Stadt im Mittelalter.* – Weimar, 1975

RÖRIG, FRITZ: *Die europäische Stadt und die Kultur des Bürgertums im Mittelalter.* – Göttingen, 1958

ROSTOCK – GESCHICHTE DER STADT IN WORT UND BILD. Von einem Autorenkollektiv unter der Leitung von Lothar Elsner. – Berlin, 1980

SCHILDHAUER, JOHANNES: *Die Sozialstruktur der Hansestadt Rostock von 1378–1569.* – In: Hansische Studien (Forschungen zur mittelalterlichen Geschichte, Bd. 8): Heinrich Sproemberg zum 70. Geburtstag. – Berlin, 1961

SCHILDHAUER, JOHANNES; FRITZE, KONRAD; STARK, WALTER: *Die Hanse.* – Berlin, 1981

SCHILDHAUER, JOHANNES: *Die Hanse:* Geschichte und Kultur. – Leipzig, 1984

SCHILLER, KARL; LÜBBEN, AUGUST: *Mittelniederdeutsches Wörterbuch.* Bd. 1–6. – Bremen, 1875–1881

SCHLIE, FRIEDRICH: *Die Kunst- und Geschichtsdenkmäler des Großherzogtums Mecklenburg-Schwerin.* Bd. 1–5. – Schwerin, 1896–1902

SCHNITZLER, ELISABETH: *Das geistige und religiöse Leben Rostocks am Ausgang des Mittelalters.* – Berlin, 1940

STIEDA, WILHELM: *Mecklenburgische Papiermühlen.* – In: Jahrbücher des Vereins für mecklenburgische Geschichte und Altertumskunde, 80. Jg. – Schwerin, 1915

STIEDA, WILHELM: *Studien zur Geschichte des Buchdrucks und Buchhandels in Mecklenburg.* – Separatdruck aus: Archiv zur Geschichte des deutschen Buchhandels, Bd. XVII. – Rostock, o.J.

EIN TAGEBUCH ÜBER ROSTOCKSCHE EREIGNISSE IN DEN JAHREN 1600–1625. – In: Neue wöchentliche Rostockische Nachrichten und Anzeigen, Nr. 66–100. – Rostock 1841 (Teilabdruck der handschriftlichen Chronik Vicke Schorlers.)

ZASKE, NIKOLAUS; ZASKE, ROSEMARIE: *Kunst in den Hansestädten.* – Leipzig, 1985